博士论文
出版项目

税法确定性原则的解构、观省与增进

Deconstruction, Reflection and Promotion of the Certainty Principle in Tax Law

黄家强　著

中国社会科学出版社

图书在版编目（CIP）数据

税法确定性原则的解构、观省与增进 / 黄家强著 . —北京：中国社会科学出版社，2023.6
ISBN 978-7-5227-2154-5

Ⅰ.①税… Ⅱ.①黄… Ⅲ.①税法—研究 Ⅳ.①D912.204

中国国家版本馆 CIP 数据核字（2023）第 118995 号

出 版 人	赵剑英
责任编辑	许 琳
责任校对	李 硕
责任印制	郝美娜

出　　版	中国社会科学出版社
社　　址	北京鼓楼西大街甲 158 号
邮　　编	100720
网　　址	http://www.csspw.cn
发 行 部	010-84083685
门 市 部	010-84029450
经　　销	新华书店及其他书店
印　　刷	北京君升印刷有限公司
装　　订	廊坊市广阳区广增装订厂
版　　次	2023 年 6 月第 1 版
印　　次	2023 年 6 月第 1 次印刷
开　　本	710×1000　1/16
印　　张	22
字　　数	309 千字
定　　价	128.00 元

凡购买中国社会科学出版社图书，如有质量问题请与本社营销中心联系调换
电话：010-84083683
版权所有　侵权必究

出 版 说 明

为进一步加大对哲学社会科学领域青年人才扶持力度，促进优秀青年学者更快更好成长，国家社科基金 2019 年起设立博士论文出版项目，重点资助学术基础扎实、具有创新意识和发展潜力的青年学者。每年评选一次。2021 年经组织申报、专家评审、社会公示，评选出第三批博士论文项目。按照"统一标识、统一封面、统一版式、统一标准"的总体要求，现予出版，以飨读者。

全国哲学社会科学工作办公室
2022 年

摘 要

近年来,由于主权国家内部主客观因素的不确定性,以及主权国家之间的税制差异化等原因,税收不确定性问题正成为世界各国的关注焦点。我国正处于税制改革和税收法治的协同推进期,不确定性的客观环境、税法设计、税法适用等错综交织,所面临的税收不确定性问题十分突出。步入新时代以降,我国正值促进国家转型发展、深入财税体制改革和全面落实税收法定期,"国家转型""税制改革"与"税收法治"构成了税收治理领域之三大时代背景,如何在社会系统的不确定性变化之中建构一个确定性与开放性相适应的税法系统,使税法确定性思想回应其保障人权和国家治理之功能,成为我国当前及未来税收治理的中心话题。

确定性乃税收三性之一,意指公民向国家缴纳的税收应是明确固定的。在现代税收法治国家中,税收之确定应是税收法治运行之结果产出,即税收确定性品格离不开税法确定性原则之提倡与追逐。税法确定性原则系法律确定性原则之税法领域具体映射,可从不同维度加以解构,包括税法的明确性与稳定性原则、税法规范确定性与税法适用确定性原则之二维面向。一方面,税法应当尽可能地做到明确具体、简单清晰、通俗易懂,避免税法的模糊歧义、复杂晦涩,同时,税法也要保持基本的稳定性,减少不必要的、频繁的、时机不当的税法变动,以确保税法的可预见性、可理解性以及安定性;另一方面,税法既要达成静态规范层面的确定性状态,也要实现动态适用层面的确定性目标,只有在确定性税法规范与适用之共同作用下，才能最终抵达法治语境下税收确定性之理想彼岸。

然而，税法确定性原则终归只是一种相对主义的理论产物，现实情境中，税法规范不可能达到完全的精确性，也不会一直保持稳定不变。"税法不是完美无暇的，也不是机械僵化的"。在明确性方面，税法规范面临着模糊阻却、复杂弊病和授权分工等问题；在稳定性方面，常常受到回应型、溯及型和试验型税法的灵活性、追溯性和发展性等冲击，最终表现为税法中不确定性的法律概念及规则被频繁使用。与此同时，税法适用也经常面临事实认定、法律适用、税收行为当中的不确定性因素，这些不确定性既有税法本身的原因，也有法外因素的介入。基于上述相对主义立场，从正向上树立税法确定性之远大理想，从反向上观察和分析税法不确定性之因应表现，实属认真对待税法确定性之正确态度。

综上，基于"解构—观省—增进"的行文思路，未来我国应突出国家治理语境下税法规范的高品质建构和有序化运行，从立法策略和制度策略上增进税法规范与适用的确定性。首先，应逐渐从"薄法治"向"厚法治"转变，坚持人大主导下的精细化税收立法思维，减少并规范横向授权立法，根据地方自主治理的需要，适当增加纵向授权立法，坚持依法立法、科学立法、民主立法，从基本法补位、分支法列明和体系法统合方向塑造完整严密的税法体系，规制税法规范调整的频率、幅度和过程。其次，从引入税务事先裁定制度、健全执法说明理由制度和改进税务行政复议制度等方面优化税收执法，从推进税法解释权共享、确立尊重行政专业判断和加快税务司法专门化方面开放税收司法，从税收失信惩戒的强制威慑、税收守信激励的引导助推和税法责任保险的市场开拓方面提高纳税遵从，以期增进税法适用的确定性。

关键词：税法确定性；明确性；稳定性；税收立法；税法适用

Abstract

In recent years, due to the uncertainty of subjective and objective factors within sovereign countries and the differences in tax systems among sovereign countries, the issue of tax uncertainty has become the focus of attention of countries all over the world. my country is in the period of synergistic promotion of tax system reform and tax rule of law. The objective environment of uncertainty, tax law design, tax law application, etc. are intricately intertwined, and the problem of tax uncertainty is very prominent. Since entering a new era, my country is in the midst of promoting national transformation and development, in-depth reform of the fiscal and taxation system, and full implementation of the tax law. "National transformation", "tax reform" and "rule of tax law" constitute the three major era backgrounds in the tax field. Constructing a tax law system that is compatible with certainty and openness amidst the uncertain changes in the social system, so that the deterministic thinking of tax law can respond to its functions of protecting human rights and national governance has become the central topic of my country's current and future tax governance.

Certainty is one of the three characteristics of taxation, which means that the tax paid by citizens to the country should be clear and fixed. In a modern country ruled by tax law, the determination of taxation should be the result of the operation of taxation law, that is, the character of tax certainty cannot be separated from the advocacy and pursuit of the principle of tax law certainty. The principle of tax law certainty is the specific mapping of the tax law field of the principle of legal certainty, which can be deconstructed from different dimensions, including the principle of clarity and stability of tax law, the two-dimensional aspect of the principle of certainty of tax law norms and the principle of certainty of tax law application. On the one hand, the tax law should be as clear and specific as possible, simple and clear, and easy to understand, so as to avoid ambiguity, complexity and obscurity in the tax law. At the same time, the tax law should also maintain basic stability and reduce unnecessary, frequent and improper timing. changes in the tax law to ensure the predictability, comprehensibility and stability of the tax law; Only under the combined effect of tax law norms and application can we finally reach the ideal shore of tax certainty in the context of the rule of law.

However, the certainty principle of tax law is only a theoretical product of relativism. In reality, tax law norms cannot achieve complete accuracy, nor will they remain stable forever. "Tax law is not perfect, nor is it mechanically rigid.". In terms of clarity, tax laws and regulations are faced with problems such as ambiguity, complexity, and division of labor; in terms of stability, they are often impacted by the flexibility, traceability, and development of responsive, retrospective, and experimental tax laws. Legal concepts and rules that represent uncertainty in tax law are frequently used. At the same time, the application of the tax law often faces uncertain factors in fact determination, law application, and taxation behavior. These uncertainties are not only caused by the tax law itself, but also intervened by extra-legal factors. Based on the above-mentioned relativist standpoint, establishing the lofty ideal of tax law certainty from the positive point of view and observing and analyzing the response to tax law uncertainty from the reverse point of view is the correct attitude to take tax law certainty seriously.

To sum up, based on the writing idea of "deconstruction-viewing the province-enhancement", in the future, my country should highlight the high-quality construction and orderly operation of tax law norms in the context of national governance, and promote tax law norms and tax laws from the perspective of legislative and institutional strategies. applicable certainty. First of all, we should gradually change from "thin rule of law" to "thick rule of law", adhere to the fine-grained tax legislation thinking led by the National People's Congress, reduce and standardize horizontal authorization legislation, appropriately increase vertical authorization legislation according to the needs of local independent governance, and adhere to law-based legislation , Scientific legislation, democratic legislation, shaping a complete and rigorous tax law system from the direction of basic law supplementation, branch law listing and system law integration, regulating the frequency, extent and process of tax law regulation adjustments. Secondly, optimize tax law enforcement from the aspects of introducing the tax prior ruling system, improving the reasoning system for law enforcement, and improving the tax administrative reconsideration system. Compulsory deterrence of tax dishonesty punishment, guidance and promotion of tax trustworthy incentives, and market development of tax law liability insurance improve tax compliance in order to increase the certainty of tax law application.

Key Words: tax law certainty; clarity; stability; tax legislation; tax law application

目　录

前　言 ……………………………………………………………（1）
  一　研究缘起与意义 ………………………………………（1）
  二　文献梳理与评述 ………………………………………（4）
  三　研究思路与方法 ………………………………………（8）
  四　研究创新与不足 ………………………………………（11）

第一章　税法确定性原则的理论构造 ……………………（13）
 第一节　税法确定性原则的理论生成 ……………………（13）
  一　税收确定性品格的税法实现 …………………………（14）
  二　法律确定性思想的税法映射 …………………………（19）
 第二节　税法确定性原则的理论内涵 ……………………（26）
  一　税法确定性原则的含义厘定 …………………………（26）
  二　税法确定性原则的法定语境 …………………………（33）
  三　税法确定性原则的关系思辨 …………………………（38）
 第三节　税法确定性原则的理论立场 ……………………（46）
  一　主体视域下税法确定性的现实意义 …………………（47）
  二　多重因素下税法不确定性的客观局限 ………………（55）
  三　相对主义下税法确定性的辩证认识 …………………（61）

第二章　税法明确性的可能与限度 ………………………（64）
 第一节　法律模糊问题与税法明确性的现实阻却 …………（65）

一　税法明确性原则的正向内涵解读…………………………（66）
　　二　税法明确性原则的模糊现象阻却…………………………（72）
　　三　税法明确性原则的本土路径选择…………………………（84）
　第二节　法律复杂现象与税法明确性的简化范式……………（89）
　　一　理论探识：税法复杂性特质的表现与成因………………（90）
　　二　比较视野：国外税法复杂性的观察与应对………………（101）
　　三　本土语境：我国税法复杂性的现状与努力………………（109）
　　四　方法改进：缓和税法复杂性的抉择与调谐………………（112）
　第三节　法律保留理论与税法明确性的立法分工……………（118）
　　一　税法明确性目标的立法分工实现机理……………………（119）
　　二　宪法保留立法事项与宪法税条款明确性原则……………（122）
　　三　立法机关保留立法事项与课税要素明确性原则…………（127）
　　四　税收授权立法事项与行政授权明确性原则………………（132）
　　五　行政职权立法事项与税收政策明确性原则………………（134）

第三章　税法稳定性的理想与现实………………………………（136）

　第一节　税收功能面向与回应型税法的规范…………………（136）
　　一　回应型税法的原理阐述和辨析……………………………（137）
　　二　回应型税法的功能错位和异化……………………………（145）
　　三　回应型税法的立场矫正与规范……………………………（154）
　第二节　信赖利益保护与溯及型税法的适用…………………（156）
　　一　税法不溯及既往的法理根据与适用………………………（157）
　　二　税法溯及既往的域外镜像与启示…………………………（163）
　　三　税法有利溯及既往的中国实践与检讨……………………（168）
　第三节　税制渐进改革与试验型税法的转型…………………（172）
　　一　渐进式税制改革的中国模式与法治………………………（173）
　　二　试验型税收法治的运行样态与反思………………………（179）
　　三　税收改革和立法的关系校正与调和………………………（186）

第四章 税法不确定性的观察与省思 (191)

第一节 不确定性税法概念的解释具化 (191)
一 不确定性税法概念原理的基本认知 (192)
二 不确定性税法概念解释的税案评析 (199)
三 不确定性税法概念具化的分工实现 (209)

第二节 不确定性税法规则的填补具化 (214)
一 税法概括性条款的确定化：以一般反避税条款为例 (214)
二 税法例示性规定的确定化：以税收法定条款为例 (222)
三 税法兜底性条款的确定化：以所得认定条款为例 (226)

第三节 不确定性税法适用的因素控制 (239)
一 税法适用不确定性的因素解析 (239)
二 推导解释不确定性的优化路径 (242)
三 课税事实不确定性的改进方向 (243)
四 税收行为不确定性的法律规制 (245)

第五章 增进我国税法确定性的基本策略 (248)

第一节 税法不确定性问题的中国语境 (248)
一 我国税法不确定性的表现与因应 (249)
二 我国税法不确定性的危害与整治 (261)

第二节 增进税法规范确定性的立法策略 (267)
一 税法规范结构的体系塑造 (267)
二 税法规范生成的思路展开 (272)
三 税法规范调整的规制路径 (278)

第三节 增进税法适用确定性的制度策略 (280)
一 优化税收执法的制度方略 (280)
二 开放税收司法的制度举措 (285)

三　提高税收遵从的制度创设 …………………………（290）

结论　认真对待税法确定性 ……………………………（301）

参考文献 ……………………………………………………（304）

索　引 ………………………………………………………（331）

Contents

Foreword ·· (1)
   1. Research Origin and Significance ···························· (1)
   2. Literature Review and Comments ···························· (4)
   3. Research Ideas and Methods ································· (8)
   4. Research Innovation and Limitations ························ (11)

Chapter 1 Jurisprudential Construction of Certainty Principle in Tax Law ································· (13)
  1.1 Theoretical Formation of Certainty Principle in Tax Law ·· (13)
    1.1.1 The Realization of Tax Certainty Character by Tax Law ··· (14)
    1.1.2 Tax law Mapping of Legal Certainty Thought ········ (19)
  1.2 Theoretical Connotation of Certainty Principle in Tax Law ·· (26)
    1.2.1 Determination of the Meaning of Certainty Principle in Tax Law ·· (26)
    1.2.2 The Statutory Context of Certainty Principle in Tax Law ··· (33)
    1.2.3 Speculation on the Relationship of Certainty Principle in Tax Law ·· (38)

1.3 Theoretical Position of the Certainty Principle of
　　 Tax Law ……………………………………………… (46)
　　1.3.1 The Practical Significance of Tax Law Certainty
　　　　　from the Subject Perspective ………………… (47)
　　1.3.2 Objective Limitations of Tax Law Uncertainty
　　　　　under Multiple Factors ………………………… (55)
　　1.3.3 Dialectical Understanding of Tax Law Certainty
　　　　　under Relativism ……………………………… (61)

Chapter 2　Possibility and Limitation of Clarity principle
　　　　　　in Tax Law ……………………………………… (64)
　2.1 Legal Ambiguity Problems and Real Obstacles of Tax
　　　Law Clarity ……………………………………………… (65)
　　2.1.1 Interpretation of the Positive Connotation of Clarity
　　　　　Principle in Tax Law …………………………… (66)
　　2.1.2 The Ambiguity against Clarity Principle in
　　　　　Tax Law ………………………………………… (72)
　　2.1.3 Local Path Selection for Clarity Principle in
　　　　　Tax Law ………………………………………… (84)
　2.2 Simplified Paradigms of Legal Complexity and Tax
　　　Law Clarity ……………………………………………… (89)
　　2.2.1 Theoretical Exploration: The Manifestations and
　　　　　Causes of the Complex Characteristics of
　　　　　Tax Law ………………………………………… (90)
　　2.2.2 Comparative Perspective: Observation and Response
　　　　　to the Complexity of Foreign Tax Laws ………… (101)
　　2.2.3 Local Context: The Current Situation and Efforts of
　　　　　the Complexity of China's Tax Law …………… (109)

2.2.4　Method Improvement: Choice and Adjustment to
　　　　Ease the Complexity of Tax Law ················· (112)
2.3　Legislative Division of Legal Reservation Theory and
　　Tax Law Clarity ··· (118)
　　2.3.1　The Mechanism of the Legislative Division of Labor
　　　　　to Achieve the Clarity Goal of Tax Law ············· (119)
　　2.3.2　Legislative Matters Reserved in the Constitution and
　　　　　Clarity Principle of Constitutional Tax Clauses ······ (122)
　　2.3.3　Congress Retains Clarity Principle of Legislative
　　　　　Matters and Taxation Elements ························ (127)
　　2.3.4　Legislative Matters of Tax Authorization and Clarity
　　　　　Principle of Administrative Authorization ············ (132)
　　2.3.5　Legislative Matters of Administrative Powers and
　　　　　Clarity Principle of Tax Policies ······················· (134)

Chapter 3　Ideals and Realities of Stability Principles in Tax Law ···· (136)

3.1　Tax Function – Oriented and Responsive Tax Law
　　Specification ··· (136)
　　3.1.1　Explanation and Analysis of the Principles of
　　　　　Responsive Tax Law ····································· (137)
　　3.1.2　The functional Dislocation and Alienation of
　　　　　Responsive Tax Law ····································· (145)
　　3.1.3　Correction and Standardization of the Position of
　　　　　Responsive Tax Law ····································· (154)
3.2　Protection of Reliance Interests and Application of
　　Retroactive Tax Law ·· (156)
　　3.2.1　The Legal Basis and Application of Non-retroactive
　　　　　Tax Law ·· (157)

3.2.2 The Extraterritorial Mirror Image and Enlightenment of Retrospective Tax Law …………………… (163)
3.2.3 Chinese Practice and Review of Tax Law Favorable Retrospective …………………………………… (168)
3.3 Gradual Reform of Tax System and Transformation of Experimental Tax Law ……………………………… (172)
3.3.1 The Chinese Model of Gradual Tax Reform and the Rule of Law ……………………………………… (173)
3.3.2 The Operation State and Reflection of the Experimental Tax Rule of Law …………………… (179)
3.3.3 Correction and Reconciliation of the Relationship between Tax reform and Tax Legislation ………… (186)

Chapter 4 Observation and Reflection on the Uncertainty of Tax Law ………………………………… (191)
4.1 Explanation of the Concept of Uncertainty Tax Law …… (191)
4.1.1 Basic Cognition of the Concept and Principle of Uncertainty Tax Law ………………………………… (192)
4.1.2 Review and Analysis of Tax Cases on the Interpretation of the Concept of Uncertain Tax Law …………………………………………………… (199)
4.1.3 The Division of Labor to Realize the Concept of Uncertain Tax law ……………………………………… (209)
4.2 The Filling of Uncertain Tax Law Rules ……………… (214)
4.2.1 Determinization of the General Provisions in Tax Law: Taking the General Anti-avoidance Provisions as an Example ……………………………… (214)
4.2.2 Determinization of Illustrative Provisions in Tax Law: Taking Tax Statutory Provisions as an Example …… (222)

4.2.3　Determination of the Catch – all Clauses in Tax Law:
　　　　　 Taking the Income Determination Clause as an
　　　　　 Example ································· (226)
　4.3　Factors Controlling the Application of Uncertainty
　　　 Tax Law ····································· (239)
　　4.3.1　Analysis of the Factors of Uncertainty in the
　　　　　 Application of Tax Law ······················ (239)
　　4.3.2　Deriving the Optimization Path for Explaining
　　　　　 Uncertainty ································ (242)
　　4.3.3　Improvement Direction of Tax Fact Uncertainty ······ (243)
　　4.3.4　The Legal Regulation of Tax Behavior
　　　　　 Uncertainty ································ (245)

Chapter 5　Basic Strategies for Improving the Certainty of China's Tax Law ································· (248)

　5.1　Chinese Context of Tax Law Uncertainty ················ (248)
　　5.1.1　The Performance and Response to the Uncertainty
　　　　　 of China's tax law ························· (249)
　　5.1.2　The Harm and Rectification of the Uncertainty of
　　　　　 China's tax law ··························· (261)
　5.2　Legislative Strategies to Improve the Certainty of Tax Law
　　　 Regulations ··································· (267)
　　5.2.1　System Shaping of Tax Law Normative Structure ··· (267)
　　5.2.2　The Development of Ideas for the Formation of
　　　　　 Tax Law Norms ···························· (272)
　　5.2.3　Regulatory Path for Regulation and Adjustment of
　　　　　 Tax Laws ································· (278)
　5.3　Institutional Strategies for Improving the Certainty of Tax
　　　 Law Application ································ (280)

5.3.1　Institutional Strategy for Optimizing Tax Law Enforcement ……………………………………（280）
5.3.2　Institutional Measures for Opening Tax Judiciary … （285）
5.3.3　Create a system to Improve Tax Compliance ……… （290）

Conclusion: Taking Tax Law Certainty Seriously …………（301）

References …………………………………………………（304）

Index …………………………………………………………（331）

前　　言

一　研究缘起与意义

确定性是法律的重要品性，法律规范的确定可知方能促就法治社会之秩序实现。法律确定性的价值诉求集中体现于现代法治指向的两大核心议题，即公民人身权和财产权之保护，分别表现为罪刑法定主义下的刑法确定性原则和税收法定主义下的税法确定性原则，二者似"车之俩轮、鸟之双翼"，在人权保障方面发挥齐头并进的作用。一方面，司法机关裁决公民构成犯罪且判处刑罚，务必确保国家对于罪名认定与刑罚适用的法定、明确，正所谓"法无明文规定不为罪"；另一方面，国家向公民课征税收的权力正当性源自民主财政范式下的税收法定主义，正所谓"无代表不纳税""依照法律课税原则"。

然而，现实中世界各国税法总是表现为模糊、复杂、易变等不确定性特点，出现了税法发展的两种模式：一种表现为"竭力追求税法细节化"的法典式立法形式，但浩瀚如海的税收法典带给税务部门和纳税人以沉重负担，催生了税务代理市场的兴起和繁荣，这以税法发展已相对成熟的美国为代表，精细化立法体现得淋漓尽致。据统计，"西部出版公司 2006 年出版的《国内税收法典》有 3138 页，包括 9831 个部分，而且随后出版的《2006 年联邦税务条例》有 10014 页。这两个文件的字数总和接近 800 万字。国税局的纳税申报表数量持续增加，从 2000 年的 475 张增加到 2006 年的 582 页张,附表从1995年的84张增加到2006年的142张"。① 另一种是以德国为代表的"重点注重税法逻辑性"的分立式立法形式,每项税种都有一套层级性规范体系,各类税收法律通常以精简的术语、严谨的逻辑表达,将大量的细节交由财税部门予以规定。无论是美国的"精细型税收立法模式"还是德国的"专业型税收立法模式",虽然立法体例有所不同,但共同之处为均由议会负责主要的税收立法事项,只不过二者在授权行政立法的空间上存在大小之分,同为税收领域的"厚法治"类型。

相比之下,我国表现为行政主导式的税收立法格局,人大所制定的税收法律极为简约化,甚至到了空洞化地步,② 大量的税法实施细节由财税部门作出,属于税收领域的"薄法治"类型。③ 受到人大立法权能薄弱和税法功能异化的影响,税收法律制定得十分粗疏,模糊性十足,使得税法一直处于"税法的不确定运行"和"解释性规定扩增"势态,又同样具有税法共通的复杂性、技术性等不明确性特质,行政机关垄断税法解释权,政策之治湮没了法律之治,受大陆法系影响,我国主要的税收立法集中在行政机关,甚至一些核心课税要素的立法权也被授权下放,有违税收法定原则之初衷。此外,在我国当前的税制变革期,税收立法为适应体制改革、社会变化、国家治理等需要,显示出不稳定性特质,在强调税制变革、税法调控和税法发展的时代,税法经常需要修改,分布着广泛的授权规定,税法追溯适用也有待规制,渐进式税制改革和试验型税收立法模式广为推行。

自党的十八届三中、四中全会分别部署"深化财税体制改革"

---

① [美]乔尔·斯莱姆罗德、乔恩·巴基哲:《课税于民:公众税收指南》(第4版),刘蓉等译,东北财经大学出版社2013年版,第161页。

② 参见邢会强《政策增长与法律空洞化——以经济法为例的观察》,《法制与社会发展》2012年第3期。

③ 参见[美]约翰·W.海德《摸着石头过河:中国的法治》,李松锋译,《比较法研究》2013年第2期。

"建设法治中国"战略任务以来,特别是"全面落实税收法定原则"目标设立和贯彻实施之后,我国步入了税收立法的快车道,实现了税种法律立法上的人大主导,但税收立法质量未能得到有效提升。如果将当前阶段的落实税收法定原则视作人大主导税收立法的"权力回归"的话,那么下一阶段应从税法规范与适用的"正当性"问题转向"确定性"问题,税法确定性原则的重要性理应被提出。税法确定性原则是落实税收法定原则的内在要求,它要求税法文本规范和税法运作实践都要以确定性为目标,理想型的税法设计要在确定性与不确定性之间达成某种技术性的平衡,税法运行要在确定性的事实、规范和行为的共同作用下实施。本书针对税法确定性原则的研究具有理论建构和实践革新的重要意义:

第一,研究税法确定性原则有助于解决税法领域法律确定性课题理论与实践研究不足的问题,从而可为丰富税法基础理论做出贡献,特别是全面落实税收法定原则下的当下中国,亟须澄清形式法治层面理解税法确定性之观点谬误,有待从税法的规范设计、行政适用、司法裁判和纳税遵从等维度进行系统观察。立足中国本土实际,通过理论诠释、多维比较、实证归纳、法条分析、案例解剖等多种研究方法,从而对税法确定性这一宏观理论问题加以本土化、系统性解析。

第二,研究税法确定性原则具有革新立法、优化执法、开拓司法和强化守法的实践价值。首先,在税收立法层面,税法确定性原则研究可为我国当前的财税法治化进程提供方向指引,为改变税法规则杂乱无章、法治淡化、整合不足等问题提供可行立法思路。其次,在税收执法层面,税法确定性原则研究可为我国优化税务执法,构建税务行政法治新格局提供方向及具体操作方法上的建议。再次,在税收司法层面,税法确定性原则研究有助于我国增强税务司法裁判的确定性,完善税务司法机制和提升税务司法能力,进一步优化税务司法环境,积极构筑一个专业理性、中立协调、公平正义的税务司法形象。最后，在税收守法层面，税法确定性原则研究有助于保障纳税人的税法可预测性权利，方便纳税人根据税法的明文规定准确知悉其正当权利义务，进而提高纳税人对于税法的规范认同度和适用遵从度。

二 文献梳理与评述

法律确定性是法理学研究的重要课题范畴，也是现代法治的基本要义。然而，现实中法律更多呈现为一种不确定性状态。耶林曾就法学能否成为一门科学进行了回答，并反对追求规则的绝对化明确和机械式运作，他认为，"在所有的生活关系里，死板的规则并不能取代人类；世界并不是被抽象的规则统治，而是被人格统治"[①]。魏德士认为法是捉摸不透的，复杂的法是作为政治社会制度的镜子，并提出适应变化和转义解释是法律适用的长期任务。[②] 美国学者卡多佐指出法律的确定性与稳定性之间的潜在冲突以及调和任务，"我们时代的法律面临着双重需要：首先是需要某些重述，这些重述从先例的荒漠中找出法律的确定性和有序性，这正是法律科学的任务；其次是需要一种哲学，它将调和稳定与进步这两种冲突的主张，并提供一种法律成长的原则"[③]。富勒提出了"造法失败"的八种形式，即规则的虚无性、隐秘性、滥用溯及既往、深奥性、矛盾性、超出能力、频繁修订、脱离现实。[④] 哈特提出法律的开放性结构问题，"任何选择用来传递行为标准的工具——判例或立法，无论它们怎样顺利地适用于大多数普通案件，都会在某一点上发生适用上的

---

① ［德］鲁道夫·冯·耶林、奥科·贝伦茨：《法学是一门科学吗？》，李君韬译，法律出版社2010年版，第81页。

② ［德］伯恩·魏德士：《法理学》，丁晓春、吴越译，法律出版社2013年版，第94—95页。

③ ［美］本杰明·N.卡多佐：《法律的成长：法律科学的悖论》，董炯、彭冰译，中国法制出版社2002年版，第4页。

④ ［美］富勒：《法律的道德性》，郑戈译，商务印书馆2005年版，第47页。

问题，将表现出不确定性"①。布莱克提出，法律是一个变量，随着时间、空间、关系的变化而变化。② 总体上，在法理学界，针对法律确定性的认知基本上达成了辩证哲学的统一，即承认法律确定性理论的相对性，"我们最好说将不确定性降低至可容忍的水平，而非达到至高层级的确定性"③，法律确定性浓缩反映了法律科学的主要悖论和法学研究的基本任务。

与法理学界从总体上研究法律确定性理论有所不同，部门法对法律确定性问题的研究更加具体化。④ 众所周知，确定性是法律的首要品性，也是各个部门法律规范的基本要求。在我国，受立法宜粗不宜细理念的影响，不同法律部门的规范明确化程度存在差异，其内在原因就在于社会对于该项法律对应权利的保障呼吁不同，刑法作为对公民人身权和财产权的最大伤害之法，其必然要受到法定性和明确化的最大约束，防止刑法被滥用伤及无辜。同时，以确权为旨意的民商法以及以控权为目标的行政法，对于法的确定性要求亦不相同，"法无明确规定即自由"和"法无明文规定即禁止"则属于公私法处理法律不确定性时的两种逆向思维。另外对于经济法而言，又有其特殊性，经济法的公法属性决定了国家干预权的行使须受到法律规制，但同时国家必须随经济运行状态对整体经济进行及时有效的宏观调控，在此过程中，相比固化的法律规则，灵活的经

---

① [英]哈特：《法律的概念》，许家馨、李冠宜译，法律出版社2011年版，第117页。

② [美]布莱克：《法律的运作行为》，唐越、苏力译，中国政法大学出版社1994年版，第3—4页。

③ [美]詹姆斯·E.弗莱明：《迈向法治》，窦海心译，浙江大学出版社2022年版，第63页。

④ 参见杨剑波《刑法明确性原则研究》，中国人民公安大学出版社2010年版；张建军《刑法中不明确概念类型化研究》，法律出版社2016年版；潘丹丹《反垄断法不确定性的意义研究》，法律出版社2015年版；郝铁川《宏观调控的不确定性与法律、政策调整》，《东方法学》2009年第2期；岳彩申、杨青贵《论经济法不确定性的成因与功能——解释法律规范性的新视角》，《法学评论》2010年第2期等。

济政策便显露出优势，故而，经济法确定性必须在法律与政策之间作出适合性配置，使得权力在法治范畴内得到有效行使。

与刑法保障公民人身权和财产权相类似，税法的逻辑就在于提供对私人财产权的保护屏障，但与刑法针对来自个体的不法侵害有所不同，税法针对的是来自国家合法侵犯权力的正当控制。税收法定与罪刑法定成为保障公民基本权利的两大原则。因而，从权利保障的价值论而言，税法应当与刑法一样竭力追求法的确定性。但与此同时，依照我国现行部门法的划分方法，税法属于经济法部门中的一个分支，其往往更多受到经济法化的影响，① 然而税法又必然承受来自政治、社会等多方面的目标考量，使得税法确定性的实现程度被大打折扣。由于税法功能并非仅限于财政功能，其也包括分配功能等，② 从法与经济学的视野解析税法功能，主要包括减少不确定性、提供激励机制、优化资源配置等方面，因而，税法目标并非仅限于收入层面，它也承着国家调控的政策目的。尽管税法学者们试图区分开税法的独立价值和经济法中的税收调控，竭力呼吁财税法应走出经济法的宏观调控误区，试图架构起独立的财税法理论体系，③ 但税法的调控和治理工具属性难以根本扭转，税法与经济法的复杂关系使其既承受着来自纳税人权利保护理念下税法确定性的法治重任，也须容忍国家宏观经济有效管理对税法确定性的相对克制。在这一情况下，从理论证成上，税法确定性无疑是税法建制过程中的最根本指向，但同时，从可能实践上，又必然因政治策略、经济形式、技术变迁等导致税法精确度下降，从而，确定性在税法当中具有很高的价值定位，但其也一直徘徊于理想与现实之间难以准确把握。依照现有税法理论，税法确定性乃税收法定的内含原则，也

---

① 王茂庆：《税法的经济法化及其反思》，《政法论丛》2017年第5期。
② 侯卓：《论税法分配功能的二元结构》，《法学》2018年第1期。
③ 李刚：《现代税法学要论》，厦门大学出版社2014年版；刘剑文等：《财税法总论》，北京大学出版社2016年版；熊伟：《走出宏观调控法误区的财税法学》，载刘剑文《财税法论丛》（第13卷），法律出版社2013年版，第74—80页。

是税收法定原则当中一个十分关键的构成要素，其与税法合理性共同构成了税法正当性的一体两面。① 从现实来看，我国税法确定性仍面临着诸多问题，陆猛、吴国玖从立法和执法两方面梳理了我国现有的税法不确定性症结，② 滕祥志指出了我国当前税法规则之间及其与部门法规则之间的协调性以及税法规则内在逻辑结构的严密性不甚乐观的现实问题，③ 实践中不确定性的税法概念、规则、原则等十分常见，也导致税法运行缺乏严格、准确、统一的法律标准，呈现出税法规范和适用的双重不确定性问题。

基于上述文献综述可知，有关法律确定性或不确定性的法理研究和部门法研究十分丰富，但尚未从税法法理角度系统研究税法确定性原则问题，已有的少量研究主要立足于税收法定原则下的课税要素明确性子原则之探讨。税法与刑法系保障人权的两大重要法域，但相比在严格罪刑法定主义下刑法确定性论题关注的广度和深度，税收法定视域下的税法确定性问题尚处于理论空白。因而，从论题研究背后的关联价值而言，税法确定性原则之议题自应成为税法基础理论的重要组成部分。

厘清论题研究的价值和立场之后，研究税法确定性原则问题不应将全部的视野聚焦于正向上的理论解构，还需结合我国现实税法规范与适用之状况，找出其不确定性因素及所在，并寻求适合的解决方案。本书正是基于税法确定性原则的相对主义立场论，主张从一贯的税收法定原则下研究税法确定性的狭隘视阈中走出，以一种学术上的"工匠精神"和法学中的"系统工程"方法论来认真对待税法的精确性设计与确定性运行。同时，从哲学高度和可行能力上考虑到税法的相对确定性这一现实，本书不唯税法万能主义为至上价值信条，反以信守税法正当性的基本品格，主张在确定性规范与

---

① 王鸿貌：《税法学的立场与理论》，中国税务出版社 2008 年版，第 144 页。
② 陆猛、吴国玖：《从税法不确定性视角探讨税收法定原则落实》，《税务研究》2017 年第 1 期。
③ 滕祥志：《税法确定性问题及其政策建议》，《税务研究》2013 年第 3 期。

适合性授权之间实现妥当平衡和有效互动。正是在中国税法不确定性这一问题意识下，从税法工程的整体系统视角出发，同时鉴于税法确定性实现的相对限度，不以标榜税法的绝对确定性为空谈口号，而是基于我国现有的税法文本、税权运行、裁判文书、守法状况当中存在的不确定性问题，提出具有针对性的解决方案，以此为化解现实税法困境提供思路和方法。

三　研究思路与方法

（一）研究思路

本书以税法确定性原则为研究对象，基于"解构—观省—增进"的行文思路，分五章对税法确定性原则的相关理论与实践问题逐层剖析，每一章分别从以下思路展开，旨在建构税法确定性原则理论，反思税法不确定性问题，提出增进税法确定性的可行方案。

第一章为税法确定性原则的总论部分，分别从理论生成、理论内涵和理论立场三方面予以阐述。在理论生成上，税法确定性原则源自税收确定性品格的税法实现机理和法律确定性思想的税法映射；在理论内涵上，税法确定性原则应从税法的广义系统论予以理解，包括税法明确性和稳定性、税法规范确定性与税法适用确定性之维度，要立足于税收法定主义理念的时代发展背景，注意其与公平性、效率性和谦抑性等税法特质的联系与区别；在理论立场上，税法确定性原则对于各主体而言均具有重要意义，但也面临着多重因素下的不确定性现实，因而需要从相对主义的立场来对待税法确定性，既要追寻税法确定性目标，也要摒弃税法形式主义。

第二章为税法确定性的明确性子原则之理论解构。主要从税法明确性的阻却、程度和分工三方面展开。首先，法律模糊性构成了税法明确性的现实阻却，税法存在语义、语表和语用方面的模糊问题，这些模糊性不仅无法完全消除，有时也是必要的，应结合我国国情从税法明确性的主体、审查方面做出正确选择。其次，法律复杂性关系到税法明确性的适合程度问题，税法复杂性体现在税法内外维度，源自环境、税收和法律三维系统的复杂性，从比较法来看，域外的普通法系和大陆法系国家的税法都表现出不同类型、程度的复杂性，也制订了相应的解决方案，我国税法也具有复杂性弊端，应在现行方案的基础上进一步从简化与统合的立法模式、规则与标准的立法形式来缓和税法的复杂性。最后，法律保留理论是税法明确性分工实现的依据，应在阶层法律保留理论下，根据立法事项的重要性划分，廓清宪法保留立法事项、立法机关保留立法事项、税收授权立法事项和行政职权立法事项，并分别要求不同级次的明确性程度。

第三章为税法确定性的稳定性子原则之理论解构。主要从影响税法稳定性的三种税法类型展开，即回应型税法、溯及型税法和试验型税法，分别基于税法的功能性、溯及力和改革性三方面。其一，在回应型税法方面，在税收之收入和调控二元功能和法律之发展功能下，税法需要回应控制征税权、更新征税权、激活征税权等多重需要，但在我国经常发生回应型税法的功能错位和异化问题，为此，应矫正调控功能主导的回应型税法立场。其二，在溯及型税法方面，在既得权理论、法安定性要求和信赖利益保护原理下，税法奉行法不溯及既往为原则，仅在特定情形下具备溯及力，通过观察域外国家税法溯及既往的情形，总结经验教训，结合我国当前税法秉承的"有利溯及既往"原则，进一步规范税法追溯适用意义重大。其三，在试验型税法方面，值此税制改革期，我国的渐进式税制改革与试验型税收法治进路相呼应，暂行立法、授权立法、试点立法、过渡立法等比比皆是，我国应注重税制改革和税收立法之间的关系校正与调和。

第四章为税法确定性的反面镜像观察与省思，即税法规范和适用的不确定性问题。第一、二节主要论述税法规范中的不确定性问题，第三节集中在税法适用不确定性问题层面。在税法规范不确定性方面，分别从税法中的不确定性概念、规则两方面进行研究，其中规则方面选择了一般性条款、例示性规定和兜底性条款分别阐述，对我国税法文本中的不确定性概念进行了全面梳理，观察并剖析具体税案中的概念释义问题，摘选一般反避税条款、税收法定条款和所得认定条款进行研究。在税法适用不确定性方面，从推导解释、课税事实、税收行为角度的不确定性出发，分别给出了确定化之路径。

第五章为税法确定性的本土增进之道。本部分主要基于对我国税法规范与适用不确定性问题之独特性观察，在反思我国现有解决税法不确定性方案的基础上，进一步提出从立法规范和制度建构两个方向来增进税法确定性，包括立法规范层面的税法规范结构的体系化、税法规范生成的精细化、税法规范调整的有序化，制度建构层面的优化税收执法、开放税务司法和提高税收遵从方面的制度设计与优化等。

（二）研究方法

1. 比较研究方法。本书通过运用比较研究方法，旨在分析中外税法规范和适用的不同特点与逻辑，思考我国现行税收立法机制和税法适用体制的长处与不足，总结和比较中外税收立法、执法、司法和守法的经验和教训，最终实现本土语境下税法确定性的理论建构和实践优化。

2. 规范分析方法。本书以税法文本中的不确定税法概念、一般性条款、例示性规定、兜底性条款等为分析样本，对我国现行税法规范进行了梳理，开展针对性的规范分析，旨在发现和解决我国税法文本中的具体不确定性问题。

3. 实证分析方法。本书对我国税法体系、税法文本以及法条表述中的不确定性问题进行了实证梳理，以图表等简明形式揭示并反思我国税法规范与适用之现状，科学把脉税法不确定性问题。

4. 案例分析方法。本书结合近年来我国税务行政诉讼当中已经作出裁判的典型税案，可从中管窥到税法实践中的不确定性问题及其解释路径，也为改进税法适用中的不确定性问题提供分析样本。

四 研究创新与不足

本书存在的创新之处如下：

一是研究选题的创新。随着部门法理学研究范式的兴起，以行政法、经济法等公法部门为典型，结合本部门法规范之特色和问题，推动确定性原则在部门法中的理论创新和应用已成为重要研究场域。确定性是税收的基本品性，现代国家征税建立在民主法治逻辑基础之上，即在确定且公正之税法运作之下实现税收确定性目标。一直以来，鉴于纳税人基本权利保障之需要，税法领域尤其崇尚确定性价值、揭露不确定性弊病，却未见针对税法确定性的专门、系统研究成果。本书尝试结合税法规范特质和适用语境，系统挖掘税法确定性原则的创新理论，也为走向更高品质税法时代、推动我国税收法治进程贡献一己之力。

二是研究视角的创新。确定性是法律发展中的一个关键议题，而不确定性是法律局限中的一个客观存在。观之我国税法学术界与实务界，由于税法的粗制以及税收规范性文件的庞杂散乱特点使得税法不确定性问题十分突出，税法确定性一直是关注的核心问题，但学界一般从具体问题出发讨论某一不确定领域的确定化方案，未能构建起税法确定性之统一理论体系。本书以税法确定性的系统解构与整合实现为选题，尝试从理论剖析和实现路径来体系化研究税法确定性议题。从整体系统论而非狭义立法论的视角来研究税法确定性问题，能够比较全面宏观地理解税法确定性的基本原理，贯穿了税法设计、税法适用、税法裁判和税法遵从的全过程。同时，在研究税法各个运行阶段的确定性理论时，坚持问题意识导向，从我国税收立法、行政、司法和守法中的具体问题出发，以微观视角来看待税法确定性之实现。

三是研究方法的创新。全书研究的一个创新之处就在于宏观叙事与微观解读的研究视野融合，使得研究既具有一定的理论价值，同时也旨在解决实践问题，真正让税法理论与实践有效接连起来。

全书运用了实证分析、规范分析和案例分析等方法,采用图表、法条、案例等多元研究样本和工具对论题展开充分论证,使得理论研究与社会现实相贴合,也增加了说理的合理性与可接受性。研究方法的创新为冲破空洞的理论构建提供了有力支撑,使得研究在围绕"税法确定性"这一理论主题下更接地气,契合了人文社会科学研究应当服务于社会实践发展的潮流。

本书存在的不足之处主要有:其一,本书关于税法确定性理论的认识还有进一步加深拓展的空间。

其二,由于税法确定性理论的辐射十分宽广,本书对于宏大理论与具体实践之间的逻辑联系还有待加深。

其三,受到外语语言能力的限制,本书主要参考了国内学者的译作或英文文献,而对税法研究同样发达的德国、日本财税法学者的一手文献资料参引不足。

第 一 章

税法确定性原则的理论构造

确定性是法律规范和适用的基础准则，它要求法律应当足够明确安定，具备可预测性和可执行性，从而缩减公权力滥用的空间，依法保障公民基本权利。然而，在现实情境中，无论从文本还是行动上，法律都无法实现完全绝对的确定性。正如德国著名法学家贡塔·托依布纳所言："法律的不确定性像法律本身一样古老。上帝总是由于流入法律不确定性中的根本的法律悖论而发笑"。[①] 在税法层面，确定性是文明税收的基本特性，法定性是现代税收的正当品格，关注和研究税法确定性原则具有重大理论和现实意义。当然，现实中的税法常常表现出不确定性问题，或为主观之使然，抑或为客观之结果，宜当科学辩证看待，秉持税法相对确定性立场，认真对待税法确定性。

第一节 税法确定性原则的理论生成

确定性是税收概念的特性之一，亦是法律规范的基础品性。税

---

① ［德］贡塔·托依布纳：《法律：一个自创生系统》，张骐译，北京大学出版社 2004 年版，第 113 页。

收确定性之品格达成需要沿循税收法定主义之基本路径，在确定的税法规范和适用过程中最终得以实现，故而税法确定性原则之于税收确定性的法治实现具有结果导向的意义。此外，法律确定性作为法理学上的一项中心研究议题，一直都是各个部门法尤其是公法领域学者的关注重点，近年来随着领域法学这一新法学范式的提出，以财税法学为典型，相关领域的学者们开始探讨财税法律确定性特别是税法确定性问题，税法与刑法、行政法、经济法在价值理念、规制对象和调控功能等上有较多重合，税法确定性的理论研究却滞后于它们，理应提上日程。正是基于确定性之于税收的重要性，以及税收法定的实现进路，同时出于确定性之于法律的重要性，以及税法领域的理论建设需要，税法确定性原则理论便由此生成。

一 税收确定性品格的税法实现

理论界关于税收的概念认识各有其表、众说纷纭，大致分为税收学与法学语境下之不同界定范式。诚如所知，税收学方面关于税收的定义普遍以强制性、无偿性和固定性的三性特征为描述起点，分别表示税收征管过程的国家强制力支撑、征纳依据的非等价合同关系以及公民应纳税收数额的明确固定，由三者所共同组成的"税收三性"是对税收的外在形象描绘，也是税收区别于其他财政收入方式的内在品质，共同构成了财政学领域关于税收特征的传统现象级认知。[①]"税收三性"已然成为定义税收概念的中西方经济学通行范式。税收学领域广泛采用此定义模式，认为"税收是政府为实现其职能需要，凭借其政治权力，并按照特定的标准，强制、无偿地取得财政收入的一种形式"[②]。建基于"税收三性"基础之上的税收

[①] 参见刘剑文、熊伟《税法基础理论》，北京大学出版社2004年版，第3页。
[②] 王传纶、高培勇：《当代西方财政经济理论》（下册），商务印书馆1995年版，第158—161页。

概念定义范式也在一定程度上影响到法学领域，甚至有国家的税收立法当中也接受这一经济学定义范式，例如《乌兹别克斯坦税法典》中规定："税收是指本法规定的必须要向财政缴纳的一定数额的款项，具有定期、不返回和无偿性质"。

固定性本意为公民缴纳的税收数额务必确定且稳固，明确固定的纳税数额方能提升征管效率，也才能让纳税人预先了解应纳税收规模，从而不至于因税权模糊、异动而影响到应税事实判断及涉税交易安排等私法自治事项。然而，从表达精确性来看，固定性只强调了所征之税应当稳定，其隐含的明确性要求并未完全展示出来，同时，税收固定性是建立在相对特定时期内，应以唯物辩证主义视角去审视，固定性有让税收僵化的先验感受。因而，应当对税收固定性稍加改造，当下理论界与实务界的主流趋势是采用税收确定性这一理论模型，一为固定性与明确性之统一；二为改善税收僵化的观感。当然，税收固定性理论提倡之初与确定性实则含义相同，只不过从表述完整性和理论支撑性而言，确定性更加契合，这也是首先需要澄清之误区所在。

在整个赋税思想演化进程中，税收确定性逐步被认识并传播开来，成为现代社会税收制度的一项基本品格。"在这个世界上除了死亡和税收以外，没有什么是确定的"。富兰克林这句名言一直流传至今，告知人们这样一种道理：税收与死亡一样都是无可避免的，同样也是确定无疑的。"赋税的征收要简易，规定要清楚，使收税人无法增减"[1]，孟德斯鸠提出征收的简易性和明确性是规范税务机关依照法定数额履行征税权的基本要求。奥尔森从财力汲取方式层面，揭示国家课税之道在于"固定征收"而非"恣意抢掠"。从无序劫掠到有序征缴的国家收入范式转型是税收民主化的起点，早在西方封建时期，就有封建主向领地上的过路商征收关税，以此作为免遭

---

[1] [法]孟德斯鸠：《论法的精神》（上册），张雁深译，商务印书馆1961年版，第219页。

抢劫的交换，后演化为国库进款的最方便手段。[①] "征税权含混不清，模棱两可，导致纳税人总是怀疑征课过度、税支浮滥或税收不公，意图用拖延和推诿的方法逃避缴税义务"[②]，威廉·配弟认为征税权不明确是使国民不愿缴税的最重要的原因，也是进而迫使统治者采取严厉手段征税的原因。亚当·斯密在其巨著《国富论》一书中，提出了著名的"赋税四原则"：一为税收公平原则，"一国国民，都必须在可能范围内，按照各自能力的比例，缴纳国赋，维持政府"；二为税收确定原则，"各国国民应当完纳的赋税，必须是确定的，不得随意变更"；三为征管便利原则，"各种赋税完纳的日期及完纳的方法，须予纳税者以最大便利"；四为经济效益原则，"一切赋税的征收，须设法使人民所付出的，尽可能等于国家所收入的"。[③] 税收确定性原则是"斯密税收教义"当中的一项重要构成，他认为赋税完纳的日期、方法、额数等都应当确定可知，如若不然，纳税人就可能吞食因税权滥用所带来的加重课税和税政恣意的恶果。与亚当·斯密"赋税四原则"齐相著名，瓦格纳提出的"四端九项原则"[④] 亦包含税收确定原则，主张税法应当简明扼要，课税要素应当明确可知，以防止征缴过程中发生曲解和误会。

所谓确定性或确实性，即唯一性，属于哲学语义的概念范畴，包括"量"上的单一性、"质"上的绝对性、"空间"上的唯一性、

---

① [德]马克思、恩格斯：《马克思恩格斯全集》（第一卷），中共中央马克思恩格斯列宁斯大林著作编译局译，人民出版社1956年版，第64页。

② [英]威廉·配弟：《赋税论》，邱霞、原磊译，华夏出版社2006年版，第7页。

③ [英]亚当·斯密：《国民财富的性质和原因的研究》（下卷），郭大力、王亚南译，商务印书馆1974年版，第384—386页。

④ 所谓"四端九项原则"，是指财政政策原则、国民经济原则、社会政策原则和税务行政原则之四项基本原则，收入充分原则、收入弹性原则、税源选择原则、税种选择原则、普遍原则、平等原则、确定原则、便民原则和最少征收费用原则之九项子原则。参见许建国、蒋晓蕙、蔡红英《西方税收思想》，中国财政经济出版社2016年版，第113—115页。

"时间"上的完成性等含义。① 维特根斯坦在其《论确实性》一书中这样说道:"确实性就像是一种语气,人们用这种语气肯定事实情况,但是人们并不是从语气中推导出这样说就有道理。"② 可见,确定性含义涉及命题性质或个人心理之确定状态,命题的确定性与或然性相对,而心理的确定性与疑惑和怀疑态度相反。③ 确定性作为税收概念界定的三性之一,也是良性税制的基本原则和构造因子,无论国际组织抑或各国主张,确定性都被视作评价税收政策是否妥当的基础标准,可以说,确定性已然成为良税的基础品性。"一个好的税收体系是一个能够使每一个人都明确他为什么而纳税的体系"④,更是让纳税人知道纳税多少、如何纳税、有何权利的体系,税制设计科学的首要要义便是公民纳税权利与义务的确定化。确定性是由哲学语义向税收特质的具体映射,一方面客观反映了国家征税这一永久命题的确定实施逻辑,政府强制课征公民财产权的政治进程和行政过程必须确定,以实现对税权边界的有效控制;另一方面也回应了征纳主体对于税务行政确定化的主观心理预期,税收是否达致确定性状态与相关税收主体的多数内心感受不无关系,税收确定性程度深浅的形式判断便是征纳双方针对某一涉税事项存有疑惑与争议的有无或多少。

从税收的发生学角度来看,自征税机关从纳税人手中征收所缴税款并完成入库手续那一刻,公民所担负的纳税数额便就确定,至少就该笔税收而言是确定的,此时,如果从税额确定性这一角度而论,实际上不论是强盗式掠夺还是文明型征收,民众的缴纳数额最

---

① 参见张本祥《确定性与不确定性》,中国社会科学出版社2017年版,第29页。
② [奥]路德维希·维特根斯坦:《维特根斯坦全集第十卷·论确实性》,涂纪亮、张金言译,河北教育出版社2002年版,第196—201页。
③ 参见[英]尼古拉斯·布宁、涂纪元《西方哲学英汉对照词典》,王柯平等译,人民出版社2001年版,第154页。
④ 杨小强:《中国税法:原理、实务与整体化》,山东人民出版社2008年版,第21页。

终都是确定的，正所谓"事情一旦发生便就确定"。但这种认识无疑将税收的确定性价值孤立起来，割裂了与其他税收核心价值的关联性，确定性不仅体现在税收发生结果的确定状态，更为重要的是税收发生过程的法律形式确定性和实质正当性。首先，税收确定性之实现沿循民主法治的逻辑进路。现代国家所强调的税收确定性，是建立在成熟完善的税收民主法治基础之上，其不同于掠夺式政权或团体所进行的随意性课征，而是一种基于明确法定、公开透明的税制运行产物；也不同于封建专制国家的税制设计更多是统治者个人意志的表达，现代国家征税行动的法律基础建基于民主同意原则之上，征纳主体的权利义务设定于由代表公意的代议机关表决通过的税法文本中，征税权力机关和纳税人都必须以客观应税事实和税法的明文规定为准绳行使权力和主张权利。其次，税收确定性之灵魂置身公平正义的正当语境。良性税制的文明之道不仅在于政府向社会大众所征之税的过程与结果确定可知，更在于征税方案之设计与实施充分考量了税收的公平正义，由此构成了税收正义形式维度与实质维度的一体两面性，因而，确定性价值虽然在税收上占据基础位置，但绝不意味着其价值孤立性，相反，税收的确定性只是形式意义上的基础原则，其还必须与实质意义上的税收公平等价值理念互融，方才契合现代国家税收的正当品性。

基于上述可知，确定性作为现代国家税收的内在特征和基础品格，不应将其孤立化、封闭化，而应认识到税收确定性与民主法治、公平正义等价值的同构性、互融性，而税法无疑是凝聚多元价值的制度产物，税法的确定性之于税收确定性而言具有形式和实质层面的促进作用。一方面，在形式层面上，税法是调整征纳主体双方权利义务关系的法律总称，它是征税机关以及纳税人课征执法和完纳赋税的行动指南，因而，税法规范愈加确定，征纳主体对课税要素构成、权力（利）与义务、课税流程、法律责任等便愈加明晰，从而为纳税人提供事先确定的心理预期；另一方面，在实质层面上，现代国家的税法制定权虽然由议会和行政部门分担，但受到税收法定主义和税收授权立法的价值规约，将直接关系纳税义务产生的课税要素确定事项实行议会保留，将行政机关的授权立法或职权立法纳入议会监督的范畴，从而能够确保所制定出的税法符合公平正义的价值取向，进而使得最后课征募集而来的税收不仅是确定无疑的，更是公平正义的。

二 法律确定性思想的税法映射

法律确定性议题是法理学上的一个中心话题，纵观整个西方法律思想史，关于法律确定性的认知大体经历了正向倡议阶段、反向观省阶段和相对共融阶段，主流思想家和法学流派从关注和倡议法律确定性之基本品格与蓝图愿景，到观察并反省法律不确定性之客观逻辑与现实困境，最后回归到法律相对确定性这一科学议题基础之上，审视和重新定位法律确定性与不确定性之界限范围，架构法律确定调整和社会不确定性运行之间的系统连接桥梁。法学理论界中对于法律确定性从积极肯认到消极否认再到辩证认识的思想演进过程，揭示了确定性之于法律系统的理论价值、实践隔离与相对存在，奠定了以法律的确定性夙愿和法律的不确定性特质为融合基础的法治道义。

在正向倡议法律确定性占据主导的时期，人们将确定性作为评价法律制度正当性的显性标志，认为只有符合确定性的法律规范才能发挥保护私有产权、克制公共权力和实现裁判理性。古典自然法学派时期，英国启蒙思想家洛克在其《政府论》（下篇）中认为，为保护私人财产人们联合成为国家和置身政府之下，就是试图消除自然状态的规则缺失——"缺少一种确定的、规定了的、众所周知的法律，作为共同的是非标准和裁判尺度"[①]。洛克间接指出法治国家之塑造必须首先具备法律之确定性精神，并与其核心观点——

---

① [英]洛克：《政府论》（下篇），瞿菊农、叶启芳译，商务印书馆1964年版，第77—78页。

"政府的目的就是保护私人财产"相契合，唯有兼具确定、公开与正义等价值要素的法律规则，方能为民众提供抵御政府权力不当侵犯的正当救济手段，为划清公私权限、疏解社会矛盾和维护整体秩序输出工具体。同一时期的另一思想家孟德斯鸠对法律确定性提出了更为严苛的要求，他不仅认为确定性的法律规范为司法裁判提供指引，更指出法律确定性与政体形态之间存在难以割裂的关系，只有愈加民主自由的政体国家，法律规范才愈加确定，只有越接近法律确定的共和政体，裁判的方式才愈加确定。"专制国家是无所谓法律的，法官本身就是法律。君主国是有法律的，法律明确时，法官遵照法律；法律不明确时，法官则探求法律的精神。在共和国里，政制的性质要求法官以法律的文字为依据"。[1] 此外，历史法学派代表人物萨维尼主张立法与习俗携手协力，从而消除规则不确定性，揭示和保有纯粹的、真正的法律，民族的固有的意志，[2] 根据这一观点延伸出法律如何与时空资源有效衔接方能达成人们所需之规则确定性。德国概念法学派的兴起，则将法律确定性提升到新的高度，以"无漏洞之教条"作为法律建构的基点，体现出机械式的形式法治思维，在其影响下，1794 年制定出台的《普鲁士普通邦法典》将人类行为的范围规定到无微不至的家庭生活琐事，[3] 一万七千余条的规则体量，浓缩了立法者想要细致入微地规范社会生活的雄心壮志和盲目自大。

在反向观省法律不确定性逆成主流的时期，早在古希腊和古罗马时期，由于对法治与人治的优劣认识尚未达到一定高度，法律不确定性成为提倡"贤人政治"的支撑理由。柏拉图在其著作《政治

---

[1] ［法］孟德斯鸠：《论法的精神》，张雁深译，商务印书馆 1961 年版，第 91 页。

[2] ［德］弗里德里希·卡尔·冯·萨维尼：《论立法与法学的当代使命》，许章润译，中国法制出版社 2001 年版，第 14 页。

[3] ［美］玛丽·A. 格林顿、迈克·W. 戈登、保罗·G. 卡罗兹：《比较法律传统》，米健等译，中国政法大学出版社 1993 年版，第 20 页。

家篇》中就指出,"立法者在其为整个群体制定的法律中,永远不可能准确地给予每个个人以其应得的东西",由此他主张通过制定明确的法律规则来实现统治目的无济于事,反而应依赖统治者的智慧美德。伴随着20世纪初现实主义法学的流行,西方法学界对理性主义法律观进行了猛烈批判,开始转向强调法律的不确定性问题,① 这一时期以霍姆斯的"法律经验论"为起点,奥地利法学家埃利希的"活法理论",美国法学家庞德的"书本上的法"与"行动中的法"之界分等重大法理论为标志,主张从法律实践中寻找破解法律规则不确定性僵局的钥匙。一些学者甚至在反对法律确定性思想的道路上走入极端,这以现实主义法学的代表人物弗兰克最为典型,他认为"广泛流传的那种认为法律是或者可以在很大程度上被制定成稳定、确定的看法是非理性的,应归结为一种幻觉或神话"②,其完全否认法律能够确定的可能性。

在辩证认识到法律相对确定性命题的当下时期,人们逐渐认识到无论是法律确定性抑或法律不确定性思想,在法律的形式理性和实践理性认识上均过于偏执极端,不符合唯物辩证的科学认识规律,因而,当前法理学界的主流认识普遍推崇法律相对确定性的立场。比较典型的代表人物哈特在提出法律具有开放性结构(open texture)的基础上,认为"历史上的法理论若不是倾向于忽视法律规则的不确定性,就是将之夸大"③,间接地抛出法律规则处于确定性与不确定性的中间地带的论断。诚然,准确恰当的立法阐述是衡量一个国家法治成熟度的重要指标,但一方面,"实践活动所涉及的乃是一些个别的和独特的情境,而这些情境永不会确切重复,因而对它们也

---

① 曹祜:《论法律的确定性与不确定性》,《法律科学》2004年第3期。
② Jerome Frank and Brian H. Bix, *Law And the Modern Mind*, New York: Routledge, 1930, p. 13.
③ [英]哈特:《法律的概念》,许家馨、李冠宜译,法律出版社2011年版,第119页。

不可能完全加以确定"①，因而想通过成文法的形式产出一种千篇一律且固定不变的社会规范系统不尽现实；另一方面，民主法治之实现绝非"毕其功于精确性的成文立法"，而是在具备相对确定的法律规则前提下，通过法律适用阶段执法者与司法者的解释、补充和创设等准立法行为反哺制定法系统，实现规则更新、补漏、接洽和适合化等目标，况且良法之治的全部也并非限于法的确定性和稳定性，同样不可或缺的是法律制定与适用过程中公平正义理念的深刻贯彻，以及良法得以普遍遵从的善治格局。

法理学界关于法律确定性与不确定性的哲学思辨可谓由来已久，法律能否确定这一问题俨然成为评判法律是否属于一门科学的关键问题，这是因为确定性是系统科学当中的一项重要哲学议题，法律系统的科学性很大程度上就取决于其本身的确定性问题。在法律相对确定性立场之下，法律系统呈现出确定性与不确定交织并存的现象，一方面，法律系统的行为规范功能要求制定法应当尽可能地确定，以便于有效地规范各方行为；另一方面，法律制度又是客观见之于主观的自创生系统，受到主观认知局限、语言表达模糊歧义等不确定性因素的影响。为此，进一步地研究法律确定性与不确定性问题，应结合具体部门法、领域法或单行法来探视法律确定性在各法律分支系统中的具化映射以及价值意义，同时挖掘不同法域中法律规则不确定性的程度与表现，促进法律确定性课题研究的方向转换。

法理学与部门法学之间的知识互通乃是法学理论与实践相结合的需要，呈现出法理问题的部门法具化和部门法问题的法理提炼两种研究互融范式。"法理学的论题是法学和法律实践中带有根本性的问题"②，作为法理学上重要的哲学命题，法律确定性原则在各主要

---

① ［美］约翰·杜威:《确定性的寻求:关于知行关系的研究》，傅统先译，上海人民出版社 2005 年版，第 4 页。

② 张文显:《法理:法理学的中心主题和法学的共同关注》，《清华法学》2017年第 4 期。

部门法理学研究中得以具化体现，且根据公私法域的二元划分，表现出不同程度的研究旨趣，通过对现有研究成果的梳理和分析，私法领域对法律确定性的关注不够直接，也不密集，一些私法研究学者尽管在法释义方法论上贡献卓著，或以民法为例，提出基本原则在克服法律局限性方面的工具价值，① 但确定性原则始终未能成为私法的核心理念，反之，意思自治、诚实信用等原则颇为私法所重视。然而，虽然学界不太强调确定性原则之于私法的形式意义，但一直将其作为向私法教义研究深入转型的深层寄托和指引方向，亦言之，法律确定性原则于私法而言，更侧重其实质上的方法指引效力。相较之下，鉴于公私法秉承的法治理念不同，表现为"法无规定不可为"和"法无规定即自由"的指向差异，当公法规范不甚明确之时，政府的权力边界便就模糊起来，往往受制于客观环境、政策目标以及主观因素的随机变化。基于公法的国家管理功能，为控制公权力机关因法律不确定性而滋生权力自由化风险，公法之变迁历程便贯穿了回应型和确定型法制建构之主题，确定性之于公法而言更具价值指引意义。鉴于此，公法领域是研究法律确定性问题的集中场域，刑法、行政法以及经济法等都给予了莫大关注，刑法部门一贯以罪刑法定原则为圭臬，刑法规范的确定性对于保障公民的人身自由和财产安全意义深远；行政法部门涉及行政权力实施的调整规范，行政法规的确定性对于公权力合法运行十足重要；经济法是规范政府宏观调控和市场规制行为的部门法，经济法律的确定性有助于廓清政府与市场的活动边界以及规范政府干预市场行为。上述公法分支都对本部门的法律确定性价值诉求和法律文本中的不确定性现象倾注了大量研究心血，公法领域对于法律确定性和不确定性课题研究的极大兴致，隐含着公法的权力制约理念和利益平衡思维，因而，通过对法律确定性的强调和法律不确定性的发现来规范公权

---

① 参见徐国栋《民法基本原则解释——成文法局限性之克服》，中国政法大学出版社 2001 年版，第 172 页。

力的运行，以此保障公民的基本权利和自由。同时，在确定性的法律实现权力规训意图的同时，其也对公民所负的社会义务明确化，能够以中性客观的立场对待权利与义务的一致性。

相较于法律确定性思想在部门法学中的长期深入挖掘和丰富研究成果，领域法学作为一门以问题为导向，以特定经济社会领域的相关法律现象为研究对象的新型学科划分范式，① 有关法律确定性及不确定性的研究则尽显滞后。然而，由于我国新兴领域面临的问题复杂多样，各项领域立法工作刚刚起步，立法品质尚且低劣，领域法的法律不确定性问题尤其突出，以财税法为例，不确定的税法表述、税收立法的空白授权等广泛存在，使得领域法面临理论薄弱、立法粗造和适用脱轨的三重困境。税法是财税法这一新兴领域法律的关键构成部分，② 是公法体系之重要分支，也列属于传统部门法划分范式下的经济法部门，法律确定性课题研究在公法领域的兴盛之势，必然延伸到税法领域，并影响至税法确定性之基础理论生成，以及税法领域中特定问题法条适用的实践困境与方法出路。

另外，除了法律确定性这一根本性法理研究议题由法理学向部门法学再向领域法学进阶的过程以外，以税法与部门法之关系为视角，税法确定性的理论生成有着与刑法、行政法以及经济法部分相同的机理。（1）同罪刑法定主义之于刑法的支柱地位一般，税收法定主义亦构成税法的帝王原则，③ 恰如明确性、法定性之于罪刑法定主义的内涵要义，④ 税收法定主义亦为"课税要素法定""课税要素明确"和"依法稽征"之三重理念型构而成，⑤ 因而，从价值论角

---

① 刘剑文：《论领域法学：一种立足新兴交叉领域的法学研究范式》，《政法论丛》2016 年第 5 期。

② 参见王桦宇《论领域法学作为法学研究的新思维——兼论财税法学研究范式转型》，《政法论丛》2016 年第 6 期。

③ 参见黄茂荣《法学方法与现代税法》，北京大学出版社 2011 年版，第 82 页。

④ 参见游伟、孙万怀《明确性原则与"罪刑法定"的立法化设计——兼评修订后的〈中华人民共和国刑法〉》，《法学》1998 年第 4 期。

⑤ 参见张守文《论税收法定主义》，《法学研究》1996 年第 6 期。

度，在税收法定主义的根本价值指引下，税法确定性原则对于解构税收法定主义和保障公民个人财产权利具有重大理论和现实意义。（2）税法与行政法具有传统意义上的隶属关系，只不过在经历税收法律关系由"权力关系说"向"债务关系说"的定调转向之后，税法的独立性和衡平性日渐得以提倡，被定位为实施课税行政的"征税之法"和对抗征税权力的"纳税人权利之法"，[①] 但尽管如此，税法与行政法仍存在不可挣脱的牵连关系，税收行为本身就是行政行为之一种。因而，从行为规范角度，税收行为的规范离不开税法确定性之基本要求，明确性的税法规定为税务机关的课征权力行使划定界限、指明方向，避免税权恣意渗入私域范围。（3）在现代国家治理体系当中，税收除了具有一般意义上的财政收入功能以外，还被经常作为政府调控市场的公共政策工具，在现实情境中，政府在制定税收政策时往往更加侧重税收的调控功能，造成税收基本功能与附随功能的本末倒置，这也是造成税法经济法化的一个重要成因。[②] 因而，从调控功能层面，经济法的不确定性问题亦在税法当中有所体现，且尤为多见，特别是鉴于税收调控灵活性和地方治理自主性的需要，现实中常将大量的技术性、政策性规定事项授权给财税主管部门或地方政府，税法只做一般性、原则性规定，导致税法系统充斥着数量极为可观且持续增加的税收政策性文件，而税收法律本身却表现得极为空洞化。综上所述，一方面，法律确定性原则之于税法而言富有价值引领和行为规范之意义，从正向上研究税法确定性原则十足必要；另一方面，税法领域大量的不确定性问题为学界从法释义视角解析和化解税收征管中的法律适用难题指明了研究方向，也提供了丰富的研究素材，从反向上研究税法的不确定性问题亦具有重大的实践促进意义。

---

① ［日］北野弘久：《税法学原论》，陈刚、杨建广等译，中国检察出版社2001年版，第45页。
② 参见王茂庆《税法的经济法化及其反思》，《政法论丛》2017年第5期。

第二节　税法确定性原则的理论内涵

揭示理论生成的逻辑之后便是解构理论含义的过程，主要涉及税法确定性原则的内涵厘定、价值定位与关系思辨三个方面。在内涵厘定层面，应当厘清"税法"的范畴、"确定性"的概念以及"税法确定性"的面向；在价值定位层面，税法确定性是税收法定原则的内在要义，在税法诸项价值原则中占据基础地位；在关系思辨层面，税法的确定性与公平性、效率性和谦抑性等皆有一定的正向关联性，不过彼此之间亦有一定的冲突。通过对税法确定性原则的内涵厘定、价值定位和关系思辨，能够对税法确定性原则形成初步的理论认知，也为后文其他章节铺开论述奠定基础。

一　税法确定性原则的含义厘定

法律确定性理论在税法领域映照具化而成税法确定性原则课题，首先应结合法律确定性之原理与税法之特质厘清税法确定性原则的基本内涵，本书认为，欲实现对税法确定性原则理论含义的正确解读，应当从"税法"的范畴论、"确定性"的概念论以及"税法确定性"的阶段论三方面着手，既要对法律确定性理论有所继承，也要根据税法的异质性有所延伸，具体阐述如下：

（一）税法范畴的广义系统论

就"税法确定性原则"之"税法"范畴而言，其面临着狭义法律说、中义渊源说和广义系统论之立场抉择。

（1）狭义法律说。税法确定性系税收法定主义的内在要求，按理说应当依照税收法定主义中"法"的范围加以理解，追溯到税收法定主义的整个演化过程，税收契约主义表现得淋漓尽致，[①] 所谓

[①] 李建人：《英国税收法律主义的历史源流》，法律出版社 2012 年版，第 47—51 页。

"不同意则不课税""无代表则无税"正是该思想之结晶,正如此,税收法定主义所内含的契约征税精神最早衍生出议会课税权,使得"法定"之范围被限缩在由议会机构制定通过的税收基本法律之下,若以税收法定主义之民主同意原则为逻辑起点,便排除了由行政部门和地方政府所制定的各类税收规范性文件,而只能从狭义法律的视角理解税收法定主义,继而得出税法确定性之"税法"乃由议会机构制定实施的税收基本法律。尽管狭义法律说契合了从民主立法的角度保障公民课税同意权的初衷,但却有违现代社会税收法定主义理念的发展趋势,税收立法的原则向度不再局限于民主层面,更要拓展到科学层面;税收立法的功能向度也不再仅限于保障公民课税同意权,而是以保护公民个人合法财产权益为目标兼顾国家财政治理需求。基于此,狭义法律说不全然适用于税法确定性语境,从立法论视角,确定性实为税收规则制定的基本要义,不应只是对议会课税立法权之要求,更包括在税收授权立法情境下对其他税收授权立法之要求。

（2）中义渊源说。法源系法律渊源的简称,系指"客观法的（能够为法律适用者所识别的）形式和表现方式"①,其具有形式渊源说和效力渊源说之别,过去不同法系传统的国家法源构成不尽一致,大致表现为大陆法系和英美法系中成文法源与不成文法源之主导差异,现今两类法系国家之间的法源构造日趋一致。具体到我国,根据我国财税法学界的主流观点,一般依照法的效力渊源说为评判依据,认定税法渊源包括宪法、法律、行政法规、部门规章、地方规章、地方性法规、自治条例和单行条例以及国际条约等,② 这就将税收规范性文件和司法判例等排除在外,但却未能适应当下我国法源构造之变革趋势。一方面,其他税收规范性文件由于对纳税人无

---

① ［德］伯恩·魏德士:《法理学》,丁晓春、吴越译,法律出版社2013年版,第98页。
② 参见刘剑文、熊伟《财政税收法》（第六版）,法律出版社2014年版,第183—185页。

直接法律约束力而不在范围内,由此被区分为税法与税收政策,在此基础上,学界将税法确定性与税收政策确定性区分开来加以研究,但一些学者将税收政策理解为"凡是可以作为税务机关执法依据的规范性文件都属于税收政策的范畴",以至于关于税收政策确定性的理解实际上与税法确定性不无二至,① 只不过问题的症结在于税收规范性文件是否可纳入税法范畴。行政法学界有关行政规范性文件可否被承认为行政法源存在争议,不乏一些学者主张重构行政法源理论,承认其他规范性文件的法源地位,② 主要缘由系考虑到实践中规范性文件对于行政相对人的指导性、羁束性效力。结合税收规范性文件来看亦是如此,大量的解释性、政策性和补充性税收规定都是由财税部门或地方政府及所属部门作出,纳税人受之影响较广、较深。总之,现实中大量的税收征管细节交由税收规范性文件规定,直接关系到纳税人的权利与义务,因而,从立法论视角而言,税收规范性文件必须符合确定性要求,对此,我国《税收规范性文件制定管理办法》第九条明确提出"制定税收规范性文件,应当内容具体、明确,内在逻辑严密,语言规范、简洁、准确,避免产生歧义,具有可操作性"。另一方面,由于受大陆法系文化影响较深,我国税法法源基本以成文法源为组成,税收行政案件相关的司法判例未被纳入税法法源,但随着近年来我国积极推进建立案例指导制度,一些典型税案(如广东德发税案、儿童投资基金税案)的入选以及判决书的公开实际上为后续相似案件的裁判提供了指引参照,③ 鉴于税务争议的持续增加和案例指导制度的构建,有必要将确定性价值诉求延伸至税务司法裁判当中,以税务司法的确定性为追求,提升法

---

① 参见滕祥志《税法确定性问题及其政策建议》,《税务研究》2013年第3期;贾先川、朱甜甜《增强税收政策确定性的路径探析》,《税务研究》2019年第5期。
② 参见吴鹏《论"其他规范性文件"的行政法法源地位》,《首都师范大学学报》(社会科学版)2006年第3期。
③ 参见新华社《最高法发布行政审判十大典型案例》,http://www.xinhuanet.com//legal/2017-06/13/c_1121136020.htm,2019年9月6日。

官的裁判说理能力，借助典型税案指导式裁判的遴选，可进一步塑造司法化解税务争议、保障社会公平正义的积极角色。总之，我国现有依照效力渊源说界定的税法法源范畴排除了税收规范性文件和税收司法裁判文书，不符合税法确定性的全面指向，需要将二者纳入其中。

（3）广义系统论。基于对上述两种论点的分析和批判，本书认为，应从税法的广义论和系统论两方面来作为税法确定性之论述起点，即所谓税法确定性之"税法"不应从效力法源理论层面理解，进而将税收规范性文件和税收司法裁判文书排除出外，更非专指由议会所制定的税收法律，乃是从税收规范和运行的现实状态出发，基于税收规范的整体系统对确定性加以考察，既涉及税收立法层面现有税法法源确定性之原理，也包括税法适用过程中的相关行政立法、解释和行为等确定性话题，还存在于税务行政争议解决进程中的司法裁判确定性议题。确定性价值之于税法而言，不能限制在由议会审议通过的狭义税收法律层面，税法是一个由不同效力层级税收规则文件所共同构成的规范系统，特别对于我国而言，大量的税收征管细节分布在行政立法性与政策性文件之中，有必要从税法法源的整体构成来全面探视税法确定性的理论意义与实践问题。当然，由于我国现有的法源理论建立在效力说和成文法基础上，没有将一些虽然对纳税人并不产生直接拘束力但事实上却关系税法进一步明确方向的税收规范性文件和税收司法判例考虑进去，不免缺乏周延性，税法确定性之实现绝非全部诉诸立法努力，在成文税法仍显粗糙的现实情境下，通过行政解释和司法裁决来弥补立法的不完备性空间潜力巨大，为此，将确定性原则推广至税收立法之外的税法行政解释与税务司法审判领域有其合理性和必要性。

（二）明确性与稳定性的二维面向

法律确定性原则实则反映的是法律安定性之要求，根据考夫曼的理解，法律的安定性有两层含义：一种为"透过法律达成的安定性"，即通过法律制度的行为规范作用达到一种社会安定状态；另一种为"法律本身的安定性",即法律规则本身应具备的明确性和安定性要求,① 本书所研究的为后者,即税法本身应当具备的确定性或安定性。"在法治国家中,国家对人民课征租税,除应依循租税法定原则外,并补充以法律安定原则,要求法律规定之明确,保护人民对法律状况及稽征机关行为之信赖"。② 基于此,应从税法规范的明确性和稳定性角度全面解析税法确定性原则,前者侧重于强调立法者在起草税法文本时,应当做到清楚明白,易于理解,可预测性、可理解性是为明确性原则的检验标准;后者则注重税收规则的稳定性,以捍卫纳税人的法律信赖利益,避免税法的不利溯及既往、不当调整和频繁修订给征纳主体带来不必要的执法与守法成本,以及保障纳税人依据税法形式合法进行交易安排的信赖拘束力。

一是税法明确性原则。明确性原则,又称避免含糊性原则（Void of Vagueness Principle）,意指立法应当尽可能的明确清晰,从而让普通公民能够清楚地知悉法律规定,也能够让税收执法者和法官充分理解法律意涵,防止法律适用的任意性。③ 法律明确性原则最早由刑法领域的罪刑法定主义理论延伸得来,后在行政法的授权明确原则、税法的税收法定主义中拓展开来,成为公法领域普遍适用的基础原则。从字面意义上,税法明确性就是要求制定出的税法应当"明白、清楚、妥实、确切",避免过度使用模糊性语词、不确定法律概念以及原则性规定,而且税法的结构安排和法条表述也要具有严密的内在逻辑,同时符合简洁明了的要求。"只有税法明确清晰,纳税人便于理解,高度的确定性才有实现的基础"。④ 税法的明确化表达应当遵从"便于一般公众理解"的原则,可理解性是税法

---

① 参见［德］阿图尔·考夫曼《法律哲学》,刘幸义等译,法律出版社 2004 年版,第 274 页。
② 陈敏:《税法总论》,台北：新学林出版有限公司 2019 年版,第 48 页。
③ 参见杨剑波《刑法明确性原则研究》,中国人民公安大学出版社 2010 年版,第 30 页。
④ 丁一:《纳税人权利研究》,中国社会科学出版社 2013 年版,第 221 页。

明确性原则实现的评价指标，一般要求受过一定教育的社会公众能够通过自我学习或政府提供的税法教育或获取税务咨询服务等方式，基本了解税法所规定的纳税权利、义务及法律责任等。税法可理解性的实现除了立法层面上强化其明确化和通俗化，尽量避免使用不确定的和复杂晦涩的立法语言和法条构造，也离不开税法教育的推广普及、纳税咨询服务的便利获取和税务代理市场的繁荣发展。确定性的税法规范有助于为纳税人在开展私事交易活动之前提供规则预告并约束权力，① 基于对拟计划之交易事实与税法规定之涵摄适用，能够大体知悉其应纳税额数量、优惠减免权限以及缴纳义务履行程序等事项，从而增强税收征管的事先可预测性，为纳税人进行合理税收筹划、依法节约税收成本奠定基础。

二是税法稳定性原则。稳定性是税法确定性原则的另一面向，它要求税法应当尽可能地保持在相对稳定的状态，以捍卫税法的权威性和保障纳税人的可预测性权及信赖利益。从法律权威论的角度而言，税法权威的塑造离不开信仰、规则和实践的共同作用，在规则层面，税收规则的稳序规范显得特别重要，频繁且随意地更改税收规则无疑将伤及税法权威，正如博登海默所言："法律是一种不可以朝令夕改的规则体系。一旦法律制度设定了一种权利义务方案，那么为了自由、安全和预见性，就应当尽可能地避免对该制度进行不断地修改和破坏"②。从权利保障论的角度来说，征税牵涉经济社会生活中的每一个人，税法是民众诚实纳税以避免承受不必要的法律责任后果，进而保障其私事自治权的课税指南，应当为纳税人提供稳定且明确的预期，以便于他们精确计算应纳税额，知悉其义务界限，捍卫其正当权利，一定意义上，税法的稳定性乃是公民生活安宁权的间接反映，也是其对税法享有信赖利益的内在要求，一旦

---

① 参见裴洪辉《在价值理想与客观认知之间：法律明确性原则的理论空间》，《法学论坛》2019年第2期。

② [美] E.博登海默：《法理学：法律哲学与法律方法》，邓正来译，中国政法大学出版社2017年版，第419页。

税法发生变动，便意味着纳税人将不得不花费更多成本来重新学习更改后的税法，进而对私事交易的形式、进程等产生影响，特别是税法变动过程中会给纳税人带来缴纳义务不可预测性和不稳定性的内心滋扰。

（三）税法规范与适用的双向确定性

法律制度不是机械僵化的逻辑规范体系，它也包括执法者和法官对其适用的过程，恰恰表现为庞德提出的书本上的法与行动上的法之界分，[①] 实现税收确定性的税法逻辑正是文本规范与法律适用的双重作用结果，因而，从纸面之税法和行动之税法方面而言，应包括税法规范确定性与税法适用确定性之面向。

其一，在税法规范确定性方面，立法者所制定出的税法规范应符合确定性标准，税法文本规定地愈加详细、明确、稳定，纳税人愈能够明确知悉其权利义务界限，征税机关的稽征行为也愈加规范。此外，书本上的法之规定构成了行动上的法之适用的依据，明确且稳定的税法规定也是迈向税法适用结果确定性的逻辑前提，但亦要防范落入"概念型税法"或"税法形式主义"的圈套，将税法的形式规定作为机械适用的起点，进而绝然地排除行政裁量权或法官自由裁量权之适用，税法中既存在着立法者制定的"显露的税法"，也不乏适法者发现的"隐藏的税法"。但无论如何，一个规范明确、清晰且具有严密逻辑构造的税法体系十足必要，它构成了立法者对征税事项的预先规制，也是后续税法适用的逻辑起点和行动指南。尽管税法难逃规范不确定性的客观局限，但制定法提供的规则框架和蕴含的立法意图也可有助于税法的进一步解释细化。

其二，在税法适用确定性方面，诚如霍姆斯所言："法律的生命不在于逻辑而在于经验"，文本税法创制的终极意义在于生动丰富的执法实践和司法适用，税收确定性就是税法确定适用的导向产出。

---

① 参见［美］罗斯科·庞德《文本中的法与行动中的法》，御风译，载葛洪义《法律方法与法律思维》（第五辑），法律出版社2008年版，第196—210页。

当然，税法规范的确定性并不一定能够导出一个确定性的税法适用过程与结果。尽管当下各国在防御征税权扩张方面架构起日益详尽的税收行政实体准则和程序规范，但税收规则不断增长的同时，税收行政裁量权也正得以释放，以确保税务机关能够灵活应对多样变化的避税安排。因而，不仅税务行政执法是主观见之于客观的法律适用过程，而且存在着税法不确定性情形下的主观解释、类推适用、自由裁量等行为，尽管受到一定的原则或规则约束，但其主观性决定了仍存在许多不确定性因素。同时，法官的个人主观因素也会导致税务司法裁判的不确定性，税务执法行为与司法行为面临着复杂难消的不确定性现实问题，如何最为有效地控制权力行为主观化带来的税法适用不确定性问题尤为关键。

二 税法确定性原则的法定语境

如前所述，确定性是税收之基础原则，而实现税收确定性必须在法治语境下，只有在遵从税收法定原则下征缴上来的税收，才是符合公平正义的确定课税，因而税法上之税收法定原则与税收确定性原则具有手段与目标之关系，前者强调规范课税之形式正当性，而后者侧重税收课征之结果正当性，形式正当是保障结果正当的必要前提，税收法定原则可谓实现税收确定性的唯一正当路径。税收法定原则是税法的支撑性原则，它是指征税事项应通过制定法律的形式规定之，具体包括立法和执法层面的要求，立法层面上应当恪守租税要件法定和租税要件明确原则，有关税收构成要件的基本要素都应在制定的法律中作明确、详细的规定；执法层面上应坚守税务合法性原则，税务机关必须严格依照法定的实体标准和程序规范履行税收征管职责。① 因而，课税要素确定性可谓税收法定原则之内在要义和组成元件，具体表现为有关纳税义务成立、计算和履行的

---

① ［日］北野弘久：《税法学原论》，陈刚、杨建广译，中国检察出版社2001年版，第64—65页。

全部课税要素都应在立法上予以明确固定,在税收法定语境下的课税要素确定实则就反映为税法确定性原则,税法之确定性关键就在于税法对于课税要素的确定规范,而税法确定性也是确保实现税收确定性结果的前提要件。

诚然,税收法定原则并非生来不变的价值理念,它始终伴随着近现代的历史变迁和当代社会的发展脉络而不断得以修正,大致经历了近代保障国民主权的税收形式法定阶段、现代关注税收正义的税收实质法定阶段和当代注重收支一体化的纳税权利综合保障阶段。① 其一,早在1215年英国《自由大宪章》最先兴起税收法定主义理念之初,其更多体现的是税收契约论下的民主法治功能,确保征税权行使在民主同意的宪制轨道上,在其影响下,早期更多侧重于税收的形式法定,包括课税立法权的立法机关保留、课税要素的明确化等均系其产物。因而,近代时期的税收法定是一种形式法定,国民有权依照由代表其意志和利益的议会制定的确定性税收法律履行纳税义务,对于作为纳税依据的税法提出了诸项形式要求,只有由议会表决通过且契合课税要素确定性的税法方才应得以广泛遵从。其二,进入现代国家以来,人们日渐认识到税收形式法定存在的客观局限和潜在威胁。首先,由立法机关保留税收立法权常常让立法机关难以及时、有效地处理税法的灵活性、技术性规范事宜,相当一部分的税收征管事项需要委任给行政机关立法确定,税收法定原则不排除税收授权立法的现实需要;其次,税法文本规范存在着局限性和开放性,规定课税要素的税法总是充满着各种不明确和不稳定,税收法定原则亦无法规避税法形式不确定性的客观情境;最后,当一项税法规范契合了民主性和确定性之外在形式要义,却违背了税收公平合理的实质正义,其依然会对纳税人权利造成深度侵害,难称得上是良性税法之典范。故而,纵然税收民主法定、课税要素明确等构成了税收法定原则之基础形式要件,却在税收立法实践中

---

① 参见丁一《税收法定主义发展之三阶段》,《国际税收》2014年第5期。

显现出诸多局限性，况且相比税收形式法定的基础性价值地位，实质法定之于税收而言更具高阶价值指引意义，在税收实质法定语境下，制定出的税法不仅需要符合确定性这一形式特质，更要在实质法定过程中发挥出公平正义理念和积极正确的价值引领作用。其三，步入现代社会以降，特别自国家向着公共财政体制转型变迁之后，开始关注到税法与预算法之间的财政收支一体化问题，即从过去单纯侧重于收入层面的纳税人权利消极保障到如今兼顾支出层面的纳税人权利积极实现，仅仅实现税收收入的确定性是不足够的，还需要保证预算支出的确定性。在财政收支一体化理论下，税收法定与预算法定共同作用于现代社会纳税人基本权利保障事业，其分别内含的税收收入确定性与预算支出确定性之间也互相关联，正是确定性的税收收入方才为后期的政府一般性公共预算活动提供可供计划编排的数据支撑，也正是国家预算支出规模的大体概算方才为政府施以何种确定程度的课税举措奠定了现实基础。支出确定性既意味着政府经征缴募集而来的税收必须"取之于民、用之于民"，体现财政支出的公共性和民生性。税收用途必须确定，也意味着国家预算必须遵从收支平衡原则，收入总量与支出规模相一致，各级政府部门必须严格依照议会通过的预算法案执行预算支出责任，整个预算收支都应以事先确定的预算文本为行动指南。

从税收形式法定到税收实质法定再到财政收支法定，整个历史演进过程并非表现为三类法定性价值在财政税收领域的彼此替换，而是呈现出一种价值逐步递进的高级进阶之路，自民主法治原则在税收领域确立嗣后，其逐渐从形式层面向实质层面，自单纯税收领域向全面财政领域深入、扩展。因而，税收的形式法治无疑最为基础，而税法的民主性和确定性正是税收形式法定的核心精神。一方面，征税权力实施和纳税权利实现所依据的税法必须是经过议会民主立法程序制定而来，民众享有国家课税决策的同意权和参与权，纵然一些个别课税要素及技术性税收征管事项适宜由更为高效专业的行政机关立法确定，但也应基于合理且合法的税收授权立法机制，即行政机关的税收政策制定权和税法解释权需是建立在明确的法条授权和裁量授权之下，禁绝一揽子授权、概括授权、空白授权等，议会同时享有对行政机关授权立法实践的审查监督权力；另一方面，继对税法民主性的关切，厘清合理性税法范畴之后，还要对议会主导式的税收立法提出形式合理性标准，而税法的确定性首当其冲，民主性与确定性共同构成了税收民主立法和科学立法的二维面向，在整个税收形式法定阶段殊为重要，这也直接促成了税收法定主义根基深厚的西方发达国家相对成熟的议会主导式税收立法样态。因而，税法确定性原则反映的是税收形式法定阶段的基础内涵，其伴随着早期税收法定的民主科学立法精神而与税法民主性相提而论，既要求议会制定出的税收法律应当确定，也要求经议会授权的税收立法应予确定。

税收形式法定阶段下的税法确定性原则尽管在保障税收立法的民主性和科学性方面价值斐然，却易于落入"民主蒙蔽专业、形式超越实质"的僵化格局，当过于注重税收立法的民主功能和形式理性，就可能会削弱税收立法的专业特质和实质理性，而后者在现代税收国家愈加显要，理想状态应是实现税收立法的民主与专业相平衡、形式与实质相结合，[①] "税收法定原则的实质内核是稳定不变的，但其具体内容往往随实践而不断变化"[②]，这就要求我们不能以静态的形式法定来过于追求税收立法的民主功能和形式确定，而是要以一种刚性与弹性相结合的税收实质法定去对待税收立法。现今社会财政风险激增、税收的调控功能日渐凸显、税收征管正变得日益复杂、地方治理自主性吁求强烈，如果一味且不加区分地固守税收立法事项的立法机关保留原则，则不免挫伤税法适应社会的御险能力、调控能力、应变能力和治理能力。因而，通过合理的税收纵

[①] 参见徐阳光《民主与专业的平衡：税收法定原则的中国进路》，《中国人民大学学报》2016年第3期。

[②] 邢会强：《论税收动态法定原则》，《税务研究》2008年第8期。

横授权立法来塑造一个刚性法定且灵活多变的税法规范体系十足必要，此时，确定性自应成为议会制定法和行政制定法的共同形式化要求。当然，受立法者主观认知、税法表述等客观局限影响，税法规则不可能达成完全确定的理想状态，针对这些不确定性税法规则，还需要行政机关进一步解释细化，该税法行政解释权的行使也不是毫无章法，存在着确定可寻的税法解释方法、基准和程序等。除了制定详细明确的税收规则和实施确定性的税法解释以外，税法当中还存在着相对抽象的原则用于指引复杂多变的税务实践，实质课税原则便意在克服税法形式与经济实质不相一致的特殊情形，它为纾解税法确定性的弊端提供了切口，但这并不意味着实质课税原则是一项极具不确定性的法外之地，实质课税权的行使也需遵从确定性的法治逻辑。此外，在当下建基于收支一体化理论基础上的纳税人权利综合保障时期，如何切实保障纳税人在税收收入和预算支出中的财税法律确定性权利，切实关系到透明公共财政体制下公民知情权和民主参与权之实现。

综上可知，确定课税绝非是税法条文的简单演绎推演，而是各方主体共同参与、合作的结果，其间离不开各个角色的能动发挥与准确定位，它是税法规范确定性和适用确定性之动静结合的产物，表现为税收形式法定与实质法定的融合特性。此外，法律确定性原则不仅在征税环节具有重要意义，也在用税等环节发挥着重要作用，确定性作为财政法定原则的形式要义，在贯彻财税法治理念过程中应当予以重视。总之，税法确定性原则作为税收法定原则的内在形式要求，在整个税收法治建设进程中发挥着十分重要的作用，只有税法规定的较为明确具体、稳定可靠，才能为纳税人权利保障和征税权力行使提供确定可知的行动准则。当然，税法中有关课税要素的确定性只是从规则本身构筑的一套普适标准，但在个案适用时依然要通过执法者、法官以及纳税人等主观意识最终确定，而税法的作用就是提供一项科学规则体系，以防范客观性法向主观性法转化过程中的"人为不法性行动"。为此，本书虽然主张以践行税收法治作为实现税收确定性的基本逻辑，但仍认为不宜将税法确定性原则狭隘地置于税收形式法定主义理论之下，而是需要置于税收形式法定、动态法定乃至整体财政法定综合语境下，税收法律主义本身就是形式合理性的法律思想产物，① 在追求税法形式合理性之外，亦不可忘却税收立法和税法适用的实质合理性以及财政收支行为的整体确定性。

三 税法确定性原则的关系思辨

由上所述，税法确定性原则是税收法定原则的派生要义，而税收法定原则、税收公平原则和稽征效率原则一贯被视为税法的三大建基原则，② 税法确定性原则与公平性原则、效率性原则之间存在着辩证关系，税法的公平程度往往取决于税法的确定程度，立法者对于税法确定性的极度追寻也隐含着他们回应社会对于税收公平的美好期盼，但也正是因为过度强调公平，税法反而愈加复杂，确定性程度降低。同时，确定性的税法是保证税收行政效率、司法裁判效率和纳税遵从效率的必要条件，但亦不意味着税务机关、司法机关以及纳税人的所有行动都必须有预先确定的税法规范作为依据，现实中还广泛存在着大量税法不确定性的情形，留待各方发挥主观能动性予以漏洞填补或自由行动。此外，税法在实现其保障收入功能的同时，也带有政府调控干预市场经济活动的意志，现代市场经济法治国家强调市场在资源配置中的决定性地位，在"政府干预最小化"理念下应当保持税权的谦抑性，这就要求市场发展所需的税法规定应当明确详细，不能基于调控目的而作经常变动。不过，市场总归是不可捉摸且处于不断的发展变化之中，政府仍有基于维护社会公共利益和市场经济秩序的需要，而对变化中的市场进行回应性税法调整，一定程度的税法不确定性亦不可避免。

---

① 许安平：《税收法律主义及其在当代的困惑》，《现代法学》2005年第3期。
② 参见黄茂荣《法学方法与现代税法》，北京大学出版社2011年版，第82页。

（一）确定性与公平性

形式法定与实质公平构成了税收正义的二维向度，前者凭借法律形式的规范功能为税收之确定打下了基础，后者则根据纳税主体的横向与纵向应税能力事实采取量能课税方略，"税负必须依照国民间的承担税的能力来进行公平的分配，在各种税法律关系中，必须公平地对待每一个国民"①。确定性与公平性组成了税收正义之具体内涵，"保证税收的确定与公平比什么都重要"②，二者之关系乃形式正义与实质正义之对称关系，形式正义乃基础要求，实质正义乃高阶要义。诚如斯密认为程度大的不公平性比起程度小的不确定性带来的祸患要少，③ 税额确定对于纳税人而言是极为重要的事情，正如其所言："赋税虽再不平等，其害民尚小，赋税稍不确定，其害民实大"④。因而，在他看来，确定性是税收的基本特性，是税收正义的最低层次。

税收公平原则涵盖负担公平、经济公平和社会公平三层次，⑤ 从税收功能定位概括，包括收入公平与调节公平，即税收必须体现适度性、平等性、量能性等公平理念。明确且公平的课税权为民众获得知情权和生存权提供了保障，国家从每一个人身上汲取的税收收入均是透明的、可预见的，这就为公民针对不合理之课税部分提出异议或寻求救济奠定了基础。同时，征税权适度行使原则以尽量不伤害税本和积极涵养税源为内涵，这一永续课税逻辑也迎合了国家

---

① [日] 金子宏：《日本税法》，战宪斌、郑林根等译，法律出版社2004年版，第64页。
② 参见朱为群《保证税收的公平与确定比什么都重要》，《中国财经报》2015年3月3日第7版。
③ 参见 [美] 哈罗德·M.格罗夫斯《税收哲人：英美税收思想史二百年》，刘守刚、刘雪梅译，上海财经大学出版社2018年版，第20页。
④ [英] 亚当·斯密：《国民财富的性质和原因的研究》（下卷），郭大力、王亚南译，商务印书馆1974年版，第385页。
⑤ 参见周全林《论"三层次"税收公平观与中国税收公平机制重塑》，《当代财经》2008年第2期。

长治久安的秩序诉求；量能课税逻辑助力于推动分配正义、维系社会公平正义。确定且公平的课税举措有助于推进征纳双方良性互动关系之构建，进而实现国家课税活动的井然有序与健康持续，避免因税额不明确、税负不稳定等问题滋生"因税抗争行动"，动摇统治秩序，影响社会稳定发展秩序，以落实税权法定来获得确定公平的税收应是当今税收民主法治国家之必经之路。

伴随着社会系统的永恒变化以及民众对于税收公平的持续关注，税法规范系统也正因立法者极力追求确定性而变得日益复杂化、肥大化。一方面，复杂多变的客观社会环境需要税法不断地发展变化，以有效及时地回应社会现实，这导致税法规则处于持续的更新改进和膨胀发展状态；另一方面，为了尽可能地制定出让每一个纳税人都能感受到公平合理的现代税法，立法者将不得不考虑社会现实、客观事实以及个体利益等多元因素，这些因素并非千篇一律，而总是呈现出多样性的特点，以个人所得税为例，为体现量能课税原则，立法者既要制定出针对不同收入类别纳税人的科学测算纳税能力且累进课税的应税评价机制，也要考虑到个体纳税人基本生存权保障的税收扣减机制，这些反映了税法对于公平性的必要斟酌，却也是以牺牲税法的简明与确定为代价，因而由于客观环境变化和追寻税收公平不可避免会酿造税法的复杂性，这种复杂性而引致的不确定性尽管属于"必要的牺牲"，但也确实让税法因回应现实需要和公平价值而复杂难休，而且让合理的复杂性与不合理的复杂性之间的界限变得十分模糊，如何达成税制简化与税收公平之间的兼容并蓄实是税收立法中的一大考验。

故而，确定性与公平性之间依然可能发生矛盾，由于税制设计过程中要考虑各种因素，兼顾不同情形下之税收公平，难免会因此增加税制复杂性，导致税法不确定性风险陡增，增加税收执法成本和纳税遵从负担，伤及税收征管效率。同时，当政策制定者将税收效率放在首位，极力追逐税法的确定性，就会造成税制过于简单粗造，也会发生因税制规定不详而滋生不确定性问题，以及更为严重的税收不公平问题,"复杂的税收当然并不一定能够保证公平,但简单划一,必然没有公平"。[1] 正因此,浏览全世界各国与地区的税法无不显露出程度不一的复杂性与技术性,一方面,复杂的税法体系与内容确实反映了立法者考虑到不同情形下的公平课税问题而尝试将多样化交易情形予以明确规范,但另一方面由于过于注重公平性,税收立法过于追求细节上的明确化,也造成了税法规范的不易理解、难以稳定和碎片分割化,由此造成了税收征管过程与结果的不确定性。在此基础上,应当平衡好公平视域下的税制复杂现实与确定视域下的税制简化需求之间的关系,理想状态是实现二者的有效兼顾,在无法同时兼顾的情形下,原则上应以公平为优先,[2] 在构建公平税制的基础上最大可能地简化规则,保证税法的确定性和实用性。

(二) 确定性与效率性

一个具备形式确定特征的税法系统是确保税收执法、司法和守法行为正确性和有效性的前提要件,它为各方主体在确定性的税法规则下展开行动提供了合法依据、裁判依据和遵从依据。当税法针对特定情形已然做出明确具体的规范,且税法规则采取假定条件、行为模式和法律后果的三要素建构方式,并以类型化立法、列举性规范、解释性规则等列明,大量重复性的常规交易或简单无争议的税务案件都能够得到快速解决,纳税人也能够根据税法的明文规定展开合理的税收筹划和履行必要的缴税义务。

其一,在税收执法效率方面,"站在国家的立场,整个税收过程就表现为一个效率控制的过程"[3]。法治、公平与效率一贯被视为拉动国家税收事业的"三座航灯",而征税效率则是一个极为现实的问

---

[1] 梁发芾:《税收:太复杂伤效率,太简单伤公平》,《中国经营报》2018年11月26日第A7版。
[2] [日] 金子宏:《日本税法》,战宪斌、郑林根等译,法律出版社2004年版,第65页。
[3] 王冬:《税法理念问题研究》,法律出版社2015年版,第141页。

题,也是税收经济学的中心课题,它关系到国家所需之公共财政资金能否正常足额入库,以供应国家机构日常运转和公共项目建设运营之需。从广义而言,税收效率包括政治效率、经济效率和社会效率等,① 此处乃从政治效率下的传统征税效率进行思考。所谓征税效率,不仅要考虑税收征缴的行政效率,即国家借助税务机关力量从民众手中获取税款的时效性,也要考虑征纳双方为之付出的成本与获取回报之差,不宜让征纳双方为之增添更多的行政成本和经济负担,确保税务部门的稽征经济。税法经常被适用于大量重复的常规涉税交易情形,一个符合确定性的税法无疑能够为税务机关提供规范性执法样本,以减轻其处理繁复性税务行政事务的成本及压力,也避免承担执法上的风险。因而,从税务机关安全履行税收征管职责的角度,税法的确定性既能达到提高执法效率,又能起到规避执法风险的意义,可谓一举两得。现实当中,为保障税款的及时、经济入库,征税效率的提升离不开一个确定的征税规则体系、征税权力运行和征税合作氛围。

其二,在税收司法效率方面,法官依据法律规定进行案件裁判是依法治国的核心要义,明确的税法规范为法官在认定案件事实基础上准确适用法律奠定基础,从而使得税务争议案件能够得到快速有效地解决,更好地发挥司法机关解决征纳主体之间涉税纠纷、维护社会公平正义的积极作用。一方面,针对一些普遍常见且裁判效果与社会效果联系较弱的案件,税法上有明确详细的规则作为裁判依据,法官只需在查明事实、核实证据的基础上按照三段论的逻辑推理过程,依法适用法律作出裁判即可,法官可予裁量的空间较小;另一方面,针对一些缺乏明确法条规范、案情重大疑难且社会切为关注的案件,法官应当遵照现有税收立法中的原则性规定行使合理司法裁量权,以弥补不确定性税法的弱度裁判指引效力。总之,"法律规则越充足,法官的自由裁量权就越小,法官严格执法越可能被

---

① 王军:《论税收效率问题》,《税务研究》2015年第12期。

接受，越不容易产生机械司法的问题"。① 因而，税法规则应伴随着税务司法经验的逐步累积而不断提升其数量与质量，以更加明确性的规则或原则为法官裁判提供方向指引。

其三，在纳税遵从效率方面，税收规则愈明确，则纳税人依据税法进行自我税负评估的可能性愈大，明确的纳税权利、义务与违法后果是促进纳税人诚实遵从纳税的必要前提，对于大多数诚实纳税人而言，针对一些税法已有明确征管规定和法律后果的涉税交易与事实，选择纳税遵从更具经济性，它让纳税人免遭专项税务检查的滋扰甚至牢狱之灾，是保障纳税人经济生活安宁权的必然选择。当然，欲塑造普遍良性的纳税遵从环境，离不开税收良法的制定，而税收良法之实现除了要达到实质意义上的公平正义以外，形式层面的确定性当属首要之义。因为只有税法作出详细、明确且稳定的规定，纳税人方才能够在有效知悉其权利义务范围和不利法律后果的基础上，选择诚实纳税，且纳税遵从的效率也能够有效提升。不过，确定性的税法并不一定能够培育一个完全诚实守法的纳税人，相反，理性的纳税人很多时候会利用税法的模糊地带、歧义规定或法律漏洞，使其经济交易形式游离于明确性税法实质规则之外，以达到合理节税的目的。事实上，相比选择诚实纳税遵从，纳税人会更多利用税法不完备性达到合理节税目的，以此实现税负最小化和避免税法追责的目标双赢。

基于上述可知，确定性税法是提升税务行政效率、司法裁判效率和纳税遵从效率的先决要件。确定性与效率性有着必然的因果联系，在效率价值的指引下，为便于征税部门开展征管工作，便于司法机关处理大量税务争议案件，也有利于纳税人诚实且便利纳税，制定出一套符合确定性标准的税收规范、严格规范税收权力的确定实施、积极实现税务司法的确定裁判、培育纳税人诚实合作的确定

---

① 李杰：《法官"机械司法"的博弈分析》，载苏力《法律和社会科学》（第九卷），法律出版社2012年版，第1—27页。

遵从意识尤为重要。当然，税法确定性并不意味着僵化执法、机械司法和诚信守法。（1）在税务行政执法方面，明确的税法规范只能涵盖一部分大量重复且已被立法者所发现的交易，对于现实和未来未被发现的那部分情形还需要税务机关根据税法原则进行裁量认定。税法适用的过程不是静态僵化的，税务机关需要面对千变万化、丰富多样的税务实践，因而在确保税法确定性的同时，赋予税务机关根据个案情形灵活处置的权力亦十足必要。（2）在税务司法裁判方面，无论是韦伯将司法隐喻为"自动售货机"，还是孟德斯鸠宣称法官为"叙述法律的嘴巴"，都是"机械司法论"的典型观点，代表着理想法治上法律形式主义的脸谱，与现实法治相距甚远，①"法典和制定法的存在并不使法官显得多余，法官的工作也并非草率和机械。会有需要填补的空白，也会有需要澄清的疑问和含混，还会有需要淡化的难点和错误"②，因而在实现税法确定规范的同时，发挥司法机关在发现法律中的作用亦十分关键。（3）在纳税守法遵从方面，确定性税收规则有助于引导诚实纳税人积极地遵从纳税，但也是理性纳税人开展避税筹划的灰色空间，毕竟再明确的税收规则也不可能是完美无缺的，更不可能精准预测到未来交易的多样性和变化性。因而，出于反避税的需要，税法上常常设置实质课税原则或一般反避税条款，从而赋予税务机关灵活的反避税裁量权，以起到压制纳税人避税筹划意愿和打击脱法避税行动的目的。

（三）确定性与谦抑性

税法在扮演财产权保障法的同时，也因税收的调控工具属性而发挥着政府干预法的作用，故税法规范的内容不仅包括政府财税汲取行为的法律规制，③也涵盖政府干预行为的法律规制。在现代市场

---

① 参见王彬《法律现实主义视野下的司法决策——以美国法学为中心的考察》，《法学论坛》2018年第5期。

② ［美］本杰明·卡多佐：《司法过程的性质》，苏力译，商务印书馆2000年版，第4页。

③ 参见冉富强《当代中国财税汲取的法治逻辑》，《当代法学》2017年第1期。

经济法治国家，以亚当·斯密、哈耶克等经济学家为代表的自由主义市场派主张的"有限政府说"渐成主流理论，凯恩斯等提出的"政府扩张论"逐渐萎缩，其合理部分演变为政府规制市场理论的源泉。因而，市场经济体制的国家奉行"市场起决定性作用、政府起扶持性作用""市场优先调节，政府补充调控"的价值逻辑，在此基础上，税收因其调控工具属性亦应遵从前述价值理念。归言之，"尊重市场，限制公权"乃现代市场经济法治国的核心要义，这就要求政府对市场的干预应秉承谦抑性理念，[①] 其中，运用税收政策达成政府调控目标的权力实施也应尽量克制，不能恣意而行，而实现税收谦抑性除了尽可能地减少税收调控手段的运用，还离不开必要时税收调控的法治化运行，这两方面都离不开确定性税法之建设与完善。同时，市场总是处于瞬息变幻的不确定性状态，与市场经济发展相适应的税法也难逃不确定性，存在着许多模糊性规定留待后续灵活应对丰富税务实践，也经常面临程度不一的修改变动。因而，如何最大可能地减少税法回应市场变化过程中的消极不确定性，总结出市场发展和政府调控的基本规律，追寻税法发展的确定性法治逻辑，实是税法干预的规范化发展方向。

税法的确定性要义要求政府利用税收政策调控市场的法治化进程应当尽可能地明确安定，特别对于市场经济机制下政府税收调控权的合法运行提出了严格要求，体现为税收中性原则，税收政策的选择应该立足于保证市场机制不受干扰和基本功能的发挥，国家税权对于市场应保持应有的谦抑克制品性。[②] 制定相对明确且稳定的征税政策无疑是贯彻税收中性和税权谦抑的基本前提，规定粗糙和频繁修改的税制对于市场而言极不友好，不确定性的课税规则常常引发市场主体对于政府税收政策的信赖利益减损，不利于他们准确感

---

① 参见刘大洪、段宏磊《谦抑性视野中经济法理论体系的重构》，《法商研究》2014年第6期。

② 参见王惠《论税的谦抑性》，中国财政经济出版社2012年版，第31页。

知和提前预判市场经济的法治环境与税负轻重，而且也因税法规范和适用的不确定性伤及市场主体活动的自主性与安定性，甚至会产生政府干预过多过滥，纳税人权利遭受公权力不法侵犯等问题。诚然，税收在国家经济社会调节中又扮演着自动稳定器功能，税制不得不因适应经济社会环境的时空变化而面临经常调整，客观环境的不确定性由此决定了税收相机调控的不确定性，其难以为市场主体提供稳定的政策预期。因而，确定性系如何处理税收调控不偏离中性原则又能提供必要的干预市场规则的关键节点，这就要求虽然避免不了政府税收调控的动态性，但实施这一权力的动态过程应当在法律规范之下，借由法律之治中合法性与合理性要件审查而防杜人治的不确定性实是构建市场经济所需的稳定税制的唯一出路，在此观念之下，推动政府税收调控行为的法治化实属关键一招。

第三节 税法确定性原则的理论立场

在辩证哲学的科学话语体系下，确定性只是一种相对性的存在，人所需要的是在一个不确定的未来中不断完善的确定性，[①] 而非纯粹客观的、僵化不变的绝对确定性。事实上人的理性认识常常滞后于世界不确定性之变化，法律制度作为人类认知理性的自创物亦存在诸多局限。"法律相对确定论"为正确认识税法确定性原则的作用和局限奠定了基础，一方面，从税法中各主体角度而言，税法确定性实是国家税收伦理道德、税务机关依法行政以及纳税人基本权利的内涵语义，重视并追寻税法的确定性具有重要的现实意义；另一方面，从税法的客观运行样态来看，税法确定性之实现受到多重因素的制约，存在着积极（主观故意）的税法不确定性和消极（客观发

---

① 参见［美］约翰·杜威《确定性的寻求：关于知行关系的研究》，傅统先译，上海人民出版社2005年版，第14页。

生）的税法不确定性现象。基于税法确定性原则的相对立场，应在认真对待税法确定性原则的基础上，发掘税法不确定性的分布及成因，通过立法、执法、司法以及守法环节的共同作用，最终实现税法规范与适用的双重确定性，积极推进税收领域的良法善治。

一 主体视域下税法确定性的现实意义

财税宪法语境下税收正当性体现为民主、科学与法律三个维度，① 深刻嵌入了多维价值诉求，"法治、公平、效率、透明"共同构成了现代税收制度的价值内核，其中法治是灵魂，公平是根本，效率是关键、透明是基础，② 民主层面税收以公平性为实质要义，科学层面税收以确定性为基本追求，法律层面税收以法定性为核心方略。其中，在以上众多税收价值理念当中，确定性是优良税制的基础品质，也是征税权的最低合宪性要求以及合宪性审查标准之一，③ 法定性是现代税制的基本策略，社会法治国与租税国家互为物质依赖和模式依赖，"法治国必须同时成为租税国，租税国以法治国为圭臬"④，因而建基于确定性与法定性基础之上的税法确定性原则在现代租税国家和社会法治国家中具有十分重大的现实意义，它是国家伦理、税制设计、税法运行以及税务行政过程的最基础准则。经计算征缴上来的税收务须确定，实乃税收正义之基石所在，国家的确定化课税务必建立在确定性税法架构上，实乃确定课税之正当逻辑。因而，确定性无论之于税收还是税法而言均意义非凡，而税法确定性实乃实现税收确定性的前提构件，在指引国家整体治理实践和征

---

① 参见王宗涛《税收正当性：一个理论命题与分析框架》，《甘肃政法学院学报》2012 年第 2 期。

② 柳华平等：《我国税收制度现代化的推进路径选择——基于"法治、公平、效率、透明"四个维度的比较分析框架》，《税收经济研究》2018 年第 1 期。

③ 参见陈丹《论税收正义——基于宪法学角度的省察》，法律出版社 2010 年版，第 115 页。

④ 参见葛克昌《租税国的危机》，厦门大学出版社 2016 年版，第 81—86 页。

（一）国家税收伦理秩序的正义体现

正义是社会制度的首要价值，[①] 税收正义则是正义的重要领域体现，乃租税国家之核心价值。[②] 正义本身极为复杂，实难完全把握其规律，正如博登海默所言："正义有着一张普罗修斯似的脸，变幻无常、随时可呈现不同形状并具有极不相同的面貌"，因而理论界对于税收正义之具体含义存在不同理解，但一致主张对课税权加以明文规范以实现控权旨意。通过税法实现税收确定性实属税收正义之实体标准与形式正义，在法定化和确定性的同时保证税收公平和程序法治乃税收正义的终极指向。因而，从概念范畴出发，税收正义是以个人税收权利为前提，通过国家权力的作用，实现公共利益的过程，并应遵循实质正义、形式正义与程序正义三原则。其中，税收法定构成了税收形式正义的原则面向，税收公平组成了税收实质正义的原则要件，[③] 程序法治形成了税收程序正义的原则要义。[④] 然而，无论是税收法定之落实、税收公平之贯彻还是程序法治之践行，均应以确定性标准为基础要求，以确保规制税收征缴的法律法规制定得相对明确且稳定，可税性判断、量能课税与税收分配的政治决策基准与过程确定且公开，税务机关执行具体的税收征管事务必须在明确法定的实体标准和程序规范下进行。从正义视角谈论税收确定性必然离不开法治正义这一根本前提，只有在税收法治框架下达成的实体性与程序性要素确定性方才是契合现代租税法治国家之价值观。当然，基于税收事务之本质逻辑，在国家起源之初，赋税制度便已施具雏形，彼时法治模式尚未被统治者吸纳并完全建立，但

[①] ［美］约翰·罗尔斯：《正义论》，何怀宏、何包钢、廖申白译，中国社会科学出版社1988年版，第3页。

[②] 黄俊杰：《税捐正义》，北京大学出版社2004年版，第2页。

[③] 杨盛军：《税收正义——兼论中国遗产税征收的道德理由》，湖南人民出版社2014年版，第62—77页。

[④] 参见施正文《论程序法治与税收正义》，《法学家》2004年第5期。

依当时税制规范形式实现税收确定征收的正义逻辑已然存在。故而，税法确定性之正义逻辑还需追溯至国家与税收依存关系下之国家税收伦理与国家秩序课税二维度。

从国家税收伦理视角，税法确定性之正义逻辑在于国家与税收的相互关系，国家的伦理性与税收的道德性之前后呼应。税收与国家相伴而生，为国家的运转国家权力部门的自身运转与公共活动离不开税收等财政收入的供养支持，正如马克思所说，"税收是国家机器的经济基础""赋税是喂养政府的奶娘"。国家对税收的经济依赖性为税权介入私域提供了正当性，但国家权力往往具有双面性，作为其重要构成的税权亦是如此，征税权不仅可成为一种"建设性"力量，也能异化为一种"毁灭性"力量，表现为"天使"与"魔鬼"的双重身份。[1] 税权之行使既有可能保持法定、公平和谦抑的道德品性，为公共行政管理供给合法充沛的财政资金，亦有可能非法跃入课税禁区或恣意改变税收公共政策，从而因过度侵犯公民财产权而损及基本生存权益，或频繁的政策调整给私域活动带来税制的不稳定弊病。国家对税收的依赖性以及税权所具有的双面性决定了要想从纳税人手中获得持续税收，同时又不引起纳税人反抗，首要策略就是税收行政的确定化、法治化，"国家命令公民纳税和地方当局让利，与一个持枪强盗逼人留下买路钱之间的区别就在于：国家的行为是以具有合理性和合法性的程序、形式和条件为前提的，而不是随心所欲的"[2]。因而，现代国家征税必须讲道德、重规矩，[3]税收的确定征收无疑是道德底线和法治基石。

从国家秩序课税视角，税收作为国家岁入生产体系之核心分支，其与规费、公债、彩票、政府性基金以及国有企业利润等构成了公

---

[1] 参见王婷婷《课税禁区法律问题研究》，法律出版社 2017 年版，第 3 页。

[2] 季卫东：《宪法的妥协性——对联邦主义及社会整合的一点看法》，《当代中国研究》1996 年第 55 期。

[3] 姚轩鸽：《税道德观：税收文明的伦理省察与探寻下——税理索问》，西北大学出版社 2017 年版，第 895 页。

共财政收入的基本来源，与这些收入方式建基于合同关系、所有权基础或特定规制目的所不同的是，税收是建立在"掠夺性统治理论"的基础上，它是以国家强制力为背靠力量从民众手中"夺取"一部分私人财产以满足公共利益需要的过程，故税法有"侵权法"之属性。统治者致力于国家岁入的最大化，同时该最大化行为必须受到代理人与民众的相对议价能力、交易费用和贴现率的约束，① 因而通过税收方式实现自上而下的"掠夺性统治"必须在明确稳定的法制框架内进行，否则就会动摇统治的正当性根基和长久性秩序。从税收的私有财产强制转换和无合同对价特性来看，如果不对课税权实施加以法治化、确定化，则政府征税权难免会逐步向着私有财产权部分肆意扩张推进，造成公民财产权个体保留部分的相对减少，公共财产权集体上缴部分的反向增加，影响公民个人的基本生存权益，造成"民寡而国富"的局面，这与现代民主法治国家倡导民生福利和人权保障的理念不相融合，因此从古至今税权克制和减税降负都是赋税思想的主流形态与底层社会的殷殷期盼。

"国家的岁入越多，统治就可能延伸得越广"②，获取税收收入的规模效应与维系统治秩序的期间长短之间存在着因果联系，同时，国家统治秩序的根基稳固又在于财政汲取过程的正当逻辑，因而，从统治秩序维度而论，税收的规模效应与汲取正当决定着国家长治久安格局之塑成。同法律制度的治理工具品性和秩序运行要则一样，税收制度作为国家宏观治理工具，其运行的秩序化、规范化和公正化，攸关国家整体统治秩序。同时，征税事务本身也需要以固定规则加以规范，明确征纳各方享有的权利（力）义务，以有利于课税行动秩序化运行，而课税行动秩序化属于国家统治秩序化的重要一环。

---

① 参见［美］玛格丽特·利瓦伊《统治与岁入》，周军华译，格致出版社、上海人民出版社2010年版，第11—49页。

② ［美］玛格丽特·利瓦伊：《统治与岁入》，周军华译，格致出版社、上海人民出版社2010年版，第2页。

"课税秩序化"理论的首要要求就是课税标准的确定性,通过制定针对普遍情形和一般情形下的税收法令与政策,将公众应纳税款予以标准确定化,这样就堵住了公权力自定义征税标准、篡改应缴税额的权力滥用空间。其次是课税流程的确定性,程序正义与实体正义一道构成了法律正义的"一体两面",课税行动的秩序化展开需要建立在课税程序正义的基础之上,因而课税流程设计的确定与否直接关系到课税程序正义之实现。再次是课税权力的确定性,税收立法只能为课税权行使设置事先标准和界限,但由于涉税交易的个别化、事后性、复杂性等,税法既存在不可规避的疏漏,也无法预知一切情形,此时,需要授予税务机关一定的解释权和裁量权,但该类权力的行使并非完全随机自主、不受约束性的,而是要接受统一明确价值体系或原则性规定的合法性与合理性考量。

(二) 税务机关依法行政的行动准则

依法行政或合法行政乃行政法之首要原则,它是指行政机关行使行政权力、管理公共事务必须由法律授权并依据法律规定,[①] 不可违反法律明确性之规范而恣意实施行政行为。具体到税法领域,税收法定原则的程序内涵便是依法稽征原则或税务行政合法性原则,它要求"税务行政机关必须严格依据法律的规定稽核征收,而无权变动法定课税要素和法定课税程序"[②],以免造成税务行政行为的恣意化。依法行政的首要前提为"有法可依",确定性的税收立法和授权为税务行政机关依法稽征提供了合法性依据:一方面,税法中确定性的规则设计为税务行政行为提供了直接指引效力,税务机关须严格依照税法规定适用于具体个案事实;另一方面,立法机关负责制定的税收法律只是税法系统的一部分,还广泛存在着向纵横行政机关授权立法的现实,而且,税法规范不可能完美无缺,不可规避的法律模糊性和滞后性,恰恰是税务机关运用解释权和裁量权进行

---

① 应松年:《依法行政论纲》,《中国法学》1997 年第 1 期。
② 张守文:《论税收法定主义》,《法学研究》1996 年第 6 期。

漏洞填补和再明确化的空间，此时，税务行政行为所依据的授权性立法、解释和裁量等也应具备隐性税法的确定性特质，接受正义价值论和科学方法论的约束。

基于以下将具体从税务行政干预行为和税务行政执法行为展开论述。首先，从宏观税务行政层面，最高国家行政机关及其主管部门负责税收调控政策的制定，这就涉及中央行政机关依法干预行为之具体展开。在依法行政原则下，国务院及其所属税务主管部门的税收宏观调控行为本身应当符合确定性要求，相关的税收政策制定应当确定，税收调控权的运行也必须受到规范，有必要实现税收调控由政策语境向法治语境转化；也应当遵从法律优位和法律保留之原则，即税务行政干预行为必须以现行法律规定为行动标准，或在取得明确合法授权的基础上方可实施。其次，从微观税务行政方面，税务执法是地方税务机关的业务范围，确定性的课税标准和流程是税务行政法治化、统一化和效率化运行的基本要求，税务部门履行国家交予的税收征管职责，离不开确定性税收规则的支持，不过，考虑到税务机关在应税事实认定、不确定税法解释和反避税等方面的能动作用发挥，仍有楔入税法不确定性理念的必要性。

(三) 纳税人基本权利保障的应然要求

鉴于征税权力的天然扩张秉性，通过强化纳税人权利体系构建保障机制以制约政府征税权乃宪法框架下税收法治之中心思想。纳税人权利表现为一种与国家征税权力相对等的资格和主张，[①] 具有理论与现实、实体与程序维度上的多种类型。其中，税法确定性原则之秉承与纳税人权利保护的宪法宗旨不谋而合，亦由此形成纳税人之税法确定性权利，它是与税法的有效性和基本运行相关的权利类型，狭义上是指成文税法应明确清晰，且禁止不利于纳税人的溯及

[①] 黎江虹：《中国纳税人权利研究》，中国检察出版社2010年版，第103—104页。

适用,① 广义上是指税法的适用条件和适用结果必须清楚明确。税法确定性权利绝非单纯的理论产物,其也现实地存在于一些国家的宪章或纳税人权利保护法案之中,例如加拿大的《权利和自由宪章》就明确规定公民享有法律确定性的权利(Right to certainty of law),意大利于2000年制定的《纳税人权利宪章》当中,也将税收规则清晰明确、禁止溯及既往型税法等列为保护纳税人权利的核心原则。② 税法确定性权利是法律确定性权利在纳税人权利语境下的具体体现,它与税收确定权有所区别也有所联系,税法确定权是纳税人享有的围绕着税法规范和适用的确定性权利,而税收确定权是征纳主体通过为一定的法律行为将已经发生的涉税事项的税收结果予以确定的权利或权力,③ 具有权利与权力的双重性,在税收法治逻辑下,税收确定权是税法适用确定权的运行结果,包含应缴税额确定、课税要素确定、征税流程确定等方面。

第一,作为与税法规范相关的基本权利,税法确定性权利系纳税人实体权利实现的必要条件。

(1)它是保障纳税人税法知悉权利的逻辑前提。路易十四时期的财政部长让-巴普蒂斯特·柯尔贝尔形象地将征税比喻成拔鹅毛的艺术,如何既满足政府所需财政资金数量又减少纳税人的税痛感,乃是考验一国或地区税收政治的焦点问题,而税收的公开透明是缓解纳税人"税痛感"的必要配方之一。"税制设计应该保证个人知道他们支付了多少,并能评估税制在多大程度上准确反映了他们的偏好"④,透明度被视为现代政府税收正当性的基础评价指标。实现

---

① 参见丁一《纳税人权利研究》,中国社会科学出版社2013年版,第221—222页。

② 参见翁武耀《意大利〈纳税人权利宪章〉评析与借鉴》,《税收经济研究》2018年第1期。

③ 邓伟:《论税收确定权的理论基础与制度完善》,《税务与经济》2017年第2期。

④ [美]约瑟夫·E.斯蒂格利茨:《公共部门经济学》(第三版),郭庆旺等译,中国人民大学出版社2005年版,第387页。

税收的公开透明离不开税法的确定、公开和透明，"制定法未能颁布且让公众无法知悉"属于"造法失败"。① 确定且公开的税收政策规定、税收行政过程和争议解决机制有效保证了税收征管事务的透明化运行，征纳双方可在预先知悉各自具体权利（力）、义务的基础上，围绕着税收的实体正义、程序规范和纠纷纾解问题主张权益，行使权力和寻求救济。基于税法确定、公开、透明之品质，公民依法享有从有关国家机关知悉或获取税收法律法规的权利方才能够真正得以实现，税法知悉权属于广义纳税人知情权的范畴，确定性与公开性系实现税法知悉权的基本要义，此外，税法知悉权的有效落实还应从提升税法获取便捷度、税法文本易读性、税法解答服务意识等方面入手。

（2）它是保障纳税人安定性和可预测性权利的在先要求。早在税收法定主义产生之初，其便隐含着历史沿革和宪法思想史上的独特意义，进入到现代商业社会，其机能在于给国民的经济生活带来法的安定性和法的可预测性上。② 一方面，纳税人享有税法安定性权利，它要求税法制定得应当明确具体、稳定可靠，避免不明确性税法规定和不稳定性税法修改给纳税人正常生产生活带来困扰；另一方面，纳税人享有税法可预测性权利，不仅确定性的税法规范让"人们就能够预见到尚未被起诉的情形的法律后果，进而能够在因此而变得较为确定的未来时间中安排他们的行为"③，而且确定性的税法适用也让纳税人可以信赖公权力的运行。

第二，作为与税法适用相关的基本权利，税法确定性权利也是诸多程序权利实现的基础要件。税收程序性事项本身也是税法规范

---

① 参见［美］富勒《法律的道德性》，郑戈译，商务印书馆2005年版，第59—62页。

② ［日］金子宏：《日本税法》，战宪斌、郑林根等译，法律出版社2004年版，第59页。

③ ［美］E.博登海默：《法理学：法律哲学与法律方法》，邓正来译，中国政法大学出版社2017年版，第257页。

和适用的部分，因而确定性税法规范与适用当然包含课税程序性事项的确定化和法治化，即税收的程序法定原则，它是税收法定的重要内容，也是税收实体法定有效落实的基本保证，[①] 关系到纳税人程序性权利的有效实现和积极保障。确定性是税收程序法定的应有之义，它要求有关纳税人程序性权利与义务的规定应当明确、详细，方便纳税人依照法定程序履行缴纳义务。税法对纳税人程序性权利与义务规定的愈加确定，纳税人根据法定征缴程序履行纳税义务的成本愈加节约，例如，许多国家税法就是因追求申报纳税、税收抵扣、优惠申请等纳税程序事项确定性而表现得尤其复杂；纳税人便享有依据正当程序原则对抗税务行政权力的更为有效救济能力，当税务机关违反法定程序行使权力，纵然实体部分正确，纳税人也依法享有基于正当程序原则的抗辩权；税法中税务机关也便能够依据法定程序性义务依法判断和追究纳税人的违法事实，当纳税人不能依照法定程序履行协力义务时，可能会遭受税务机关对其不利的应税事实认定或法律后果。

二 多重因素下税法不确定性的客观局限

现实中客观存在的法律不确定性现象让法律确定性的理想暗淡不已，我们所处的当下社会是流变不居、民主法治风险倍增的社会，面临着客观环境、成文立法和法律适用方面的多重不确定性拷问，因此税制设计、税收立法与税法适用的不确定性问题突出。税法是国家法律制度之一种，必然面临客观环境之流变性、税收立法之局限性和税法适用之风险性问题，为适应现实社会环境的发展变化，税法常常伴随社会变迁和税制改革而呈现出发展性、动态性；同时，渐趋成长的税法体系、灵活调控的政策需要以及日益激增的避税风险使得税法不可能实现完全的明确，相比其他法域表现出更加不明

---

① 杨志强：《程序法定是落实税收法定原则的基本前提——兼论〈税收征收管理法〉的修订》，《中国行政管理》2014年第9期。

确性和不稳定性的特质。故而，尽管税法确定性原则具有重大意义，但在实践中却存在着多重因素下的不确定性问题。

（一）流变社会与税制设计的不确定性

纵观人类历史长河，世界总是显露出未来向度的不确定性，处在持续变化的发展状态，人类文明进步就体现在发挥人的智识作用去揭开未知领域的神秘面纱。在流变的社会环境下，一个国家的税制总是跟随客观时空环境的变化而调整，观之世界各国的税制设计，总是处于不断地修正、向前发展的态势，也因所处空间位置的不同而有所区别，因而税制设计受时空环境的不确定性影响较深。在时间论上，税制代表着人类认知和管理社会的理性产物，其必然遵循人类认识发展的基本规律，不断朝着更加文明现代化的方向演化；在空间论上，税制具有地域性，国家之间的税制自主决定权是国家主权的象征，国家内部的税制设计受到本国政治、经济、社会等多方面环境的制约，而正是受客观环境的影响，国家的顶层税制设计往往充斥着许多不确定性因素。

1. 税收政治环境的不确定性。国家征税活动不是一项单纯的法律行动，也从来都不是简单的技术问题或者经济问题，更多的是一个政治问题。[1] 纵观古今中外，税制改革构成了国家变迁与发展历程中的重要政治环节，每一次税制改革都带来了相应税收规则的变化，而历次税制改革决定的作出都是所处时代的政治集团的意志产物，只不过在税收政治的民主化助推下，税制改革过程中政治不确定性的消极因素在正义、公平等价值理念的制约和评价下得以减弱。然而，无论税收政治民主进展到何种地步，也难以避免顶层设计者基于对当下经济社会环境、税制合理性以及财政收支差距的主观判断，实施不可规避的不确定性税制改革计划。尤其是在税收政治决策环节，不同税收利益集团的博弈参与，各阶层收入群体利益诉求的衡

---

[1] 参见［美］B.盖伊·彼得斯《税收政治学——一种比较的视角》，郭为桂、黄宁莺译，江苏人民出版社2008年版，第55页。

平考量，使得税制决策者亦面临来自政策制定进程中的不确定性信息反馈和执法配合等问题。

税收政治过程的不确定性集中体现在政治主体的决策行为不确定性，包括决策客观环境的不确定性、决策主体自身的不确定性两方面。一方面，在复杂性和不确定性已然作为现代社会的重要内容和辅料的情形下，① 决策的客观环境复杂多变，不同国家不同发展阶段下的税制结构、税负轻重和税征范围及方式等都有所不同，直接税和间接税在一国税制结构中的占比优先性通常与该国经济发展程度相关，减税构成了经济不景气时期各国刺激本国市场经济发展和保障民众基本生存权益的流行主题，克服政治主体的狭隘收入动机，并增进税收在国家治理能力方面的作用，成为税制顶层设计者所必须重点关照的方向；另一方面，决策主体的组织体共同意志难以避免受其个体成员主观意志不确定性的影响，在代议制民主盛行的当下，少部分团体和个人代表广大纳税人行使课税同意权已然成为税收政治的基本行动范式，这一过程就难免掺入利益集团和个人的主观不确定性，同时，为了尽速达成国家与公民之间的税收契约，不至于因税收决议拖滞而影响到国家机器的正常运转，政治决策者有时不得不向利益集团妥协，最终出台的税制也无法兼顾每个个体情况，做到完全的公平合理，况且税收公平的实现是伴随着民主法治进程的不断推进和整个税制的运行检视而累积获得的。故而，受到税收决策民主参与过程中各方面主观不确定性的影响，税收决策的由下及上的信息通道也容易遭受不确定性政治因素的阻塞。

2. 税收经济环境的不确定性。征税权以社会经济基础为实现条件，当市场经济环境出现不确定性变化时，启动税制改革的呼声最为强烈。"现代国家中的税的第三个机能在于调整经济景气"②，当

---

① 张康之：《时代特征中的复杂性和不确定性》，《学术界》2007 年第 1 期。
② ［日］金子宏：《日本税法》，战宪斌、郑林根等译，法律出版社 2004 年版，第 6 页。

国家经济景气衰退时，政府常常通过减税改革来减少企业和个人税负成本，以保证企业正常的生产经营以及个人的基本生存权益，从而起到提振经济、维护社会秩序稳定的效果；当国家经济景气保持良好上升态势，社会公共事业建设需要更多的财政资金支持，此时，政府又将考虑征收新税或提高税额来扩大公共财政规模。税制变迁的背后是国家宏观经济环境的变化，其受到国内经济政策、国际经济关系等多重不确定性因素的影响，当市场经济环境发生变化，将直接导致政府税收收入的变化，也势必让顶层决策者重新考量税制设计的合理性。

3. 税收社会环境的不确定性。社会环境的变化也会给税制结构带来不确定性，当出现新的社会问题时，税收也是国家公共治理政策工具箱中的常用手段，例如，近年来随着我国生态环境问题日趋恶化，税收在治理和保护生态环境方面的作用日益凸显，在排污费改税的税制改革思路下，2016年我国制定通过《环境保护税法》，在减税降负的背景下，之所以设置新的税种——环境保护税，发挥其调控诱导目的当属第一位，财政收入目的不是环境保护税设立的立法初心，税制平移式改革进路恰恰可以佐证，环境保护税更多因承担环境公共治理的工具性作用而非公共财政收入的工具性作用而被提出，此时，税制结构的改变不仅取决于国家财政需要，而是与社会治理实践切实相关。再者，税法作为分配法，也会根据国家整体经济的发展和社会分配公平状况适时地调整分配力度，改进分配策略，例如，自改革开放以来，我国居民收入水平持续提升，贫富差距也在不断拉大，基尼系数早已突破警戒线，为此，我国个人所得税法每一次修订都直接指向优化收入分配调节功能，历次的修法中都少不了起征点数额的提升。另外，当今社会科技发展日新月异，科技化、信息化、智能化社会的到来也给税法带来了挑战，是否需要针对新兴经济业态开征新税面临拷问，近年来，数字经济税、机器人税、人工智能税都属于热点话题，有些甚至已然付诸实践，还有就是如何在传统税法框架下解决新兴经济交易定性问题，例如，分享经济的涉税问题、平台经济的涉税问题等，都需要现行税法予以有效回应。

(二) 法治社会与税收立法的不确定性

法治是现代社会的主流价值和底色韵律，其在积极塑造社会运行范式的同时，也因立法工作本身的局限性表现出相当程度的不确定性，尽管法治社会的使命追求在于以确定性的法律制度设计来处理不确定性的复杂社会实践命题，但立法过程中依然无法完全摆脱主客观因素下的不确定性法律规范现实。具体到税收立法层面亦然如此，在立法者主观认知、成文立法形式以及课税技术事项等方面皆存在着诸多局限，影响确定性税收法治之实现。

1. 立法者主观的认知局限。税收法律制度的创设和发展反映的是立法者对于客观税收环境的主观认知过程，其必然受到立法者主观认知不确定性的影响，根源在于立法者的认知基础、认知能力和认知条件的有限性。其一，立法者进行税收立法时的认知能力不是完美无缺的，也不是静止不变的，总是处于认知的残缺和改进状态，征税所赖以的客观社会基础不确定性、变动性使得税收立法也难以明确稳定。其二，作为人之一份子，立法者本身对于这个世界也充满着无知，正如哈耶克所言："无论是行动的人，还是研究这种秩序的科学家，对进入这种人类行为秩序的无数具体的事实，都有着固有的、无法克服的无知"[1]，更别说税收这类复杂、专业的事项，如何设计出让民众均能感受到公平正义、便利效率的税制结构和税法体系，十分考验一国政治家和立法者基于本国实情的认知管理水平。其三，受到各国立法民主化程度不一的影响，立法者能够向社会俘获的立法信息也不尽相同，面临着认知条件的差异化。特别是伴随税收法定主义价值理念的提倡，由民主代表的立法机构主导税收立法已成通论，但相比专门负责征税事宜的行政机关而言，后者无疑

---

[1] [英] 弗里德里希·冯·哈耶克：《经济、科学与政治——哈耶克思想精粹》，冯克利译，江苏人民出版社2000年版，第358页。

在税收立法信息俘获方面更具机构优势，立法机构在专业税收事项信息俘获方面的组织劣势，再如果加上税收立法民主化和专业化参与机制不完善的体制，将会加重立法者的认知局限程度。

2. 成文税法形式的立法局限。受到税收法定主义的影响，有关征税事项的立法应以成文法的形式予以公布，方可为征纳主体行使权力和捍卫权利提供明确的法条依据。然而，成文性的税收立法形式也面临着不合目的性、不周延性和模糊性等诸多局限，① 税法普适性的现实局限、② 税法规范的有限覆盖以及立法语言和语用的晦涩模糊等决定了成文税收立法不确定性的客观现实。此外，鉴于等级规范结构下税收立法的分工实施，不同效力等级的税法规范确定性程度不一且上下牵连，高阶效力的税法规范往往分布着大量的原则性或授权性规定，以留待低阶效力的税法规范予以解释、补充，从而推进多个主体共同参与税法建造工程，税法渊源的多层级构造直接导致高阶税法规范不明确性问题、低阶税法规范不稳定性问题突出，但这两类不确定性又并非毫无限制，高阶税法规范的不明确性可通过低阶税法规范的解释填补进一步明确，低阶税法规范的经常性变动也是保持税法开放性的需要，且其变动范围受到高阶税法规范中的基本原则、一般规则以及立法目的等制约，变动频率和方式受到比例原则、信赖保护和正当程序等理念约束。

3. 税收立法事项的技术局限。征税是一项颇富策略的政治技艺，也是极具考验的技术行政。为提高民众对于税收政策的认同感和遵从度，有关征税的政治决定和行政行为都需要建立在普遍的公平正义之上，为达到此目标，实体和程序层面的税收立法不得不为考虑更加公平而进行更广泛、更深度的制度技术化设计，以及发展愈加复杂化的税收规则，导致税收立法因技术局限而呈现出不断膨

---

① 参见徐国栋《民法基本原则解释——成文法局限性之克服》（增订本），中国政法大学出版社 2001 年版，第 176—183 页。

② 参见张守文《税法的普适性及其局限》，《中外法学》2001 年第 5 期。

胀之势和难以理解之弊。税收立法中不乏税收专业术语的大量运用、税收规则体系的扩增肥大、税收征管过程的复杂程序设置等，这些技术性、复杂性的税法规范常常让纳税人难以理解税法规定的准确含义，也需要付诸更多的税收遵从成本，容易与税法产生距离感，税法的可接受性品质大为降低，不确定性问题逐渐显见。

三　相对主义下税法确定性的辩证认识

法律确定性是相对的，明确且稳定的法律制度都有其反面镜像，"无论在何处，我们都生活在不确定性之下，我们必须在这种不确定性之间做出选择；现存的法律只对我们的选择施以限制，其本身并不是选择"[1]。法律确定性的相对立场决定了应当辩证地看待税法确定性命题，无论从静态的立法规范还是动态的法律适用，税法都有着不明确性和不稳定性的客观需要和现实问题，"现实中千变万化、错综复杂的税收事项决定了税法不可能穷尽各种可能，无法为每一个税收个例都给出精准的答案，面面俱到的税收要件确定是很难实现的"[2]，同时，税法不可能一直不变，改革始终贯彻一国税制变迁历程，在此基础上，税法修订或重构亦十分频繁，税法的时迁性特征明显。基于此，在税法相对确定性的立场下，应从以下高度认识税收立法与税法适用之确定性意义与不确定性现实。

（一）追寻税法确定性的法治使命

综合前述税收确定性的基础品质和税法确定性的现实意义，确定性之于税收和税法而言均十分必要。因而，在践行税收法治使命的道路上，应将确定性作为税收立法与税法运作的首要目标和基本要求，这意味着立法者在进行税收立法时应当尽可能地实现规则的明确性和稳定性，执法者在进行税务执法时应当严格依法行政和实

---

[1]　H. L. A. Hart, "Positivism and the Separation of Law and Morals", *Harvard Law Review*, Vol. 71, No. 4, Feb 1958, pp. 593–629.

[2]　刘剑文：《落实税收法定原则的现实路径》，《政法论坛》2015年第3期。

现裁量正义，司法者在进行税务司法时应当"以事实为依据、以法律为准绳"依法审判，纳税人在进行税收遵从时应当在现有税法范围内开展活动，因而首先要确保税收立法规范的确定性，其次要保证税法适用过程的确定性，最终才能实现法治语境下的税收确定性。

在追寻税法确定性的道路上，需要定位在税法系统的基本框架下，立法机关、行政机关乃至司法机关在税收立法、税法解释等方面合力参与，不同效力等级的规范性文件之间既存在确定性程度落差，也存在确定性目标共推；既有积极不确定性，亦有消极不确定性。为此，首先应在框架理论下由立法机关搭建好税法的核心规范，将边缘规范交由中央行政机关、地方政府等补充，以此保证整体税法框架的最高确定性指引，维护税法核心规范的明确性和稳定性。其次针对积极税法不确定性和消极税法不确定性问题，应根据生动丰富的税务实践经验累积，通过解释性和授权性立法来不断完善，使之更加确定，以及经过税法重续工作，发现立法谬误，及时予以修法更正。除了前述通过立法权分工和解释权实施等促进积极税法不确定性的确定化，通过科学立法和民主立法等途径尽量克服消极税法不确定性以外，还应从事实认定和行为规范两方面实现税法动态适用的实质确定性，其中在事实认定上，征纳双方的信息沟通机制必不可少，在行为规范方面，权力控制机制十足关键。

（二）摒弃税法形式化的僵化思维

对税法确定性命题的强调，万不可落入税法形式化的僵化思维，概念主义税法、税法万能论等都是税法形式化的代表观点，其具有以下典型特征："一是言必称法条，而不清楚法律渊源的性质；二是崇尚唯一解，而不清楚法律解释的方法；三是总在说法治，而不清楚法治运行的规律"。[①] 确定性尽管从形式法治层面对税法规范与运

---

① 韦国庆：《税法形式主义批判———一例"少缴税款"案引起的思考》，中国会计视野网站，http://shuo.news.esnai.com/article/201601/126891.shtml，2019年10月23日。

行提出了要求，但税法脱离不了现实，法律现实主义立场需要我们在认真对待税法确定性的同时，也不能过分放大其作用，这就需要摒弃以下税法形式化的僵化思维。

一是税法文本主义思维。纯粹文本主义于税法而言既违背规律，也毫无益处，那种将税法等同于规定计税公式的简单规则，以法条规定的精确性来看待税法确定性无疑走入了这样一种误区：税法=计算税额的固定公式，这种税法僵化的思维实则疏漏了规范与现实之间难以割舍的关系。税法并非冷冰冰的税款计算教条，而是依据现实生活中纳税人之实际情况、个体利益与公共需求做出的富有温度性的社会规范。一项税种之具体税额计算，不仅存在对课税要素之甄别判断，从而基于计税公式的数字计算予以量能课税，更涉及国家对特定纳税主体特定情形施以特别优惠或加重课证等举措。由此，我们在看待税法确定性时，不能全部贯之以文本理性思维，包括政策制定者和每一名纳税人在内的相关主体都并非以追逐税单上的确定数额为终极目标，而是在征税决策和执行的过程中根据社会现实和个体实情加以考量，体现税法对现实的回应性，彰显国家对社会公众的人文关怀和人权保护，并且力图确保政策适应现实应在民主法治、公平公正、确定公开的逻辑下展开。

二是税法机械适用思维。法律适用沿循三段论的逻辑思路，即先认定事实（小前提），再对应法律（大前提），最后得出法律适用的结论、效果。三段论构成了税法演绎推理的一般思维，但税法适用之过程并非完全机械僵化的三段论式步骤，诚如霍姆斯所言，"对时代需要的感知，流行的道德和政治理论，对公共政策的直觉，不管你承认与否，甚至法官和他的同胞所共有的偏见对人们决定是否遵守规则所起的作用都远远大于三段论"，价值评价在税法适用中也占据重要位置，税务行政适用和司法适用过程都不可避免地触及法律适用者的价值判断。因而，税法适用的确定性，不仅在于严格依照明确的税法规范行使权力和履行义务，更在于税法不确定性时能够秉持合乎正义的价值评价方法。

第 二 章

税法明确性的可能与限度

　　明确性是法律确定性的内在要求之一，它要求法律应当做到简明化、层级化规范。然而，在实现法律明确性目标的实践过程中，经常出现模糊问题的现实阻却、复杂现象的客观困境和阶层保留的技术难题。结合税法而言，首先，模糊性是税法面临的客观问题，"并非每一项法律都必定是模糊的，但是法律制度中必然存在模糊的法律"[1]，如何甄别并解决税法中不必要的模糊问题，乃税法研究的重要课题。其次，复杂性是税法显现的基本特征，"法的复杂性是现代国家的社会复杂性的镜子"[2]，随着税法体量的膨大化、内容的技术性，如何认识和缓和税法复杂性问题，成为当今世界各国税收立法的主要任务。最后，层级性是税法规范的技术逻辑，"法律秩序就不是一个相互对等的、如同在同一平面上并立的诸规范的体系，而是一个不同级的诸规范的等级体系"[3]，如何开展税收立法分工，形成税法法源的阶层保留规则，实是落实税法明确性的方法路径。

---

　　[1]　［英］蒂莫西·A. O. 恩迪科特：《法律中的模糊性》，程朝阳译，北京大学出版社2010年版，第239页。

　　[2]　［德］伯恩·魏德士：《法理学》，丁晓春、吴越译，法律出版社2013年版，第95页。

　　[3]　［奥］凯尔森：《法与国家的一般理论》，沈宗灵译，中国大百科全书出版社1995年版，第141页。

第一节　法律模糊问题与税法
明确性的现实阻却

明确性原则是法治的一项内在基本要求，在实现法的安定性和规范法的权力运作方面具有重要功用。富勒将明确性列入一项真正法律制度所应具备的特质，认为"清晰性要求是合法性的一项最基本的要素"[①]。鉴于法明确性原则的抽象性，可从宏观、中观和微观三个层面予以解析：宏观层面上法明确性原则是指法的规范与运行应当尽可能地做到明确具体，避免模糊歧义，能够为法律受众所理解；中观层面上体现为宪法明确性和部门法明确性，立法规范明确性、行政行为明确性与司法裁判明确性之要义；微观层面上则进一步区分为价值明确性、概念明确性、体系明确性和规则明确性。[②] 因税法属部门法之分支，以上法的明确性原则之一般原理，自然可引出税法明确性原则议题，也可为认识和实现税法明确性原则提供有益视角，税法明确性原则为税收立法和税法适用指明了方向，助力于宪法上的基本权利保障和税法上的课税秩序维护。税法明确性原则尽管描绘了理想的税法规范与运行蓝图，现实中却经常因立法语言的模糊化表述而出现税法的非必要模糊性问题，"法律中的模糊性导致人们的法律权利和法律义务中的不确定性"[③]，模糊性的税法规定构成了税法明确性理想的现实阻却，同时，税法为保留灵活适应不确定性实践的一定应变空间，也会故意对税法表述加以模糊化处理，因而如何区分税法模糊性的积极部分与消极部分，进而解决税

[①] ［美］富勒：《法律的道德性》，郑戈译，商务印书馆2005年版，第75页。
[②] 参见韩永红《法明确性原则与宪法关系的研究》，法律出版社2013年版，第66—88页。
[③] ［英］蒂莫西·A. O. 恩迪科特：《法律中的模糊性》，程朝阳译，北京大学出版社2010年版，第94页。

法的含混不清问题，实属税法明确性原则的难点和任务。

一 税法明确性原则的正向内涵解读

法律明确性原则是世界公认的法治要义，位居宪法意义上的基本原则之列。公法领域尤为注重明确性原则，学理界通常从立法规范的角度来理解法律明确性原则，即立法明确性原则，强调立法上的明确性目标，但这种将法律明确性原则完全置于立法环节的观念，不禁有落入纯粹形式法治的嫌疑，实际上明确性原则不仅体现于法的生成阶段，也贯穿于法的运作阶段，从这一角度而言，法律明确性原则可分解为法律规范明确性与法律适用明确性之二维。法律明确性原则在不同法系国家宪法中都有所体现，大陆法系和普通法系国家均将法律明确性原则视为宪法层面上的一项根本原则，在德国，法律明确性原则由其宪法中的"法治国（Rechtsstaat）原则"衍生而来，[①] 在法治国中，所有作用都是以法律的形式决定的，[②] 这就要求法律的规范与运行必须达到明确性，以有利于法治国理想目标的实现。在美国法上则由宪法上的正当程序条款推导而来，美国宪法第五和第十四修正案中规定"任何人不经正当法律程序，不得被剥夺生命、自由和财产"，限制或剥夺公民基本权利必须有明确且正义的实体法和程序法作为支撑，否则会因违背宪法上的正当法律程序条款而无效，也因此在英美法系国家中法律明确性原则的英文名称直译为不明确即无效原则（void for vagueness doctrine 或 vagueness doctrine）。由此，在租税法治国家下，征税行为直接关涉国家对公民财产权之侵犯，必然应当确立税法明确性原则，以起到有效区分私有财产权和公共财产权的目的，进而在保障纳税人基本权利的基础上维护正常课税行政秩序。

---

① See Patricia Popelier, "Legal Certainty and Principles of Proper Law Making", *European Journal of Law Reform*, Vol. 2, No. 3, Sep 2000, pp. 325–326.

② ［德］奥托·迈耶：《德国行政法》，刘飞译，商务印书馆2013年版，第61页。

(一) 税法明确性原则的维度和向度

税法明确性原则是法律明确性原则在税法领域的具体映射，可从税收立法和税法适用两个维度进行理解。首先，从税收立法的维度，它是指税法的起草和制定应当尽可能地明确、详尽，避免使用模糊歧义、晦涩难懂、复杂重复的立法表述，从而保证税收立法的良好品质，让纳税人能够根据实体税法规定预测私域交易行为或事实的税收责任，以及按照程序税法规范诚实准确地履行纳税义务。明确性是税法内容合理性的形式要求，[①] 与实质要义上的公平正义等价值理念共同构成了良性税法之形式与实质品格，当税法规定地愈加明确具体，税法能够起到的保障人权和控制公权的效用才更加突出，方才具有更高的社会可接受性。因而，从税法的社会可接受性角度而言，立法规范表述的明确性是评价一个国家税法合理性的内容形式标准，[②] 当然，税法合理性并非仅限于明确性要求，从税法内容的实质维度上，还需要征税之法契合适度性、公平性等意涵。其次，从税法适用的维度，它是指税务执法者和司法者在具体个案中适用税法时应当确保内容和结果的明确性，税务执法过程中税务机关所作出的抽象行政行为和具体行政行为均应当符合明确性要求，由税务部门制定的税收行政规范性文件以及个案情形中的税收征管、稽查及处罚等决定应当明确可知，便于纳税人有效知悉行政性立法或决定，依法履行相应法律义务或行使抗辩权来维护其合法权益，税务司法过程中司法机关就征纳双方之间的涉税争议问题依法作出裁判时，对于主要争议的裁判说理过程和判决结果应当明确，以有利于后续司法执行或进一步的上诉审判。以下分别从税法规范的结构向度和税法适用的行为向度来具体解剖上述两类税法明确性之要求。

[①] 参见王鸿貌《税法学的立场与理论》，中国税务出版社 2008 年版，第 137 页。
[②] 参见靳文辉《税法的社会可接受性论纲》，《甘肃政法学院学报》2015 年第 6 期。

1. 税法规范明确性的结构向度

从税法规范的内部结构来看,依序包括税法概念、税法原则、税法规则和税法体系,明确性原则依次体现:

(1) 税法概念的明确性。"法律概念是法律规范和法律制度的建筑材料",[①] 作为组成税法规范的最小因子,税法概念的明确性要求首当其冲。税法中的概念大致分为专业概念、日常概念和借用概念等类型,这些概念具体到税法语境中会有专门的定义和不同的含义,需要借助定义解释法、类型列举法等途径获得明确性。首先,税法上分布着大量的税收专业术语和不确定性概念,"所得""避税""合理商业目的""计税依据明显偏低"等经常让纳税人不知所云,需要解释其内在含义。其次,一些看似被人们所熟知的日常概念,在税法中会有范围限制或全新语义,例如,烟叶税法上的"烟叶"概念、耕地占用税法上的"耕地"概念等与一般的日常概念有所区别。最后,基于税法与私法之依附关系,税法中不乏源自于私法中的借用概念,例如民法上的赠与、销售等概念在税法上有着不一样的解释。

(2) 税法原则的明确性。原则或价值在税法中起到至高指引作用,无论是税法的建制原则还是价值取向,因关系到税法形成和运行的根基,应当具有明确的内涵,以确保国家在税收方面的价值立场确定性。然而,税法原则和价值往往十分抽象,且受到一国税收政治和法治生态环境的影响,具有多元化特征,因而,税法原则或税法价值的明确性,应在普适性价值话语和本国税收制度环境下,将一般学理阐释和本土特色实践相结合,即在普适性上体现出独特性。

(3) 税法规则的明确性。"法的明确性的含义有,第一,法律必须规定一定行为与一定后果之间稳定的因果关系。……第二,法

[①] [德]伯恩·魏德士:《法理学》,丁晓春、吴越译,法律出版社2013年版,第95页。

律规范必须力求明白清晰,避免规范的相互竞合、抵触、矛盾,尽可能地减少疏漏"①。因而,欲达成税法规则的明确性,首先应确保单个税法规则制定的明确性,规则构成的三要素假定条件、行为模式和法律后果以及相互之间的因果关系应当表述得尽量清晰明白;其次,多个税收规则之间应当协调一致,避免相互间的竞合与冲突,同时,各项规则之间不应是杂乱无章的罗列,而是要按照篇、章、节、条、款等规则结构形式和法条序号依序编排的立法技术,将纷繁的规则汇编在统一法律文本之下。

(4)税法体系的明确性。税法不是以单个法律文本的形式而存在的,它是由基本法、实体法、程序法等分支,以及不同效力等级的税收法律法规、税务部门规章、地方性税收法规和规章以及其他税收规范性文件等组合而成的系统性规范体系,这就要求税法体系的建构应当明确,包括构成税法体系的各个分支法应当明确,例如我国现行税法体系中缺乏税收基本法,导致未能形成体系上的原则性共识,还应包括不同效力等级规范之间的制定应当依照法律优先原则,下位法不得违反上位法之规定。此外,继形成体系完整、层次分明、分工有效的税法系统规范之后,还面临税法规范的统合化任务,无论是采取法典式还是汇编式,将数目繁多、杂乱无章、碎片严重的各类税法规范统合汇编起来,将有助于纳税人更为高效地学习和查找税法。

2.税法适用明确性的过程向度

无论是行政机关还是司法机关具体适用税法的过程,都涉及课税事实认定、适合法律运用和权力运作行为,故而税法适用明确性应从这几个方面展开。(1)课税事实认定的明确性。课税事实来源于进入税法评价范围的日常私法事实,而后者往往尤为不确定,加上事实认定需要多方协作沟通,事实本身的不明确性和事实认定的

---

① 李琦:《法的确定性及其相对性——从人类生活的基本事实出发》,《法学研究》2002年第5期。

主观能动性使得课税事实也充满着不确定性因素，如何从程序上强化纳税协力义务和举证质证机制尤为关键。首先，在税务执法层面，在将私法事实转化为课税事实的行政过程，由于基本的私法事实信息发生于纳税人一方，税务机关具有天然的信息不对称劣势，需要纳税人协力配合课税事实信息的采集、汇报和辨伪，若纳税人不充分或不真实履行纳税协力义务，则税务机关认定的课税事实就存在不准确、不明确的问题。其次，在税务司法方面，法院在案件事实认定上，会根据征纳双方提交的合法证据进行判断，如果一方提交的证据事实不符合真实性、关联性、合法性，则会影响到整个案件事实的明确认定。（2）正当法律适用的明确性。根据认定的课税事实查找和运用准确对应的法律规范系税法适用的第二步，分为三种情形，一种为有明确的税法规则时，找到对应法条依法适用即可；另一种为有相对明确的税法规定时，需要运用解释权对法条中的不确定性概念进一步阐释具化；还有一种为没有明确的税法规定作为支撑时，有原则性或一般性条款的可根据税法原则或目的予以适用，完全缺失法条依据的，不予纳入税法规制范畴。（3）权力实施行为的明确性。进入到具体的税收征管流程和税务司法裁判过程，税务机关的税收征缴、处罚、复议等具体行政行为和司法机关的裁决、执行等权力运作行为也应具备明确性。

（二）税法明确性原则的功能和关系

基本权利在权利体系中占据基石地位，属于宪法学上的核心范畴，财产权与人身权、自由权并列为基本权利的三大领域。法律明确性原则与法律保留原则、比例原则共同构成了基本权利限制的内在遵循规律和方向指引，三者分别关注规范的内容、形式和价值，[①]法律明确性原则由此从规范内容方面规制基本权利限制行为。税法系国家限制公民财产权的法律依据，为确保财产权的限制具有合宪

[①] 参见胡超《法律明确性原则的地位与功能——基于基本权利限制合宪性审查的视角》，《研究生法学》2017年第5期。

的正当性，就要求政府征税权的行使必须建立在明确的法律规定基础上，实现内容明确、形式民主、适度克制和公平正义的税法与宪法上的基本权利保障功能相契合，因此，明确性原则指向塑造合乎宪法正义的好的税法，它是从宪法高度对各类法律尤其是关涉基本权利限制的公法所提出的要求，因税法在保障公民合法私有财产权方面的关键地位，法律明确性原则亦应成为税法建制的价值标准。除了具有宪法意义上的基本权利保障功能以外，税法明确性原则还有税法本身之秩序安定和行动施展的意义，明确性的税法规范将国家、税务机关和纳税人的行为都纳入法治轨道，"课税与否""税从何来""如何征税"以及"税向何处"等都有明确的法律准则，有关决税、征税和用税的公权力运行和有关征税决定的同意权、纳税义务的救济权和税收支出的监督权等纳税人权利保障都在统一的税法秩序下有序开展。

当然，税法明确性原则与其他税法原则有着紧密的关系，其一，作为税法确定性原则的其中一个维度，税法明确性原则与稳定性原则之间的关系不容忽视。税法的明确性是稳定性的逻辑前提，"明确性是稳定性之母"[1]，一旦税法制定、公开并生效，便就有了稳定的法律效力和信赖利益，明确的税法规范可为纳税人提供稳定透明的行动依据和预先可知的法律预期；税法的稳定性是明确性的持续力保障和增进性障碍，需要一分为二地看待税法的稳定性：一方面，税法的稳定性有利于明确性的持续化，如果税法修订过于随性频繁，将降低税法明确性的持久力，另一方面，税法的明确性不是一蹴而就的，往往需要根据认知和实践的理性升华而愈加明确，而且由于立法者的错误或受制于现实环境，明确性不代表着正确性，尽管"法的安定性原则之于内容正确性或正义原则具有初显优位"[2]，但

---

[1] [美] E. 博登海默：《法理学、法律哲学与法律方法》，邓正来译，中国政法大学出版社1999年版，第402页。

[2] [德] 罗伯特·阿列克西：《法的安定性与正确性》，宋旭光译，《东方法学》2017年第3期。

仍应在不过度伤害法安定性原则的基础上实现法的正确性，为此，就避免不了因纠正立法错误或回应现实需要对税法进行调整。其二，作为基本权利限制原则之一，法律明确性原则与法律保留原则也存在一定关系，法律明确性原则要根据法律保留的立法实践妥善处理好法律明确性的分工实现，法律保留原则主张有关基本权利限制或剥夺的要素事项均应交由立法机关进行立法或委托行政机关立法，因而法律保留原则在规定涉及基本权利限制事项必须以法律形式制定或实行委任立法之前提下，法律明确性原则则进一步地对法律规定的内容品质提出要求，同时，授权明确性原则则对立法机关向行政机关的授权立法行为提出了要求，确保授权的对象、内容、范围等明确具体。具体到税法上来看，有关纳税义务成立的课税要件实行法律保留，其中部分课税要素的确定和调整还可授权行政机关行使，其余有关税收征管的细节性、技术性事项则完全由行政机关自主立法，在此立法分工下，明确性原则不仅适用于采取法律保留的税收法律制定，而且适用于其他授权性、自主性立法要求，税法明确性原则应从税收立法的系统视角展开。

二　税法明确性原则的模糊现象阻却

"模糊性是法律的一个基本特征""法律必定是模糊的"，① "明确性"与"模糊性"是法律规范的两个基本属性，相对明确和绝对模糊构成了立法全貌，② 我国税法领域也不例外，税收法律的空洞化、模糊化现象尤为严重，立法机关只进行框架性、粗略化的立法表述，大量的立法细节由行政机关主导规范。长久以来，法律的模糊性被世人所诟病，如贝卡利亚曾言："不幸者最凶狠的刽子手是法

---

① ［英］蒂莫西·A.O.恩迪科特：《法律中的模糊性》，程朝阳译，北京大学出版社2010年版，第239、240页。

② 参见杨书文《刑法规范的模糊性与明确性及其整合机制》，《中国法学》2001年第3期。

律的捉摸不定"①，税法中的模糊性问题带来了一系列弊端和危害，法律法规规定得越模糊，公权力部门的权威就越大，解释法律的权威越加凸显，拥有更为广泛的裁量权，②纳税人的权利与义务面临税法的模糊性困扰而变得十分不明确和不稳定。诚然，模糊性立法委实与税法明确性原则背向而行，但客观而言，"语言是法律发生作用的媒介"③，语言和语用本身的模糊性让我们不可能完全消除法律中的模糊性，模糊性问题始终伴随着税法的成长历程，而且有时出于各种考虑立法者还会使用一些不确定性法律概念或概括性条款对税法进行故意模糊化处理，因而，需要辩证地看待税法中的模糊性，探究故意模糊的意义，分析含混不清的原因，建立科学规范化的模糊性税法明确机制。

（一）税法模糊性问题的一般认知

"法律就是言语的法律"，法律借助语言体而产生，"在日常的和现实的意义上说，无论是在书面上还是在口头上，法律就是语言"④，法律与语言之间的寄生与媒介关系已被公认。"模糊性质几乎为一切自然语言所特有"⑤，因而，法律的模糊性主要就表现为语言的模糊性，而后者体现在多个方面，恩迪科特在其《法律中的模糊性》一书中总结出法律不确定性渊源的十一类情形，即"不精确性""开放结构""不完整性""不可通约性""不可测度性""可争辩性""家族相似性""虚假标准""语用模糊""歧义"和"言词

---

① [意] 贝卡利亚：《论犯罪与刑罚》，黄风译，中国大百科全书出版社1993年版，第6页。
② 参见张维迎《法律：通过第三方实施的行为规范》，《读书》2000年第11期。
③ [美] 布莱恩·比克斯：《法律、语言与法律的不确定性》，邱昭继译，法律出版社2007年版，第1页。
④ [美] 约翰·M.康利、威廉·M.欧巴尔：《法律、语言与权力》，程朝阳译，法律出版社2007年版，第12—13页。
⑤ 伍铁平：《模糊语言学》，上海外语教育出版社2000年版，第61页。

之外"①，可归结为法律语言的语表模糊、语义模糊性和语用模糊性三类，该分类可有助于进一步认识税法模糊性的类别与原因。

1. 税法中的语义模糊。单个语词的含义存在不确定性，由多个语词组合而成的句式规则，以及由多个句式规则构成的段落式规则也充满着模糊性。哈特称之为规则（语言）的"开放性结构""所有的规则都有一个不确定的灰色地带"②，"由于法律必须用语词表达，而语词有一个不确定的半影地带，因此它必然会导致一些边际情形的出现"③，这些灰色地带和边际情形便是语义模糊的区域所在。在税法中，语义的模糊性问题比较多见，从语词的词性角度来看，主要体现在以下方面：一如名词的模糊性，既有专业法律名词和税收名词的抽象性，譬如"收入""所得""计税依据""居民个人""非居民个人""从价订率""从量定额""抵扣""扣除""抵免"等，也有技术性名词，如环境保护税上的"污染当量数"、车船税上乘用车、消费税上小汽车、摩托车的"气缸容量（排气量）"等，还有日常名词需要得到税法的严格定义，例如消费税上烟（甲类卷烟、乙类卷烟、雪茄烟、烟丝）、酒（白酒、黄酒、啤酒、酒精等）、贵重首饰及珠宝玉石（金银首饰、铂金首饰、钻石及钻石饰品等）、成品油（汽油、柴油、航空煤油、石脑油、溶剂油、润滑油、燃料油等），以及环境保护税上固体废物（煤矸石、尾矿、危险废物、冶炼渣、粉煤灰、炉渣等）等税目名词。二如动词的模糊性。一些常见动词在税法适用语境中也会发生理解上的偏差，譬如在"范桌荣申请退还多缴税款一案"中，云浮市地税局批复认为"省高院判决书的认定不视同税务机关发现纳税人多缴税款"，征纳双方

---

① ［英］蒂莫西·A. O. 恩迪科特：《法律中的模糊性》，程朝阳译，北京大学出版社2010年版，第41—73页。

② ［英］哈特：《法律的概念》，许家馨、李冠宜译，法律出版社2011年版，第12页。

③ 转引自［英］蒂莫西·A. O. 恩迪科特《法律中的模糊性》，程朝阳译，北京大学出版社2010年版，第10—11页。

就如何理解现行《税收征收管理法》第五十一条中的"发现"一词存在争议。① 三如形容词的模糊性。这些分布较多，主要表现为程度上的量化性模糊，如"明显""偏低""显著""严重""正当""特殊""轻微""重大"等，往往需要根据法定的一般标准和具体的个案实情进行价值评价认定。四如"其他""等"语词的模糊性。"其他""等"是一般例示规定和兜底条款的标志性语词，因表示同类事物和法定情形列举未尽，具有最后兜底防漏的意义，但也因概括性、防漏性而极其模糊不定。

2. 税法中的语表模糊。所谓的语表模糊问题，是指立法者在运用语言文字创设具体的税法条文时，因主观上的被动认知局限和主动立法考量而出现的语言表述上的模糊性，体现为税收立法语言的不精确性、矛盾冗杂性、不易理解性等。首先，相对于极端的模糊性给税法适用带来的种种威胁，一味地苛求税收法律的精确性也会带来诸多的后续问题，"用一项精确的法律代替一项模糊的法律，并不一定能使一个社会更加接近法治理想"②，毕竟税收立法是由不同层级机构分工合作实现的，将全部的规范细节交由一个机构制定一部法律的做法完全不具有必要性和可行性，而且税法始终伴随着时代社会的变迁而向前发展，税法的精确性是随着立法者根据实践情况的经验反馈而逐步累积得来，且不断得以修正，"立法一经完成便就不确定"，精确完美的税法如同神话，可望而不可即，但在后立法阶段税法的精细化释义工程意义显著，也将助力于立法精确化程度的不断提升。其次，因立法者未进行细致全面地规范审查，税法内部规则之间以及税法与其他法域的规则之间也可能发生矛盾性、冗杂性规范，矛盾竞合的规则体系让税法适用陷入了选择困境，而冗杂赘余的规范内容耗费了不必要的立法成本。最后，不同于其他

---

① 参见黄家强《多缴及误缴退税的缘由合理与程序正义——一则个案批复引发的思考》，《财经政法资讯》2016 年第 1 期。

② ［英］蒂莫西·A. O. 恩迪科特：《法律中的模糊性》，程朝阳译，北京大学出版社 2010 年版，第 241 页。

法律领域，税法语言的专业性和技术性十分明显，形成颇具专业特色的税法语言系统，也大为疏远和降低了纳税人对税法的亲近感和理解力，除了学校、政府部门、社会组织等有义务向纳税人提供税法教育或宣传税法知识，具有专业税收法律知识的税务专家通常是普通纳税人了解税法的引路人，税法中规定模糊或不完整时，还需进一步向税务机关获得明确性的解释。

3. 税法中的语用模糊。税法模糊现象不仅体现在语义层面，也展现在语用方面。区别于语义学聚焦于静态的词语意义，语用学则关注动态的词语使用，特别是司法过程中的语用面向。"司法工作是对法律条文的具体实施，体现在文字上就必须要把立法语言的模糊性转化为司法语言的确切性"[1]。然而，这一转化过程常常受到主客观因素的制约，司法结果的确定性寻求需要考量立法语言的语境依赖和解释技术。其一，伴随语境条件的不同可能产生不同的语义认识，离开一定的语境，就会产生新的意义和新的解释，[2] 因而，破除税法的语用模糊需要立足于具体语境之中，司法个案中的事实性概念能否被规范性概念所涵摄，需要借助于法官对词项的语言惯习、立法意图和客观知识的深入分析实现所指确定。[3] 一般词项在税法语境中可能具有独特意义或涵摄范围，法官在裁判时首先尊重已做明确规定的税法文义，同时兼顾语词所指与立法意图的一致性。其二，语用过程也是解释或诠释法律的过程，立法语言的模糊性、法律适用的不确定性以及解释技术的不确定性构成了税法不确定性的基本面向，因而，税法的语用模糊性也有解释不确定性方面的原因，包括解释技术和解释行为的模糊性两方面，运用何种客观解释方法以及如何规范主观解释行为，关系到语用正确性目标

---

[1] 孙懿华、周广然：《法律语言学》，中国政法大学出版社1997年版，第116页。
[2] 杜金榜：《从法律语言的模糊性到司法结果的确定性》，《现代外语》2001年第3期。
[3] 参见陈坤《所指确定与法律解释——一种适用于一般法律词项的指称理论》，《法学研究》2016年第5期。

之实现。

(二) 税法模糊性表达的现实考量

一般认为，法律模糊性问题违背了法律明确性原则要义而危害十足，在我国"宜粗不宜细"的立法思想影响下，立法机关所制定的税收法律往往规定的比较抽象模糊，立法中广泛存在的语义和语表模糊现象也让税法的后续适用变得严重不确定起来，粗糙式税收立法带来了大量的法律漏洞和宽松的裁量空间，行政机关由此承担了大量的授权性立法和解释性立法工作，而税收的行政立法向议会立法的规范转化不够顺畅，导致税收领域"法律稀少、政策繁多"，呈现出行政主导式立法的倒金字塔形法源结构。客观而言，这种立法格局确实带来了税法模糊性现象，暴露出了税法适用中明确性规范供给不足的弊病，但深究起来，立法者容忍税收法律的部分相对模糊性表述，背后也流露了模糊法治不可消除的特性，更隐含了利用模糊法治价值的故意意图。

1. 回应税制改革的发展需要。新中国成立至改革开放之前，我国在税制设计和税法建设方面历经波折、举步维艰。自改革开放政策实施以后，特别自确立起社会主义市场经济体制以来，设计和推进与具有中国特色的社会主义市场经济体制相适应的现代税制结构和税法体系就成为主题。但由于历史原因和国情差异，本土税收法治基础薄弱，域外税收法治借鉴有限，我国不得不走向一条实践发展、体制改革和法制创新相互促进的道路，税收法治始终处于不断地摸索前进状态，在渐进式税制改革和变化性社会实践语境下，一方面，税法的明确性实现建立在实践和认知变化的基础之上，它不是一劳永逸的，也不是僵化不变的，而是逐步增进、充满变数的；另一方面，税法的模糊性也可为税制改革的试验试错提供空间，有助于本土税制的适合化形塑，一些概括性、暂时性或过渡性税收规则的使用可以给新兴经济活动预留发展空间，或留待在实践检验中不断丰富完善。因而，需要以法律成长和发展的眼光对待税法明确性,坚持"发展导向型"的税收立法理念,①给税法迈向更高质量的明确化以充足的时间和空间。

2. 回应等级规范的立法需要。从立法实践维度上,税收立法权不是完全掌握在议会机关和中央政府层面,而是要在确保基本课税要素法定的基础上,从纵横方向上实现明确妥善地授权立法,除此之外,各级行政部门还享有税法细节性、技术性规范的职权立法权。由不同效力等级的规范性文件构成了税法法源,它是由"科予义务之初级规则"与"承认、变更和裁判等次级规则"之结合,②"上位规范对于下位规范制定行为或其执行行为而言,在性质上是一种'框架',其内容要由该行为去填充"③。由此,为便于授权行政部门和地方政府开展授权性立法和职权性立法,税收法律只能提供基本框架和初级规则,避免不了立法者适当运用不确定性法律概念、例示规定、兜底条款、一般条款等模糊性法条表达方式,这些模糊性税收立法具有原则指引、明确授权、规则留白等功能。

3. 回应税务行政的实践需要。模糊性税法也旨在以一般性与概括性规范为税务行政机关创设自由裁量权和政策制定权,调谐法定性与灵活性、一般性与个别性之间的矛盾。"在没有裁量调和的情况下,规则本身无法应对现代政府和现代正义的复杂问题""裁量是我们政府和法律中创造性的主要来源"④"当法律与政策已确立但面临不曾预见或变动的情境时,则通过规则对其进行解释"⑤,面对复杂多样、变幻无穷的经济交易事实和税收对策行为,采取相对概括的

---

① 参见张守文《论"发展导向型"的税收立法》,《法学杂志》2016 年第 7 期。
② 参见[英]哈特《法律的概念》,许家馨、李冠宜译,法律出版社 2011 年版,第 88 页。
③ Hans Kelsen, *Pure Theory of Law*, California: University of California Press, 1967, p. 332.
④ [美]肯尼斯·卡尔普·戴维斯:《裁量正义——一项初步的研究》,毕洪海译,商务印书馆 2009 年版,第 26—27 页。
⑤ [美]科尼利厄斯·M. 克温:《规则制定——政府部门如何制定法规与政策》,刘璟、张辉、丁洁译,复旦大学出版社 2007 年版,第 5 页。

规范方式来赋予税务行政机关以个案裁量权和政策制定权，不仅能够确保税务机关在认定事实和法律适用前提下产出个案正义和防范避税风险，而且能够为税收调控功能的相机灵活发挥奠定基础，此时，无论是个案执法上的裁量正义还是风险控制，还是宏观调控上的税收政策制定与调整，都需要一个不太稠密精确的税法框架，一旦税收法律性框架布满了诸多细密规则之网，则税法回应现实环境和执法实践的弹性越弱，刚性越强，虽然刚性税法在保障纳税人权利方面意义非凡，但现代税法的中心并非仅限于财产权利保障语义，也包括公共事务治理层面，国家利益、社会公共利益和个人利益的均衡保护构成了现代税法的价值取向，因而，税法在法定刚性之外还需要具备一定的政策弹性和裁量余地。

（三）税法模糊性规范的明确机制

经过上述分析，模糊性规范表达在税法中不可避免，也难以消除，容忍税收法律具有一定的模糊性既属无奈也有必要，"只有在模糊性带来的成本极其巨大时，通过要求法律具有更大的精确性以减少不确定性时才是值得的"[1]，但大部分的税法起草应首先实现"法律技术上实际能达到的明确程度"，明确性实为税收立法的首要之义；其次少部分的规则设计应考虑到授权立法和自由裁量的需要，税法只做抽象性、概括性规定，具体的规则内涵交由下级规范予以解释细化。因而，税法规范的明确机制应在区分明确性规范和模糊性规范的基础上，从明确性规范的判断标准和模糊性规范的明确方法两方面展开。

1. 税法明确性规范的判断标准

从立法论的视角，什么样的税收规范符合明确性原则，关系到税法明确性规范的判断标准问题。在此之前，需要厘清税法规范的

---

[1] ［美］吉莉安·K.哈德菲尔德：《模糊性价值之衡量——对法律精确性的一种经济学视角的考察》，程朝阳译，载陈金钊、谢晖《法律方法》（第19卷），山东人民出版社2016年版，第118—129页。

受众对象，即税法应当对谁而言是明确的，毕竟征税行为直接或间接地牵涉到每一个公民，而且它的高度技术性和专业性的形象特质难以改变，税法到底是以通俗易懂的语言表述方式贴近普通民众还是保持其专业化的技术色彩而面向拥有一定税收知识结构的高素质群体，即存在"一般民众之明确性"和"专业人士之明确性"的争论，[1]通常认为税法之明确性的判断基准为具有正常智识的一般民众。当然，法律语言和税收语言中的专业术语毕竟有别于日常用语，税法语言系统要为一般民众明确可知，还必须建立在成熟完善的税法教育、税法宣传和税务代理市场之上。厘清税法规范的目标受众之后，一项税收规则的起草应至少达到以下要求方才是明确的。

(1) 可预见性。法律对于民众而言应当具有可预见性，这样每个人"就可以根据法律来确定自己的行为方向、方式、界限，合理的作出安排，采取措施"[2]。建造一个可预见性的税法体系将有助于纳税人在展开私事活动前进行税收预判，包括税负成本多少、税收优惠力度、税收缴纳流程等，税法规范得越为详细，纳税人可从其中获得的行为预判确定性就越高。当然，一方面，税法的精确程度有限，规范时点滞后，通常只能够给予纳税人以一般事件或已发生事件的可预见性规则，不可能在事先立法阶段达到税法的完全可预见性；另一方面，过于追求税法的可预见性也存在一定弊端，当税法全部由明确性规则所组成，缺乏基本原则指引时，纳税人很容易找到规则的漏洞之处，可预测性的税收规则就隐藏着纳税人脱法避税的灰色地带，因而，从反避税工作需要角度来说，设置一定的原则性规定来降低税法的可预见性有其实际意义，不过，反避税原则条款的运用边界也应当是明确的，可预见的，以防止行政权不当滥用。

---

[1] 参见许宗力《论法律明确性之审查：从司法院大法官相关解释谈起》，《台大法学论丛》2012 年第 4 期。

[2] 张文显：《法哲学范畴研究》（修订版），中国政法大学出版社 2001 年版，第 41 页。

（2）可理解性。税法的可理解性可从增强税法表述形式和内容的可读性方面寻求突破。可读性原则应接受税法文本的最广泛读者——一般民众的阅读检验，它要求税收立法应达到以下要求：采用精简熟悉的词汇，减少使用行业术语，使用文化和性别中立的语言，使用正确的语法和拼写，使用章节条款和法条序号标注模式等。[①] 法条的句式和段落式表达既要遵循统一立法技术范式，也要接近日常表达的习惯，尽量减少专业概念和术语的立法创设，实在有必要的专业词汇应当加以精确化定义，使之具象化。当然受到不同国家和地区的语言区别和法系差异，税法表达的语言体和立法技巧千差万别，因而，需要在特定的语言文化和法系文明中测度税法的可理解性。

（3）简约性。尽管税法正随着公平正义的价值追求和社会发展的实践推动变得越来越复杂，但在税法复杂化现实之外，如何化繁为简，以更为简约的税收规则应对复杂多变的世界正成为新的课题。税法在简约规则和至善至美的追求之间存在着紧张关系，[②] 一方面，税法的简化规范虽然实现了成本优化，但也可能带来不明确性问题；另一方面，税法的精细规范虽然更能够提升效率和公平，但会产生复杂性困境，故而，简化与细化应同为税法建构的方向，简化的基础上有细化，细化的基础上有简化，最终通过立法表达的精简和具体实践的补充，获得一个规范体量相对中间的"适量型税法"。

（4）实用性。有学者提出将实用性作为税法的建制原则之一，强调税法应具有整合性与体系性、实行可能性、明确性、继续性、经济性和便利性。[③] 与之区别的是，此处所主张的实用性，并非宏观的技术要求，而是税收立法中的适法性标准之展开。法理层面上的

[①] William H. DuBay, "The Principles of Readability", *Online Submission*, August 2004, Http：//eric. ed. gov/？id＝ed490073.

[②] 参见［美］理查德·A. 爱泼斯坦《简约法律的力量》，刘星译，中国政法大学出版社2004年版，第54页。

[③] 杨小强：《税法总论》，湖南人民出版社2002年版，第112—114页。

适法性指向社会问题适不适合由法律规制和评价,① 具体到税法层面,便是客观事实适不适合由税法规制和评价,它包括税法规范的范围和内容两方面:从规范范围上,涉及应税事项的选择问题;从规范内容上,涉及立法事项的选择问题。这两个方面都应以实用性为标准,一项经济交易是否被纳入征税范围,除了考虑"法律上的可税性"以外,"经济上的可税性"也很必要,② 这就要求税法上应税事项的选择要具有征收实践的可能性和经济性,不仅要考虑立法上的合法性与正当性,更要考虑现实执法的实用性。另外,税法上立法事项的选择也要以实用性为标准,区分法律与政策的不同,减少政策宣示性条款的使用,杜绝重复赘余、空洞无物的立法表述,增强税法的实操性。

(5)体系性。面对纷繁复杂的税收规则丛林和分支众多的税收规范枝干,体系化的立法思维不可或缺,无论是单一税法文本还是整体税法系统,都应遵循严谨规范、层次分明、体系协调的立法技术和汇编原则。税法文本和税法系统的体系化不仅要求同一税法规范中的规则之间依照一定法条逻辑罗列,而且要求立法机关或行政部门对不同税法规范进行法典编纂或开展法律汇编工作,从而将多层次、枝节性、碎片化的众多税法规范性文件统合起来,形成体系化的税法系统。

2. 税法模糊性规范的明确方法

税法中客观存在的模糊性规范也不是一直模糊不定的,在税收立法和税法适用环节有着不同的具体化模糊性规范的方法。

(1)立法技术处理。在税收立法上,针对模糊性的日常概念、法律概念、税法规则和原则性规定等语词或法条,通常会采用定义法、类型观察法、兜底概括法等方法限定其含义。首先,定义法是消解概念不确定性的一般立法技术,如在日常概念上,我国的一些

---

① 郑永流:《"中国问题"及其法学辨析》,《清华法学》2016年第2期。
② 参见张守文《论税法上的"可税性"》,《法学家》2000年第5期。

税目型税种都会对一些日常事物重新进行税法定义和范围界定，少部分在法律文本中的原有条文中直接定义解释，如耕地占用税法中关于"耕地"的定义，① 或在最后附则中对术语加以定义，如环境保护税法附则中对"污染当量""排污系数""物料衡算"的解释，② 大多数在实施条例或细则中进行规范，大量的概念定义分布在各税种实施条例或细则中，还有一些由税务部门出台专门的规范性文件的方式，如消费税上的应税消费品范围界定等；③ 在法律概念方面也经常采用定义法，如企业所得税法上对"居民企业"和"非居民企业"的定义。④ 其次，类型观察法是列举性规则常用的法条表述方法，其通常见于对特定行为或事实的各情形列举描述，如减免税情形、税务检查情形、法律责任情形等，另外，在一些缺乏法律定义的概念方面，也会采用正向列举或反向列举方法使之明确，譬如"所得""收入"等概念，形成相对明确的子概念，再借助定义法阐释子概念的含义。最后，针对类似减免税、反避税的规定，一般会以类型列举方式在立法上明确常见的减免税、避税情形，并辅之以概括性兜底条款为行政适时调整预留空间，以及涵盖立法所未能触及的情形，该兜底条款的漏洞填补受到已列举情形的同质规律制约。

（2）解释技术运用。除了税收立法中先前已做税法的明确细化工作以外，税法在适用过程中也会伴随着丰富实践的展开而逐渐暴露出一些未经立法解释的模糊规范，此时，税务部门和法院往往需要运用法律解释技术对模糊税法规范进行规则阐明和漏洞填补。其一，针对税法规范中的模糊性表述，法律解释机关应根据模糊规定的位置，选择运用恰当的文义解释、目的解释、历史解释、体系解

---

① 参见《中华人民共和国耕地占用税法》第二条。
② 参见《中华人民共和国环境保护税法》第二十五条。
③ 参见《关于印发〈消费税征收范围注释〉的通知》《关于〈消费税征收范围注释〉的补充通知》《汽油、柴油消费税征收范围注释》等。
④ 参见《中华人民共和国企业所得税法》第二条。

释以及合宪性解释等解释方法，结合具体个案情境实现规则适用的明确化。其二，针对模糊性税法规范可能产生的漏洞问题，应在认定漏洞存在的前提下，合理使用类推适用、目的性限缩、目的性扩张、基本原则指引以及创造性补充等方法，[①] 对税法漏洞进行填补，只不过税法漏洞填补的权力实施必须受到严格的规范限制、方法限制和价值限制。

三　税法明确性原则的本土路径选择

明确性可谓世界上不同法律制度之通行标准，但不同法系、不同国家实践法律明确性的路径并不完全雷同。大陆法系与普通法系国家在税收立法方面显示出不同的特点，前者注重体例逻辑，税法设计得极具艺术美学，但严谨专业的立法风格也让税法语言显得尤为晦涩难懂；后者注重体量细节，税法规定地十分细密周至，但稠密繁杂的立法风格也让税法变得极其复杂难消。我国受大陆法系国家影响较深，尤为强调税收立法的逻辑性、体系性和技术性，与此同时，相对于发达税法国家，在短暂微弱的税收法定思想史、"宜粗不宜细"的立法思想、广泛性税收授权立法、税务司法功能受限等多方作用下，我国在实现税法明确性方面也存在自身独特性：一是行政主导式税收立法格局比较突出，全国和地方人大在制定税收法律以及地方性税收法规方面的权力和能力还未能得到充分释放和发挥；二是税收法律法规制定得十分粗糙，呈现出税收立法的"空框结构"，[②] 大量细节由部颁规则进行规范，导致税法的刚性不足、弹性十足，明确性程度较低、模糊性程度较高；三是司法机关在法律法规明确性审查以及促进方面未能充分发挥其作用，面对税法中的模糊性规定，鉴于税务司法的解释审查权力和专业化处理能力有限，

---

① 参见孙健波《税法漏洞补充理论研究》，《中南大学学报》（社会科学版）2008 年第 3 期。

② 参见侯卓《税收法定的学理阐释及其进阶路径》，《学习与实践》2019 年第 7 期。

通常表现为对行政性解释或决定的尊让承认，不能够起到全面有效的税法明确性司法审查效果。

（一）明确性主体：议会主导型抑或行政主导型

税收立法权主体具有纵横结构性，纵向上的中央与地方机关，横向上的议会机构与行政部门，根据权力配置的主导状态，可分为中央集中、地方自主、议会主导、行政主导几类。通观世界，其一，纵向上根据各国国家政体形式的不同，会在中央集中立法与地方自主立法之间取得适合性平衡，一些强调地方联邦主义的国家如美国，其税收体系分为联邦、州、地方三级，每一级议会和政府部门都有相应的立法权，其中，按照税法体量来看，中央一级仍承担着主要的税收立法任务；另对于一些强调中央财政集权的国家如日本，尽管地方能够在税收条例主义下自主赋课、征收，但仅有地方税体系中的普通税属于地方自主立法范畴，其余的地方交付税、地方让与税都是由中央立法规定，地方仅享有税收收益分配权。因而，总体上，虽然各国在赋予地方财政自主权方面的实践不一，地方在税种立法权有无与多少方面存在差异，但"中央主导、地方参与"的税收纵向立法格局已然清晰。其二，横向上，受到税收法定主义的影响，由体现"民主同意"的代议制机构来主导税收立法已然成为世界广泛做法，形成了"议会主导、行政参与"的税收横向立法格局，突出议会在税收立法上的主导地位，是贯彻税收法定主义的民主价值和契约精神的体现，同时，议会主导税收立法也并不排斥有关税收的行政性立法，只不过在议会主导型税收立法国家中，一方面，议会立法的明确性较高，留给行政机关进行创设性立法的空间较小，行政立法的授权性质和解释补充功能凸显；另一方面，议会能够对行政立法起到很好的立法监督作用，从而保证行政立法以议会立法为准据。

具体到我国，受到单一制和行政型国家形式的影响，我国的税收立法权配置具有不同特征：一是税权中央集中的特色显著。"分税制改革及以后，税收政策和法律都反复强调税收立法权集中在中央"，① 税种设立、税收征管、税收分配等税收基本制度都由中央确定，地方无权决定。二是地方税收立法权的有限实施。在确保中央对财源开拓和分配以及统一税制设计等核心权力的集中行使前提下，通过法条授权将幅度税率确定和调整、税基扩增等事项授权地方立法确定，如环境保护税法规定地方在具体税额确定、环保标准设定以及应税污染物项目数增加等方面享有自主决定权，② 耕地占用税法也将地方具体适用税额的确定和调整授权给地方，地方只能借由法条授权行使部分课税要素确定和调整的立法权，缺失完整意义上的税收立法权。③ 三是人大主导税收立法的权能薄弱。受到税收民主进步和立法建构初期的影响，人大在税收立法方面的知识、经验、信息较为短缺，④ 科学立法、民主立法的能力不足，专家人士和社会公众参与税收立法的通道还需畅通。四是行政主导税收立法的利弊同构。相对于议会主导型税收立法所起到的税收法律保留和税收民主实践，行政主导型税收立法也并非一无是处，起码它为经济社会改革时期的税收法治建设提供了试错机会，而且相比于议会组织的民主立法功能，行政部门在确保立法的科学性以及灵活性方面则更具优势。但由于税收法律规定的相对模糊，行政机关面临大量的规范解释和授权立法工作，而且经常进行调整，不利于税法的体系化和稳定化。

自党的十八届三中全会确立落实税收法定原则以来，特别是十八届四中全会上提出"健全有立法权的人大主导立法工作的体制机制，发挥人大及其常委会在立法工作中的主导作用"，人大主导立法

---

① 叶姗：《税权集中的形成及其强化：考察近20年的税收规范性文件》，《中外法学》2012年第4期。

② 参见侯卓、黄家强《财政自主与环境善治：环境税法实施中的法域协调》，《中国人口·资源与环境》2019年第2期。

③ 参见苗连营《税收法定视域中的地方税收立法权》，《中国法学》2016年第4期。

④ 参见黄文艺《信息不充分条件下的立法策略——从信息约束角度对全国人大常委会立法政策的解读》，《中国法学》2009年第3期。

正成为新时代法治中国建设的新要求。为此，在推动人大主导型税收立法格局和我国修订立法法、明确税收法定的基础上，全国人大及其常委会发布的《贯彻落实税收法定原则的实施意见》对实现各税种法定提出了具体任务部署和要求，依照目前的税收法定要求，主要是从形式上实现全面的税种法律化，初步实现了税收立法权由部分税种议会授权立法向全部税种议会主导立法的转变。当然，需要澄清的是，人大主导型税收立法并不意味着全国人大及其常委会要实现"完美立法""一家立法""关门立法""至上立法"，[1] 其目标也不是短期内就能实现的，一方面，要以人大主导立法为改进方向，兼顾行政参与立法的现实需要，在保证基本课税要素法律保留的基础上，将部分课税要素的确定和调整授权给纵横行政部门；另一方面，也要注意到人大主导税收立法能力的实然状况和现实约束，[2] 通过长期的立法民主发展和立法经验累积，不断提升人大主导税收立法的质量，改变税收法律空洞化的问题。

（二）明确性审查：立法性审查抑或司法性审查

税收法律规范制定得是否足够明确具体，不仅在事先立法阶段有所要求，而且事后也要接受法律明确性标准的合宪性审查，具体表现为税法明确性的立法性审查和司法性审查两种进路，我国大陆地区倾向于前者，在立法上构建和完善法规备案审查机制，而大部分国家和地区更依赖于司法审查环节，将法院裁决解释作为法律明确性的审查方式。

首先，在立法性审查方面，明确性为各类税收规范制定的基本原则，也是税收法规和规范性文件审查的方向。作为国家和地方法律法规制定总纲领的《立法法》，在2015年修订通过的新法律文本中，在原第六条立法科学思路的基础上增加了立法明确性原则之规定，要求"做到法律规范明确、具体，具有可执行性和可操作性"，

---

[1] 参见封丽霞《人大主导立法之辨析》，《中共中央党校学报》2017年第5期。
[2] 参见封丽霞《人大主导立法的可能及其限度》，《法学评论》2017年第5期。

法的确定性与实用性被作为科学立法的原则基点。具体到税收立法领域，早在2002年制定实施的《税务部门规章制定实施办法》中，税收规则制定的确定性原则就被写入其中，规定"税务规章用语应当准确、简洁，内容应当具体、具有可操作性"，后于2018年新修订后的法规文本当中，该条款予以了保留。另外，针对各类税收规范性文件的制定问题，2017年国家税务总局公布实施《税收规范性文件制定管理办法》，规定了税收规范性文件的制定规则、制定程序、备案审查和文件清理等相关事项，特别在第二章的制定规则中，对税收规范性文件的起名规则、规范内容、基本原则、表达形式、解释机制、溯及既往、实施日期等予以了明确，其中第九条规定"制定税收规范性文件，应当做到内容具体、明确，内在逻辑严密，语言规范、简洁、准确，避免产生歧义，具有可操作性"，确立了税收规范性文件制定的确定性原则。因而，在立法法的最高立法指导原则和各类税收法规文件的具体立法指引规则中，确定性和实用性是规范制定的基本立足点，也是科学立法的价值标准和技术要点。基于法律明确性的立法性原则地位，我国将法律明确性审查置于立法环节，立法法、税务规章和税收规范性文件制定办法以及具体的法条授权条款中都规定了备案审查程序，然而，现有的备案审查制度存在"只备不审""审而不改"等问题，在明确性审查密度和力度上都不尽如人意。

其次，在司法性审查方面，法律明确性作为一项宪法原则，必须接受合宪正当性的司法审查。司法实践中，将法律法规中的法律用语、概念、指示性规定、法律要件及法律效果等明确性纳入合宪性审查范围，确立"明确三要件"的审查标准，即要求法律规定内容必须"意义非难以理解""为受规范者所得预见"以及"可经由司法审查加以确认"。[①] 相比于立法上备案审查的被动性和自查性，

---

① 参见许宗力《论法律明确性之审查：从司法院大法官相关解释谈起》，《台大法学论丛》2012年第4期。

司法审查能够以中立角色参与到立法质量监督过程中，也能够经由个案发现税法中的模糊规定和漏洞所在，督促立法职责机关及时地进行补充解释或漏洞填补，从而起到帮助立法者完善立法的作用。

综上，我国除了不断完善备案审查制度和法治评估机制，规范税法明确性的立法性审查程序以外，还应从司法层面发挥税务司法审查税收法规和规范性文件的作用，即确立起税法确定性的双向审查机制，将"可理解性标准""可预见性标准""可司法性标准"作为税法明确性的审查基准，根据税法规范是否可被普通纳税人可理解和可预见，以及纳税人可否提起规则不明确性之诉，进而判断税法是否真正达到充分的明确具体。

第二节　法律复杂现象与税法明确性的简化范式

复杂性是系统科学研究的重要议题，① 它是指这样一种现象："具有许多不相同的相互关联的部分、样式和元素，从而难以完全理解"②，系统科学和不易理解性是复杂性这一哲学命题的立场与表现。客观世界的多元变幻让人类的主观认识极具复杂性，深刻反映在自然与人文社会科学领域，法律作为社会管理系统的制度架构，必然面临系统内外的多重复杂性困扰。法律系统内的诸项分支共同呈现了法律复杂性的全景，而它们各自之间亦面临着程度不一的复杂性困境，其中，税法的复杂性问题引人瞩目，复杂的税收立场、税制设计和税法表述等让任一国家和地区的税法与简单无缘。通观世界各国和地区的税法文本，"晦涩难懂""规则繁杂""频繁调整"

---

① 颜泽贤、范冬萍、张华夏：《系统科学导论——复杂性探索》，人民出版社2006年版，第199页。

② George J. Klir, *Facets of Systems Science*, New York: Kluwer Academic/Plenum Publishers, 2001, p. 135.

皆然如此，甚至于像我国这样一个秉持立法"宜粗不宜细"理念的国家，制定出的税法看似简单明了却犹如一片混沌的迷雾，① 法律的复杂性特质在税法领域体现得可谓淋漓尽致。

不同国家和地区的税制设计与税法表达不尽一致，这使得彼此之间的税法复杂性症结表现和产生缘由存在差异，特别是发达国家与发展中国家的税制结构，普通法系与大陆法系国家的规范进路不同，因而，解决税法复杂性问题离不开对本土税收和法律资源的在先挖掘。一直以来，发达国家大力推动本国税制简化和税法重述，取得了一定的成就，但依旧难逃税法复杂性的增进趋势，尤其在涉税交易繁杂多变、崇尚课税公平法治的现下时代，税收规则体量的膨胀之势实难阻挡，为此，各国正经历着税法的简化革命和复杂回归的双逆运动。立足我国，长期以来，复杂的税制设计、繁冗的税政负担过度加重了纳税人的负担，同时，固守简略立法思想和税收调控功能的基本立场，税法的空洞化以及政策化问题十分凸显，尽管实现了税收法律和行政法规的简洁规范，却造成了税法的不确定性和碎片化，而且部颁规则主导的税收立法格局也削减了税收法律的权威地位，政策之治凌驾于法律之治之上，弱化了税收立法的民主价值，不利于人大主导型税收立法模式的时代转向。基于此，应当在综合考量我国的税制实情和税法现状基础上，辩证认识税法复杂性的价值与弊端，力求探索出一条缓和复杂性与增进确定性、税制改革与税法再造相结合的中国方案。

一 理论探识：税法复杂性特质的表现与成因

不同于其他部门法或领域法的复杂性，税法复杂性问题本身就十分复杂，税收法令是伴随人类税收史演进而累进式地复杂化，一定意义上，复杂性是成文税法走向成熟的标志性特征，反之，税法的复杂性也确实给税收征管带来了诸多挑战，特别从法经济学视角

---

① 刘志鑫：《税法的困境及其宪法出路》，《中国法律评论》2019 年第 1 期。

检视，复杂的税收规则设计让各方不得不花费更多的税收立法成本、税务执法成本以及纳税遵从成本，不符合税收效率原则。由此，复杂性既是成文税法发展的结果，也素来是税法的流弊，① 问题在于如何有效甄别出税法可予简化的空间及位置所在，为此，需要首先解析税法复杂性这一现象及其背后成因所在。

(一) 双向系统与复杂表现

税法是调整国家税收征纳关系的法律总称，它是财税领域法中财政收入法之关键分支，② 也是公法体系的重要组成部分。从法律系统论的视角观察，复杂性问题不仅表现在税法系统内部，更延伸到税法与社会系统，税法与其他财税法分支、经济法以及私法等法律系统的外部方面，一方面，税法系统内部表现为税收复杂性与法律复杂性的叠加效应，征税事务本身就如同一项极富高难度的拔鹅毛技术，对于政治家和立法者而言，在现代民主法治国家中，考虑到税法的社会可接受性，③ 竭力塑造与社会全方位相适应且能满足国家正常运转所需的最优税制结构，并以严谨精确的立法语言表述出来颇具考验，实在是一项费尽心力的复杂国家治理工程；另一方面，税法的法外系统亦十足复杂，体现为税法的外部调整系统和法际关系系统维度，税法面对的是外部复杂的市场经济环境，而且税法规范总是与其他法域产生某种关联，法际整合的立场让税法的知识结构变得多元复杂起来。

1. 税法系统内部的复杂性。法律的复杂性集中体现在繁密性、技术性、多样性和不确定性四个方面，④ 具体到税法领域，上述复杂

---

① [荷] 马特海斯·阿灵克：《税法的起草和实施：税务机关在税法制定过程中的作用》，陈延忠译，《国际税收》2013 年第 6 期。
② 参见刘剑文等《财税法总论》，北京大学出版社 2016 年版，第 318—328 页。
③ 参见靳文辉《税法的社会可接受性论纲》，《甘肃政法学院学报》2015 年第 6 期。
④ Peter H. Schuck, "Legal Complexity: Some Causes, Consequences and Cures", *Duke Law Journal*, Vol. 42, No. 1, Oct 1992, pp. 3 – 4.

性特征尤为明显。

（1）繁密性。税法领域似乎尤其看重"规则的力量"，立法者追求对征税行为实体要素与程序要件细致入微地规范，他们相信"规则越详细，课税越规范，私人财产权越有保障"，尽管我国同一些发达国家在税收立法权的主导实施方面存在不同，表现为行政主导式立法和议会主导式立法的模式差异，但从税法的整个规范系统来看，无疑均呈现出错综复杂、精细入微的法条构造。税法规范密集化让整个课税秩序建立在如同荆棘丛一般的规则丛林之中，征纳主体往往身陷其中而不知所向，立法表述的有限性、变动性决定着围绕着某项征税技术问题总是被各种规则细节所缠绕，也不断被新的规则所更替，这让税法规范的体量既蔚为可观，也处于持续的变动和增长状态。

（2）技术性。在国家的公共政策工具箱内，税收政策制定的技术性和条文性特别强，[①] 鉴于税务行政事务的大量化、经常性特征，税法不得不加以类型化、概念化或原则化处理，以处理不同交易情形下的征税事宜，譬如许多国家对不同来源的个人收入征收所得税时，为确保征税机关高效率且准确地进行应税所得认定，一般会在税法上列示应税所得的类型，将所得这一抽象概念具体化。税法上除了广泛运用类型化方法，还普遍充斥着诸多的专业术语，例如我国几乎每一次个税法修改都会引发一波学界关于"起征点"还是"免征额"的术语使用勘误运动，区别于日常用语，税法中的专业术语一般从抽象理论转化而来，它们组合而成专业化的税收话语体系，常常让一般民众不知所云，类型化的抽象概括、专业术语的运用和严谨的立法表述使之十分依赖税务机关与税收服务市场的技术解读。税法的技术性不仅体现在法条陈述的专业性，更表现为税务机关将具体交易事实与法定课税要件涵摄适用的技术征管层面，在本身就

---

① Sven Steinmo, *Taxation and democracy*: *Swedish*, *British*, *and American Approaches to Financing the Modern State*, New York: Yale University Press, 1996, p.193.

很专业的规则基础之上完成依法执法是一项很有挑战的技术行政活动。

（3）多样性。面对多样情景的复杂社会，法律必须根据每一种不同情形配置不同的规则方案，以达到差别化规制的目的。在税法中，差别化规制举措运用得十分频繁，这源自于税法规制对象的多重差异性特征，主要反映为主体、客体、时间、空间等方面，在主体上，以彰显收入分配功能的所得税为例，需要根据客观存在的分配差异实施财税法的差别化规制，① 对不同收入程度的群体采取不同力度的税法规制，进而达到税收的再分配目的；在客体上，个人所得税法上依据个人所得的不同类型设计差别税率和计税方式，再如一些税目型税种如消费税、车船税、印花税、环境保护税等也会根据不同应税对象设置差别化税率；在时间上，国家不同发展阶段的税源能力和财政需要有所区别，反映为税法规制的因时调整；在空间上，一些需要赋予地方自主空间的税种也会因此造成课税要素确定的地方多样性。税法的上述差别化规制使其呈现出规范的差异化特征，从而让税法因规制对象和方案的多样性而变得复杂化。

（4）不确定性。"现行的税法处于危机之中……法律的不确定性上升，法律的可接受性消失，纳税道德下降"②，税法的不确定性具有主客观之别，主观层面的税法不确定性乃立法者对相关立法事项的故意模糊处理之举，以留给税务部门和司法机关充分判断余地与裁量空间；客观层面的税法不确定性是由于税法的语言表述、规则设计、溯及适用等原因而使之呈现出不确定性的客观状态。无论是主观还是客观上的税法不确定性，都带来了征纳双方适用、遵从税法的复杂化困境，因为税收规则的不明确抑或不稳定，税务机关不得不花费更多精力进行解释性立法或说理性执法，纳税人也将在

---

① 参见张守文《差异性分配及其财税法规制》，《税务研究》2011年第2期。
② ［德］迪特尔·比尔克：《德国税法教科书》（第十三版），徐妍译，北京大学出版社2018年版，第27页。

寻求专业有偿税务咨询服务上付诸更多成本，因而，有必要从规则延伸和法条改造两方面入手，尽可能地弱化主观税法不确定性的影响，减少客观税法不确定性之现象。当然，税法的复杂性本身就代表着一种不确定性，内容和体系复杂的税法构造常常给纳税人的预期带来不确定性，① 同时，税法的不确定性也是税法复杂性的症状之一，它既带来了税收立法方面的复杂化困境，也产生了税法适用过程中的复杂化问题。

上述四项特征是基于法律复杂性的四维特征来观察税法的复杂性，具体到税法结构的独特性层面，其亦表现为复杂的税法结构、复杂的税法关系、复杂的立法目的、复杂的税法适用等方面。② 一个国家或地区的税收结构包含着不同的税种，这些税种的课税要素以及征收要则都不尽一致，形成了各自独立且内容复杂的诸项税种法，让最终统合而成的税法体系零散且庞杂。同时，税法与其他部门法、领域法以及制定法具有千丝万缕的关联，税法的法际融合特性使其在保持兼容并蓄的开放姿态的同时，也在遭受其他法域价值的浸入影响，使得税法在整个法律关系网中处于多面联系的状态。此外，财政收入和调控诱导为税收立法的两个主要目的，它们在每一项税种立法中都或多或少地存在，只是谁主谁次、孰重孰轻之别，但在立法实践中，"税收的财政收入功能和经济调控功能很多时候集于一身，非能截然分开"③，立法目的的二元同构性使得税法常常陷入调控功能与收入功能的立场冲突，给政策制定和争议解决带来了价值衡平难题。最后，除了大量的税法规范以外，还表现为复杂的税收征管过程，数量可观的税单、税表等常常让纳税人十分懊恼，花费纳税人大量的时间、金钱和精力，2005 年美国总统顾问小组关于联

---

① 参见陆猛、吴国玖《从税法不确定性视角探讨税收法定原则落实》，《税务研究》2017 年第 1 期。

② 刘志鑫：《税法的困境及其宪法出路》，《中国法律评论》2019 年第 1 期。

③ 刘桂清：《税收调控中落实税收法定原则的正当理由和法条授权立法路径新探》，《税务研究》2015 年第 3 期。

邦税制改革的报告中这样写道："对于无数美国人来说，每年填报税表的惯例已经成为一项令人头疼的事情——繁重累赘的记账、冗长的指令、复杂难懂的日程安排、工作表和其他表格——通常都需要多重计算，既不符合逻辑，又不顺应直觉"①，设置如此复杂繁琐的纳税协力义务也是税法规范的结果。

2. 税法系统外部的复杂性。税法的复杂性不仅聚焦于其系统内部，更延伸到税法系统之外部空间，具体体现为税法系统与社会系统、税法系统与其他法域系统之间的复杂关系。其一，税法作为法律系统的分支，其自然受到社会系统复杂性的影响，复杂流变的社会环境让税法发展既受之掣肘，又需要税法予以回应调节，导致税法总是伴随社会环境和社会问题的复杂化而复杂化。其二，税法是公法体系的重要组成部分，也涵盖着公共政策的地位，面对公法对利益衡平和公平正义的使命追求，以及国家公共治理议题，税法要在妥善处理利益冲突、价值冲突和风险冲突方面有所作为，就要以更为周全的考虑、更为详尽的规范来应对各种问题。此外，税法在整个国家法律体系中的位置比较复杂，站在传统部门法划分理论下，从财政收入角度而言，其应纳入行政法范畴，但从经济调控角度来看，其又应归入经济法范畴，在我国，税法的经济法化现象明显，②税收的收入功能与调控功能主辅地位不明，甚至经常出现本末倒置的情形，而且税法与私法的关系同样复杂，税法评价有时需要以私法评价为基础，或者兼顾私法评价内容，同时，税法在实现社会公共治理方面，也会与相应的领域治理法发生牵连，如税法与环境保护法、婚姻家庭法、劳动法等均存在治理议题的法域交叉，③这使得税法在地位归属、适用评价和统一法秩序上都要面临复杂的法际关

---

① ［美］兰迪·T.西蒙斯：《政府为什么会失败》，张媛译，新华出版社2017年版，第84页。
② 参见王茂庆《税法的经济法化及其反思》，《政法论丛》2017年第5期。
③ 参见叶金育《税法整体化研究——一个法际整合的视角》，北京大学出版社2016年版。

系处理问题。

(二) 三维视角与复杂成因

从税法复杂性问题的诱因来看,反映在税收立法的多个方面,例如有学者将导致税法复杂化的原因归为税法范围的广泛性、税法规则的技术性、授权立法的普遍性、税法解释的多变性和地方之间的税收竞争等,[①] 总体上,它是环境、税收与法律三元层面复杂性的叠加产出,表现为环境复杂性、税收复杂性和法律复杂性的综合效应。税法的复杂性是税收立法与社会发展同步适应的结果,也夹杂着税收政治、立法技术、征管规范等方面的因素,而且也是一国税收制度的规范化反映,它受到国家政治、经济和社会等复杂环境因素的影响。

1. 环境复杂性层面。社会环境系统充满着诸多复杂因子和变量,这让税法为回应环境的复杂情境和变化而变得异常复杂,税法必须充分考虑到现实环境中的复杂境地或者现实征管当中的可能情形,环境复杂性具体体现在以下两方面:一是税收政策指向的经济社会环境。每一项税收政策的作出,都是决策者在一定时期内对特定空间经济社会环境加以现实考虑和未来设计的结果,现实世界总是复杂流变的,税收政策制定者面临着社会治理和税收治理的复杂化难题。二是税收征管指向的客观事实环境。社会上每时每刻都在发生多样自主的私事交易行动,既有简单重复的,也有复杂多变的,由此为税收规则的固定和发展提供了契机,税收领域的规范体系因所依赖之灵活民商事交易基础而趋向复杂。"复杂性产生于试图让法律与'经济生活的自然事实'相一致的愿望"[②],税法产生于丰富多样的客观事实环境,同时也受其影响,涉税交易事实的复杂多变让

[①] 参见刘剑文、熊伟《税法基础理论》,北京大学出版社 2004 年版,第 169—170 页。

[②] See Simon James and Ian Wallschutzky, "Tax law improvement in Australia and the UK: the need for a strategy for simplification", *Fiscal Studies*, Vol. 18, No. 4, Nov 1997, pp. 445–460.

税法很难维持与之完全匹配的状态，经常出现税法形式与经济实质不相一致的情况，层出不穷的税收个案中事实认定的不确定性和复杂性，让税法在事后也为之愈加复杂。三是反避税指向的税收遵从环境。主动遵从并非税法实践的全貌，相反，逃避税现象正变得日益猖獗，纳税人心理和行为的复杂性让整个税收征管环境变得极不确定，与之对应，税法中的反避税规则设计也越来越复杂。

2. 税收复杂性层面。税收不是遵循简单的事务逻辑，而是本身就具有复杂的利益考量、价值追求和体系构造。（1）利益考量上税收涉及国家利益、社会公共利益和个人利益之间的利益协调，这些利益并非舍此即彼的关系，也不存在孰高孰低的位序，而是需要经过个案正义实现利益结构的衡平化，为实现利益均衡状态，税法就需要进行复杂的规则设计，从而确立利益均衡价值和提供利益均衡机制。（2）价值追求上税收以实现公平正义为使命，税收公平原则对一国课税政策之理性设计提出"全盘考量"的策略要求，立法者和释法者无法制定出全部构成要件统一的"税法模板"，而是将必须考量所制定出的课税方案对于不同纳税主体、不同应税事实（行为）、不同产业格局、不同空间区域等的公正价值维系和预期作用效应。税法因公平正义而具正当性，也因其而具复杂性，"公平势必与中立、税制简化、透明度之间存在一定程度的取舍关系"[1]。在课税人税化方向发展趋势下，[2] 根据每个自然人或拟制人的能力与处境而制定照顾性征税方案，实是税收公平原则的内在需要和量能课税思想的实质反映，在量能课税原则的指引下，尽可能地建立衡量差别化个体之间的纳税能力评价机制和优惠减免机制，有助于让每个纳税人体验到税收公平，但同时也正是在税收公平道路上愈走愈远，税法变得越来越复杂，立法进程中的类型化考量与执法过程中的个

---

[1] ［日］中里实等：《日本税法概论》，郑林根译，法律出版社2014年版，第24页。

[2] ［日］北野弘久：《税法学原论》，陈刚、杨建广译，中国检察出版社2001年版，第104—105页。

性化协作，也都让整个税法制定与适用陷入无以复加的繁杂困境。（3）体系构造上税收表现为课税要素的多元复杂性，包括税种、税率、纳税主体、应税客体、税收优惠等课税要素内容都不是简单划一的，任一国家和地区的税种都不止一个，也不总是采取简单固定税率的方式，纳税主体和应税客体的范围也是极其广泛，享受税收优惠资格的条件和情形也是丰富多样，由不同课税方案、不同税收目的以及不同类型税种构成的税收结构让整个国家税制变得十分庞杂。

3. 法律复杂性层面。环境与税收的复杂性决定了税收法律的复杂形态，这种法律复杂性主要表现在形式和内容方面。首先，在形式层面上，税法规则由征收要素、计量要素和识别要素所构成，[①] 因而税法涉及征税策略、应税识别和税额计量等事宜，而这些事项在税法中的规定也是颇为复杂的，特别是税收与会计方面的互通关系，让整个税法的话语体系具有其他法域不可比拟的专业特性。其次，在内容层面上，根据税种征收简易程度和社会关注公平密度的不同，不同税种法律的复杂程度并不相同，这其中，尤以所得税法的复杂晦涩最为著名，恰如爱因斯坦所言："世界上最难理解的就是所得税"，因而，各税种分支法律的复杂性存在量性差异，加上税收行政性规范的海量性规模和爆炸式增长，最终汇合为税法系统的整体复杂现象。从税法系统的整体视域来看，其法律复杂部分主要集中在如下方面：一是调控权力的频繁运用。"随着税收体制的变化，那些被写入税法中的大量的减税、免税和其他特别的税收处理措施使税收体制变得更加复杂"[②]，各种例外性、优惠性规定塑造了税法的弹性应变和相机调控功能，也增加了税法设计的复杂程度。二是税务实践的繁缛细节。"和其他政策相比，税收政策制定的技术性和条文

[①] 严锡忠：《税法哲学》，立信会计出版社2015年版，第45页。

[②] [美] B. 盖伊·彼得斯：《美国的公共政策：承诺与执行》，顾丽梅、姚建华等译，复旦大学出版社2008年版，第280—281页。

性更强",当税收法律规定地较为模糊时,行政机关和司法机关会在税收征管实践和税务争议处理过程中,不断地解释补充现有规范和创设发展新的规范,"税法是极为复杂的一套法律,税务机关和税务法庭在解读税法时作的规定使它变得更复杂"①,正是税务实践中可能发生的细小入微的事件,让税法适用者应对各类情形的解释纷繁复杂。三是反避税的规则扩张。"现代税法复杂性是引入一些应对避税行为的立法措施的直接结果"②,尽管现代社会主要国家和地区运用一般反避税条款作为引领反避税行动的纲领性条文,但基于反避税权力控制原理,仍需对一般反避税条款的内涵和边界进行明确限定,而随着纳税人逃避税的花招多样化,相应的反避税规则也处于不断地调整扩容之中。

(三)利弊权衡与复杂密度

税法复杂性表现为量性复杂性与质性复杂性,前者体现为税法规范范围的广泛性和密集性,面对复杂的税收结构、税收目的、税收原则、税收征管等事宜,税法需要对这些情形和呼求做出规则回应,从而导致税法外观体量的膨胀化、肥大化;③ 后者表现为税法不同于其他部门法和领域法,其规范方式具有很强的技术性和专业性,因而,普通民众一般不容易理解其内容,从而税法实质内容显得尤为技术化、专业化。因而,无论是量性还是质性上的税法复杂化,都有其客观规律和现实基础,复杂的税法是多方作用的结果,从积极意义上,它代表着一个国家的税收法治程度,也是践行税收公平的外在体现,无论是"法治进步论"还是"公平标志说"都需要一个与时俱进、细致周全的税收立法。

---

① [美] B. 盖伊·彼得斯:《美国的公共政策:承诺与执行》,顾丽梅、姚建华等译,复旦大学出版社 2008 年版。

② Chris Evans, "Barriers to Avoidance: Recent Legislative and Judicial Development in Common", *Hong Kong Law Journal*, Vol. 37, No. 1, 2007, p. 112.

③ 参见 [日] 盐野宏《行政法总论》,杨建顺译,北京大学出版社 2008 年版,第 7 页。

然而，过于复杂的税法既冗长又专业，增加了税收立法、执法和守法成本。其一，对于立法者而言，精细化的税收立法是一项极具考验的技术活动，以较为简单概括的立法语言去试图描述万千世界困难重重，并且税法总是需要根据现实情势而调整，就算现有的税法规范已然做到了足够详细，但后续税收法律法规的修改废止、审查清理、推广教育等也是一项复杂性工程。其二，对于执法者而言，税收法令的复杂性会造成多重危害，如危害到税务机关的政策目标，降低税收稽查的准确率和增加稽查成本，影响税收收入规模，容易发生权力滥用和监管不力等问题。[①] 其三，对于纳税人而言，如果税法过于复杂，一方面权利获得的难度会增加，以享受税收优惠资格为例，通常会让纳税人做出三种不同的反应，或为"弃权者"，或为"冒险者"，抑或为"谨慎者"，而面对税法复杂化下的高成本，纳税人将在弃权和冒险之间作出选择，[②] 这两种极端选择既会增加纳税人的权利获得成本，不有利于诚实纳税人依法享有权利，也会增加纳税人的投机冒险行为，不利于促成纳税人遵从税法；另一方面义务履行的负担会加重，当税法规定得过于详细复杂，纳税人既要花费大量功夫去学习税法知识或付诸更多的成本来获得代理服务，也要承担沉重繁多的纳税协力义务，占据着他们大量的时间和精力，也附带十分可观的税收遵从经济成本。

如上所述，基于税收法治的发展趋势和公平追求，"税法条款在表述上具有一定程度的复杂性是合理的，也是不可避免的"[③]，税法的形式构造和实质内容的复杂化也是法治文明发展进步的必然要求，但任何事务发展都应该恪守适度原则，一旦税法的复杂性超出必要限度，就会让立法效果大打折扣，"太繁琐和太简单都是税收立法和

---

① 参见郭庆旺、罗宁《税收法律复杂性的影响研究》，《现代财经》2002年第1期。

② 参见郭庆旺、罗宁《税收法律复杂性的影响研究》，《现代财经》2002年第1期。

③ 杨洪：《税收的不确定性及其法律应对》，《法商研究》2019年第2期。

征管中的大忌，在复杂和简单之间，要寻求大致的平衡"①。税法的简化抑或复杂的平衡法则集中在规则的可预见性、目的的对称性、适用的一致性、便利的纳税遵从、协调的规则关系、有效的行政管理、法条的表述方式等。② 因而，这就要求我们避免走入税收形式法治的误区，认为详细的税法规范就等同于发达的税收法治，要认识到税法复杂化带来的潜在弊端，特别应注意区分环境复杂性、税收复杂性与法律复杂性三层面的可简约性，提升环境的适应力，简化税制结构，提高税法可读性，此外也要认识到在税收立法的合理分工机制下税法明确性程度的差异化，在兼顾概括立法与精细立法、分立式立法与统合式立法的策略下，灵活有效地运用规则和原则之法条表述范式，使得税法既具概括性又不失精准性。

二 比较视野：国外税法复杂性的观察与应对

纵观寰宇，几乎没有哪个国家的税法是简单的，只是复杂程度不相一致，③ 普通法系与大陆法系国家的税法都是如此。在普通法系国家中，美国拥有着世界上几近最为成熟也是最为复杂的税法，与之相似，英国、澳大利亚、新西兰等国家的税法体例和规模亦十分庞杂，过分追求税收立法的精细化目标让整个税法文本无比厚重，特别是那些实现税收法典化或税法汇编工程的国家，光是经立法机关通过的税法都需花费大量精力来阅览和理解，更勿言尚有数量可观的税务行政规则、地方税收规范和税务司法判例等。同时，复杂性也并非普通法系国家税法的独特现象，在大陆法系国家中由于极致追求法律表达的专业性和概括性，大量专业术语的运用也让纳税

---

① 梁发芾：《税收：太复杂伤效率，太简单伤公平》，《中国经营报》2018年11月26日第A07版。

② See Graeme S. Cooper, "Themes and Issues in Tax Simplification", *Australian Tax Forum*, Vol. 10, No. 4, 1993, p. 417.

③ [美]维克多·瑟仁伊：《比较税法》，丁一译，北京大学出版社2006年版，第17页。

人捉摸不透。更为重要的是,"每一种国家税收制度更多的是建立在许多单一税种法律之上,这些单一税法并没有经过合理规划和设计成为'体制',而是历史发展的结果,因此经常被称为密集体,有时甚至被称为混乱体"①,同时,单一税种中的课税要素设计也表现出程度不一的复杂性,尤以直接税主导型国家的所得税和间接税主导型国家的增值税设计得最为复杂。

(一)普通法系国家税法的浩瀚图景与重述计划

受到议会主导立法、复式税制结构和英语语言风格的影响,税法典体系和单一税种法在普通法系国家都是非常浩瀚巨量的,一些国家编纂的税法典体系庞杂、体量巨大,单一税种法的规则之网也是十分密集复杂的,特别是直接税比例较高的国家,在追求税收公平的同时所得税法也设计得日趋复杂,以美国为典型的英语语系和普通法系国家不仅有着丰富的税收司法先例,而且这些先例也反哺着成文税法走向更为广阔的"税法海洋","如同涓涓细流最终汇合为汪洋大海"。面对如此精细规范的税法,一些普通法系国家也展开了针对统一税法体系(如税法典)简化的税制改革运动和针对单一税种法(如所得税法)简化的税法重述计划。

1. 美国。美国是普通法系国家中税收立法的典范,也是复杂税法的代表国度,不仅有着世界上最庞大、最复杂、最难懂的《国内收入法典》(Internal Revenue Code),"整部法典有24兆字节,包括340多万个英语单词,如果每页纸打印60行,把整部法典打印下来需要超过7500页信纸"②,此外,还有规模可等量齐观的税收行政立法,譬如戴维斯在其《裁量正义》一书中就写道:"我所知道的最精确而且详尽的行政规则形式是《联邦税收条例》,该条例以相当小

---

① Tipke, StuW 1971, 2. 转引自[德]迪特尔·比尔克《德国税法教科书》(第十三版),徐妍译,北京大学出版社2018年版,第3页。

② 翟继光:《美国税法典》(精选本),经济管理出版社2011年版,编译者序,第1页。

的字体印刷，每页两栏，尚有皇皇四千页之巨。这些规则是以数千计联邦职员几十年努力的产物，而在我看来，这整套的条例就是一部绝佳的法律，不过校订的过程似乎永不停歇。尽管从长期的趋向来看是越来越细密，但人们可以确定，永远不会出现完全取消实体税法裁量的时刻。将这四千页的规定扩充至四百万乃至四亿页或许是可能的，但这既不切实际亦不可取"①。2010年美国全国纳税人联盟向立法机关提出的有关化解税法复杂性的建议报告中，以客观实在的数据形象地描述了美国税法当前的浩瀚图景："每年在纳税遵从事项上消耗纳税人61亿小时时间，2008年纳税遵从共花费1630亿美元，美国税法典约380万字，长达11045个单页，而解释法典的财政法规文件累积高达一英尺，国家税务局共出版了450多份表格，总长达17000页，税法典四倍长于《战争与和平》一书且仍在持续增长"②。美国税法之所以如此复杂，除了上述可直观观察的税法体量以外，税收立法的技术底蕴和表达方式也是其中的重要原因，一方面，税法的技术性大大增加了它的复杂性，税法典中包括许多模糊性或高度技术性的条款，而且往往充斥着例外、限制和其他复杂的税收规则类型，以至于法律顾问们也经常难以破译；另一方面，受到英语语言词汇和表达方式的丰富多样性影响，税法中的专业词汇、撰写方式也增加了税法的复杂性，偏僻专业的税法词汇、冗长环绕的复式句式和远离通俗的被动语态的普遍运用大大降低了税法文本的可读性，其中，所得税法的可读性之差最为严重，正如美国大法官Learned Hand在《自由的精神》一书中这样描述美国税法典的难以理解性："在我看来，所得税一类的法案语言，不过是排着没有意义的队伍在我眼前跳动着的符号；相互参照又相互参照，例外

---

① ［美］肯尼斯·卡尔普·戴维斯：《裁量正义——一项初步的研究》，毕洪海译，商务印书馆2009年版，第46—47页。
② Doug Barney, Daniel Tschopp and Steve Wells, "Tax Simplification through Readability: A Look at Tax Law Complexity", *The CPA Journal*, Vol. 82, No. 12, Dec 2012, p. 6.

之外又有例外——只是一些抽象的术语，没有线索可以把握——脑海中只对一些极其重要但又成功隐藏起来的观点有一个模糊的印象"①。针对上述问题，美国实施了包括简化税法规范、简化征纳沟通、简化税收管理等举措，还于 1986 年对美国税法典启动了重述计划，但不仅一些章节未能完成有效重述，而且还增加了新的章节和术语，② 使之更加复杂化。

2. 英国。作为税收法定主义的起源地，复杂性一直是英国税收法治文化的象征，简化也是英国税改的基本方略。为此，英国在简化税制、简化税法、简化沟通、简化管理以及组织设立方面发力：在简化税制要素方面，包括所得税税率结构、工作开支项目、地方税的简并调整等；在简化税法规范方面，1994 年成立税法审查委员会，对税收立法的明确性、简约性等提出了要求，并于 1996 年启动了税法重述项目，截止到 2010 年该项目已完成数个税法法案的重述任务；在简化征纳沟通方面，废除使用年度纳税申报单，推动涉税信息的数据化管理；在简化税务管理方面，2005 年英国实现税务局与海关和货物税局的机构合并，建立税源预扣制度等；在专门组织设立方面，2010 年成立了税收简化办公室（Office of Tax Simplification），截止到 2015 年共完成了 9 次税收简化审查，③ 在英国的税收简化改革中扮演着十分重要的作用。

3. 澳大利亚。同上述普通法系和英语语系国家一样，澳大利亚的税法复杂性和不易理解性也广受诟病，以所得税法为例，经历时间的洗礼，1936 年所得税评估法（ITAA36）由最初的 126 页急遽增加至现下逾 5000 页。为此，1984 年时任澳大利亚总理霍克计划开展

---

① 翟继光：《美国税法典》（精选本），经济管理出版社 2011 年版，编译者序，第 1 页。

② See Simon James, Adrian Sawyer and Tamer Budak, *The Complexity of Tax Simplification: Experiences From Around the World*, Berlin: Springer, 2016, pp. 247 - 265.

③ See Simon James, Adrian Sawyer and Tamer Budak, *The Complexity of Tax Simplification: Experiences From Around the World*, Berlin: Springer, 2016, pp. 247 - 265.

以简化为目的的税制改革，真正开始步入实践始于 1993 年澳大利亚公共会计联合委员会（Joint committee of public accounts）发布的一项调查报告，其中建议政府应成立特别工作组，实施专门针对 1936 年所得税评估法的税法改进项目（The Tax Law Improvement Project，TLIP），通过改写和重构该法达到简化所得税法的目的，一方面减少因税法复杂性而产生的合规和行政成本，另一方面使税法更加公平和易于理解。在该项目推进策略上，立法者采取了更为清楚、简短的语言文字，避免大量使用专业税收用语，使用可视性技术如图形、表格、示例等。[1] 经过该项目的顺利推进，1997 年新的所得税评估法（ITAA97）的通过，标志着澳大利亚第一阶段的税法重述任务完成，但由于仅涉及税收立法语言的精简重述，并未触及深层次的税制简化改革，[2] 澳大利亚的税法简化之路仍任重而道远。

4. 新西兰。1989 年新西兰工党政府计划推进税制简化，成立专门的税收简化咨询委员会（The Tax Simplification Consultative Committee，又称 Waugh Committee，沃夫委员会），沃夫委员会于 1990 年提出一项税收简化报告，[3] 主要包括对税收立法语言的改进建议，重点对 1976 年《新西兰所得税法》的措辞加以简化，提出税法起草应采用简单明了的语言，重新设计所得税法中的特别章节和具体规则，税务部门应制定简明的税法阐释性文件等，尽管 20 世纪 90 年代后期新西兰政府在沃夫委员会的建议下对税收立法语言进行了可读性提升，但税法的专业性使其仍需要纳税人具备一定的高等教育基础，况且过长的句式表达和过度使用的被动语态等表达习惯也使得税法

---

[1] See David Smith and Grant Richardson, "The readability of Australia's taxation laws and supplementary materials: an empirical investigation", *Fiscal Studies*, Vol. 20, No. 3, Sep 1999, pp. 321 – 349.

[2] See Simon James and Ian Wallschutzky, "Tax Law Improvement in Australia and the UK: the Need for a Strategy for Simplification", *Fiscal Studies*, Vol. 18, No. 4, Nov 1997, pp. 445 – 460.

[3] Tax Simplification Consultative Committee, *Tax Simplification: Final Report of the Consultative Committee*, Wellington: Net Zealand Gorernment, 1990, pp. 1 – 125.

简化仍有很大空间。①

(二) 大陆法系国家税法的体系工程与简化改革

相比于普通法系国家税收立法的精细化,大陆法系国家的税法更注重体系逻辑,税法体系与各税种之间、单一税种内部规则之间的总分结构清晰,法律语言表述也很注重术语的专用性、字句短少精悍,不同于英语语系国家词汇的多义性、句式组成的冗长性等特点,"在大陆法国家,制定法通常所使用的术语比普通法国家的律师所熟知的立法细目要抽象得多"②。因而,在一些语言系统本身就相对简单化的大陆法系国家,很少像英语语系国家一样展开税法语言的提质改造工程,以提升税法的可读性,但并不意味着大陆法系国家的税法远离复杂,而是将更多精力放在了税制简化改革上,这其中,以德国和日本的税制改革最为典型。

德国是大陆法系国家税法的典范,与美国税法侧重细节规范不同,德国税法以其严谨周密的立法风格和复杂考究的税法结构享誉世界,其中,扮演着税收基本法功能的《德国税法通则》规模宏大、结构复杂、逻辑严谨、设计科学,③但德国税法和税制仍然复杂,正如此,一些理论和实务界人士对此也大加挞伐,并提出改进举措。2011 年德国联邦宪法法院前法官保罗·基尔希霍夫向公众公布其提出了一项税制改革方案,该方案以简化为改革目的,提出了一系列与德国传统税收立法和税制结构径向背离的建议:一是精简税法,改变传统上德国税收通则和单行税法相结合的立法方式,将 3300 条的国库法律简化为目前的 146 条,包括实体税种和征管程序方面的法则都大为简化,主要的税法简化方案包括取消不必要的类型化区

---

① See Lin Mei Tan and Greg Tower, "The readability of tax laws: An empirical study in New Zealand", *Australian Tax Forum*, Vol. 9, No. 3, Jan 1992, pp. 355 – 372.

② Prebble Q. C., "Trends in Anti – Avoidance Legislation", *Asian – Pacific Tax and Investment Bulletin*, Vol. 9, 1991, pp. 57 – 67.

③ 参见刘剑文、汤洁茵《试析〈德国税法通则〉对我国当前立法的借鉴意义》,《河北法学》2007 年第 4 期。

分、减少例外性规定、简化税收程序、注重税法的中立化和面向未来的能力等；二是简化税制，主要涉及联邦主体税种的种类缩减，个人所得税所得分类的摒弃、累进税率级次的缩减以及取消所有的税收例外和优惠，遗产和赠与税税率和起征点的统一以及减免税情形的减少，以消费税取代企业间的销售税等。① 此外，日本税收法治受到大陆法系中德国的影响深远，同时，在第二次世界大战之后，日本在美国"肖普建议书"的基础上进行了税制改革，开始在租税法定主义、租税公平主义价值下注重税法解释规制与税收程序创新等，但税收制度作为推进战后日本基本政策的手段被御用，结果导致日本税制变得极其复杂且显著不公平。1985年前后，日本税制就面临着复杂税收制度的简化、公平与中立议题，为此，日本此后推动所得税税率结构的简化及平坦化改革，② 来缓解日本税法的复杂性。

（三）域外做法之评价

经过对上述普通法系和大陆法系中典型国家的观察，复杂性已然成为世界税法演进历史中的常态和通病，为尽可能地创造一个"简化、公平、中立、透明"的理想税制，各国主要从税制简化改革、税法简化运动和税政简化行动的方向展开。

第一，以简化为目标的税制改革渐成趋势。当今社会，复合税制结构广泛通行且不断扩围，既有新设的税种冒出，也有陈旧税种的退出，尽管一直以来在减税呼吁下世界主要国家都在积极优化本国税制，但总体上一个国家的税制结构保持相对增长的状态，通过大规模精简税种的方式甚或转为单一税制模式来大幅度减轻公民税收负担缺乏先例。从推动税制简化改革的角度来获得简化税法不仅

---

① 参见张慰《公平视野下的德国简化税法改革方案——基于保罗·基尔希霍夫教授税收正义理论的公法学思考》，《西南政法大学学报》2014年第1期。

② 参见［日］中里实等《日本税法概论》，郑林根译，法律出版社2014年版，第12—15页。

面临着国家财政收入流失的现实问题,更面临着简化税制合理设计的理论问题。单一税正是迎合税制简化诉求的理论产物,理论上的单一税有税种单一和税制单一之区分,前者作为复合税的反向,存在着极简税收制度、弱化税收政策功能和削减政府公共收入的弊端,被视为税制的乌托邦式设计样式;后者属于单一税种内的课税要素单一化设计,具有单一税率、消费税基和整洁税基的特征,[①] 其作为一项克制税制复杂性的方案正日渐得以重视,以俄罗斯的个人所得税单一税化改革为代表,特定税种的单一税化正成为税制简化的可靠选择。故而,税制的复杂性和简约性不是必选的终点,而是存在一个适度的黄金分割点,在这一适度分界线上,公平正义和简单明确都能够得到有效兼顾,在税制简化的策略选择上,欲推翻复合税制结构,建立只有一项税种的单一税制结构可谓痴心妄想,可行的税制简化路径就是对类似所得税这类复杂税种中的课税要素实现简化设计。

第二,两大法系不同的税法简化思路。克服税法复杂性也要从规范简化入手,主要是规范表达的技术性改造和语言体的可读性提升。首先,在规范表达的技术性改造方面,普通法系国家主要是明确性的规则主导,大陆法系国家则更多依赖概括性的原则主导,一个精细式地复杂化,另一个专业式地复杂化,针对于此,各自实施了具有针对性的改进举措。其次,在语言体的可读性提升方面,代表着阅读和理解文本的容易程度,法律可读性状态的达成往往是多方因素共同作用的结果,其既离不开立法起草时可理解性法律语言的选择与表达,也需要法律文本的受众具备一定的知识储备。不同领域法律之间以及同一法律文本内部的可读性程度千差万别,税法常常呈现出较低的可读性,"糟糕的税法可读性使纳税人陷入愈加复杂的困境,有可能导致纳税人和税务当局较低的税收遵从度以及较

---

① 参见 [美] 罗伯特·E.霍尔、阿尔文·拉布什卡《单一税》,史耀斌等译,中国财政经济出版社 2003 年版,前言第Ⅲ页。

高的遵从成本"①。在改进税法可读性问题上，主要包括压缩句子长度、改变句式表达方式、控制专业术语数量、运用直观形象例示等。

第三，各国致力于开展税政简化行动。除了税制和税法的简化革命以外，税政简化也是普通法系和大陆法系国家税收简化的重要组成部分，它包括了以简化纳税协力义务和简化税务行政管理等方面，如纳税申报表（单）的数量和内容的精简、税收行政管制的放松、税务管理机构的合并等。此外，随着电子科技和信息数据化时代的来临，网上办税、电子票证等也正成为税政简化的科技潮流。

三 本土语境：我国税法复杂性的现状与努力

从世界范围来看，各个国家和地区的税制均呈现出不同程度的复杂性，其中尤其我国大陆地区的税制复杂性问题备受关注。根据德勤会计师事务所《2017年亚太地区税务复杂性调查报告》显示，接近35%的受访者表示，亚太地区税制愈加复杂化，尤以中国大陆地区和印度最为突出。其中，在税务合规和申报要求方面，依照复杂性测度排序，中国大陆地区和印度位列高度复杂性的第一梯度，日本、澳大利亚、印度尼西亚、韩国等位列中等复杂性的第二梯度，而中国香港、新加坡则属于税制相对简单明确的地区。② 由于我国税收法律规定得十分粗糙，税收征管的大量细节性规定分布于各级税收行政规范性文件当中，与其他发达税法国家的税法系统整体复杂性形态不同，我国的税法复杂性更多是一种"人大立法简约、行政立法复杂"的面貌：一方面，由全国人大及其常委会制定通过的税收法律规定得相对简单，课税要素设计得也比较单一化，对于法定

---

① See Antonio Lopo Martinez and Raimundo da Silva, "Tax Law Readability and Tax Complexity", *Available at Research Gate*, January 2019, http://www.researchgate.net/publication/349287785.

② 参见德勤中国《流沙之境：转型年代的风险与变革——2017年亚太区税务复杂性调查》，https://www2.deloitte.com/cn/zh/pages/tax/articles/2017-asia-pacific-tax-complexity-survey.html，2019年8月7日。

情形的考虑和规范也不够细致，税法的模糊性、概括性特征明显；另一方面，正是由于税收法律搭建起来的框架十分粗制简单，填充其漏洞的行政解释性规定庞杂不堪，特别是由于缺乏上位法的详细规范，税务机关的税法解释和税务处理呈现出不一致性和经常变动的状态，税收征管未实现集中协调与配合，实践中的税务处理和法规解读不尽相同，有时甚至互相矛盾，政策制定者也经常根据形势变化随意地调整税收政策，缺乏足够的统一性和稳定性。

粗制的税法规范和复杂的税收政策构成了我国税制复杂性的法治面向，与此同时，我国的税制结构、课税要素与税收程序也显露出相当的复杂程度。首先，我国的复式税制结构交错复杂，有进一步优化简并的空间。新中国成立以后至改革开放确立社会主义市场经济体制前夕，受到国家政治经济体制中不稳定因素影响，我国未能形成固定完整的税制结构，直到1994年分税制改革实施之后，方才形成了"多税并举、央地分享"的税制体系。然而，伴随着我国市场经济建设的逐步深入，税种功能和征收环节的重合，衍生出重复征税、税负加重等问题，一些税种已然落后于时代发展的要求，还有部分税种之间的征收范围和税收功能有所重合，我国有着近二十项的税种项目所构成的复合税制，落实税收法定主义以来既有旧税种的退出（营业税），也有新税种的加入（环境保护税、计划征收的房地产税），复杂的税制结构总体保持稳定，甚至有扩增的趋向。其次，在简化课税要素的同时，某些重要税种内的课税要素也正日益复杂化。以个人所得税为例，随着减税时代的来临，在税收公平价值理念下，部分课税要素向着复杂化设计，主要是分类所得向综合与分类所得相结合转型，增加专项扣除和专项附加扣除机制，增加反避税条款、优化调整税率结构等。[1] 最后，税收行政程序还十

---

[1] 刘昆：《关于〈中华人民共和国个人所得税法修正案（草案）〉的说明——2018年6月19日在第十三届全国人民代表大会常务委员会第三次会议上》，中国人大网，http：//www.npc.gov.cn/npc/c30834/201808/a25669f089a4465a92147a87e021721b.shtml，2019年10月23日。

分繁琐复杂，给纳税人增添了不必要的税收缴纳成本。在分税制改革以后至国地税合并以前，根据税种收入归属主体不同，设置中央和地方税务机关分别负责征收，却给纳税人带来了不必要的困扰，一个负担多个税种税负的纳税人不得不往返于国地税机构之间，征管体制不尽相同，税务征收管理环节也设置了过多的实体要件和程序要求，纳税人从事生产经营需要履行相应的税务审批和备案等义务，行政准入、税收缴纳等营商成本较重。此外，随着个人所得税更加注重收入分配功能，汇算清缴的办理、专项附加扣除信息的填报等都对纳税人的协力义务提出新的要求。

　　面对税制复杂性程度的日益攀升，我国主要从税制改革的角度出发，一方面以税制优化为目标，简并税种、简约要素和简化程序；另一方面，以税收公平为目标，简化税制的同时也有部分税制反向复杂化的趋向。税制简化是这两种改革趋势的主流价值，2003年中共中央《关于完善社会主义市场经济体制若干问题的决定》中就明确了"简税制、宽税基、低税率、严征管"的税制改革原则，被视为社会主义市场经济建设进程中税制改革的"十二字真言"。围绕着税制改革朝向简化目标推进，我国主要从税种体系、课税要素以及税收程序的简化归并入手，一是在税种体系方面，继历史上废除屠宰税、筵席税、农业税等特定税种后，又实现了企业所得税的"两税合一"等，近年来比较重大的税种简并就是全面营改增改革的完成，其余税种得以保留。二是在课税要素方面，主要表现在个人所得税部分所得类别的简并，增值税税率结构的简并调低等，① 两项课

---

① 2018年新修订的个人所得税法将"个体工商户的生产、经营所得"简并调整为"经营所得"。此外，全面营改增完成后的增值税以简并和降低税率为改革据点，其具体推进历程为：（1）2017年财政部、国家税务总局发文明确自当年的7月1日起简并增值税税率结构，取消13%的增值税税率，确立起17%的标准税率以及两档低税率11%、6%的税率结构；（2）2018年4月4日财税部门联合发文，将原适用17%和11%税率的，税率分别调整至16%、10%；（3）2019年财政部、国家税务总局、海关总署又将其调整至13%、9%。

税要素改动的目的分别在于税法类型化规范逻辑的统一以及课税要素的简并与减税降负的诉求。三是在税收程序方面，我国以便利纳税和简政放权为目标积极推进各项改革举措，2018 年党的十九届三中全会上通过的《深化党和国家机构改革方案》中明确指出："将省级和省级以下国税地税机构合并"，目前我国已完成此项任务，国地税机构的合并不仅有助于推动分税制向"统一税制、公平税负"的新型税制转变，① 更是简化税政以彰显纳税便利原则的体现。② 除了征收机构的统一以外，税务部门还大力推动简化办税流程、电子税收政务、票据信息化等税政简化行动，纳税办理时间大为缩短，而且还着力深化税收行政领域的放管服改革、大幅度削减税务行政审批事项、进一步优化审批流程、精简涉税资料等，③ 市场的营商税收环境得到持续地优化和净化。

四　方法改进：缓和税法复杂性的抉择与调谐

正如税法的模糊性不可完全消除一样，税法的"复杂性病症"也只能通过一定的立法手段获得缓解，不能得到根治。在缓和税法复杂性的立法进路中，首先需要辩证地看待税法的复杂现象，一方面，鉴于税法的经济学考量，特定情形下的规则适当简化是必要的，简单且具执行性的税法设计符合税收效率原则和纳税便利原则的要求；④ 另一方面，税法复杂性有时也是立法者追求税收公平、适法者处理丰富税务实践之结果。基于税法复杂性之利弊同构性，应从简化与统合之立法模式共进，规则与标准之立法形式选择两方面出发，

---

① 参见陈超《国税地税合并的制度逻辑及其对中央和地方关系的影响》，《中国行政管理》2019 年第 8 期。

② 参见单飞跃《纳税便利原则研究》，《中国法学》2019 年第 1 期。

③ 参见国家税务总局《关于进一步深化税务系统"放管服"改革、优化税收环境的若干意见》。

④ 参见 [美] 乔尔·斯莱姆罗德、乔恩·巴基哲《课税于民：公众税收指南》，刘蓉等译，东北财经大学出版社 2013 年版，第 190 页。

尽可能地将税法的复杂程度控制在合理区间内。

(一) 简化与统合：税收立法模式之二元进路

面对复杂的税法规范，首要的选择就是尽可能地将其化繁为简，而实现税法规范的简约化目标，除了税法规范表达的"语言简化"以外，还包括税法规范表达的实质内容简化，具体分为税收实体法维度之"税制简化"和税收程序法之"税政简化"。因而，简化应是税收立法的基本模式和取向，税法规范简化路径大体包括语言简化、税制简化和税政简化三方面，具体分析如下：

1. 语言简化层面

法律规则是以语言文字的形式呈现的，因而，税法规范简化的通常方式就是在税收立法表达上尽可能地使用精简的法律语言，包括法律术语、概念之使用，词句组合的简练精准，采用段落式、法条序号、按逻辑编排的规范构造形式等，使得税法规范表达得既专业又凝练。诚然，税收立法的语言简化受到规范等级和明确原则的限制，其一，不同等级税法规范的立法内容存在差异，在我国金字塔形的税法等级规范形态下，最上层的税收法律主要是一般性的税收规则，简化的空间和需求较大，但越往下层的税法规范立法任务越繁重，可简化的余地相对有限；其二，税法语言简化也要受到明确性原则的限制，不能因简化而失去规则应当具有的明确性，纵然立法内容较少的税收法律制定，也不能一味地强调简化，过多使用不确定性概念、专业术语，或采取例示规定、一般条款、兜底条款等法条构造形式，将特定规则故意模糊化处理，或者直接不予立法规定。总之，从立法语言简化的层面而言，税法规范的简化要处理好立法事项的规范位置和规范程度问题，语言简化只能建立在税法明确性标准的基础之上，其可予简化的空间是相对有限的。

2. 税制简化层面

从税制简化改革入手，推进税法简化一直是主要方向。税制简化是建立在税制改革的基础上，它是以简化为目标的现代税制改革，主要的改革目标就是通过精简、减除、合并等手段实现税种结构和课税要素的简化。

首先,在税种结构简化方面,通过税种的废止、合并或转型等方式可以达到国家税种结构的简并优化,例如我国历史上曾经废止农业税等税种,企业所得税法也是在原来内外资企业所得税两税合一的基础上制定的,全面营改增的实现让营业税退出历史舞台等。税种简化具有直接减轻税负、贯彻平等原则和优化税制结构等多重价值,它也会因整个国家税制结构的大调整而带来税法体系的巨变,一项税种的废止或简并意味着与其相关的几乎全部税收规则都将落入历史尘埃。然而,受到公共财政需求的大规模性、纳税义务的共担性和国家课税的公平性等影响,任何国家和地区的税制结构都不是由单一税种构成的,从税制设计和征管技术手段而言,也很难创设出一种让所有人都能接受的单一税种。不仅如此,与税种简化几乎同时进行的是税种的扩增,如近年来随着人工智能、数字经济等新兴科技革命的兴起,与之相关的税种也正在一些国家或地区设立,在一增一减之间,税种结构基本保持稳定,甚至一些国家有扩张的趋势,例如我国全面营改增完成后虽然营业税不复存在,但又新增了环保税,房产税也在计划增列之中。为此,在世界减税潮的当下,税制改革中关于税种结构的改良应以"简并优化"和"适度开拓"为方向,通过简并传统税种、适度开拓新型税种达到稳定和改良税种结构的目的,其中简化税种应为税制改革的主旋律。

其次,在课税要素简化方面,不对税种进行整体性、彻底性地简并,而只对某一税种的课税要素设计予以简化,这种简化思路是目前各国税制改革的主要方式。税法不仅表现在整体税制视域的系统复杂性,更表现在单个税种的法域复杂性,而后者的复杂缘由主要是具体税种中的课税要素的复杂化设计,以复杂程度最为显著的所得税为例,包括纳税主体、应税客体、税收减免抵扣等课税要素事项的极其复杂化税制设计最终促成了许多国家所得税法的庞大规模。在这些财政收入主要依赖所得税等直接税种的国家中,所得税制的课税要素复杂化常常是"公平价值考量的结果",体现执政者

"以税收公平换取公民合作纳税的意图"。所以，税制设计得越为复杂，实际上背后越有税收民主和课税公平的价值推动，对待这类与民众课税公平感受关联颇深的税种而言，政治家关于课税要素的简化方案常常遭遇底层社会的质疑甚至反对。故而，对于有些税种而言，"以简单的要素来化约复杂法律现象之做法固然吸引人，但却可能就是使问题扭曲与混乱的根源"①。为此，有时可能出现课税要素的"再复杂化"，如俄罗斯的个人所得税一直以来实行单一税制，居民个人和非居民个人分别适用13%、30%的单一税率，但近年来俄罗斯先后几次提出个人所得税税率改革方案，最近的一次是2019年12月2日，俄罗斯政府向议会提交法案，计划将单一税率改为四档超额累进税率。当然，每一国家和地区的单项税种之间的课税要素并不都是像所得税那般的复杂，课税要素的简化要根据税种的民主公平诉求程度、税收征管技术难度等综合考量，不影响税收公平且实属可予简化的要素可简并或废除，例如我国全面营改增后政府对增值税税率结构的简化和调低，就是在不影响税收公平的前提下落实减税降负的税制改革任务要求。

3. 税政简化层面

税法复杂化的另一大原因在于税务行政的繁杂性，以所得税为例，在纳税申报为主要方式的国家，纳税人往往有大量的表格需要填写，从而使其能够比较详尽真实地向税务机关履行纳税协力义务，在其他类型税种方面，在应税事实认定、税收优惠资格认定等方面同样需要纳税主体履行相当复杂的涉税信息提供义务。税务行政程序中的复杂规定一般属于可重点简化的领域，主要通过税务机关的简政放权改革、征管模式的改进、技术手段在税收征管中的深度运用、部门之间的涉税信息共享机制构建等方面予以推进。一在行政机构改革方面，要从税务机构的组织整合和权力下放两方面展开，

---

① [英]哈特：《法律的概念》，许家馨、李冠宜译，法律出版社2011年版，第7页。

前者如我国已经完成的国地税机构合并改革，后者如我国一直持续开展的税收行政放管服改革；二在征管体制改进方面，以所得税为例，应在保留和优化代扣代缴制度的同时，简化纳税申报程序，缩短纳税人办税时间；三在征管技术创新方面，利用当下的新兴互联网、区块链、人工智能等手段，推动税收征管的无纸化、信息化等；四在行政组织合作方面，通过构建部门之间的信息共享机制，如环保部门与税务部门、社保部门与税务部门之间的信息共享，可避免信息重复搜集和确认的问题。

"简化"为我们穿越错综复杂的税法法条提供了方向，① 然而，税法的复杂性不仅体现在单项法条的复杂，更表现为不同分支、不同层级、不同区域的税法所共同组成的复杂系统。为此，需要以"立法统合"的思路缓和税法系统的复杂性症状，② 税法的立法统合存在着多种方式，如国家主持下的法典编纂或法律汇编，以及民间的法律整编工作，其中，由立法者制定专门税法法典被视为税收立法统合的最高级形式。税法法典编纂有统合碎片化税收立法之功能，并能够以其高度的简约性、便捷的适用性、严密的逻辑性和适度的稳定性，来消解税收法律复杂化现象及其机能障碍。③ 正因如此，世界上有一些国家都制定有专门的税法典，如美国的国内税法典、俄罗斯的联邦税法典等，另外泰国、土库曼斯坦等国也有税法典，但法典化终归只是税收立法模式的一个小众选择，仍然有相当多的国家实行分散式立法，例如德国、日本等，需要指出的是，这些国家虽然未采取统合式的法典立法模式，但从立法体系的完整性和立法内容的明确性来看，与法典化国家并无较大差异，大致由财政宪法引领下的税收基本法、税种实体法、税收程序法等分支组成，各单

---

① 参见孙海波《法条主义如何穿越错综复杂》，《法律科学》2018 年第 1 期。
② 参见张守文《经济法的立法统合：需要与可能》，《现代法学》2016 年第 3 期。
③ 参见何江《为什么环境法需要法典化——基于法律复杂化理论的证成》，《法制与社会发展》2019 年第 5 期。

项分支立法也十分严谨考究、精细全面。观之我国，不仅宪法中的税收条款较少，规范不全面以外，还缺乏税收基本法，而且税制结构处于不稳定的变革期，税收实体法和程序法的规范还不够精细、严谨。因而，相比其他法典化和非法典化的发达税法国家，我国不仅距离税法的法典化目标还有较长道路要走，而且在实现税法体系的完整建构和单一税法的明确规范的道路上也是布满坎坷。

（二）规则与标准：税收立法规范之形式选择

在法律确定性相对论的影响下，税收立法上存在着规则与标准的范式选择问题，封闭型税收立法呼吁制定愈加明确详细的规则来回应税收法定原则的要求，反之，开放型税收立法则希望确立更多的抽象标准或原则来解决复杂多变的实践问题。从法律经济学视角来看，二者之间各有优劣。一方面，就规则而言，立法者通过事先确立明确税收规则的方式可以为纳税人提供一个明确且稳定的税法，增强税法的可预见性，也为后续的税法适用减少不必要的行政执法和司法审判成本，但由于侧重税法的形式确定，需要考虑大量的立法细节，相比于标准，更具系统复杂性；另一方面，就标准而言，立法只会给一个相对概括、原则的规定，具体的细节则交由后续补充立法或税法适用过程中展现，因而更为简约，符合实用性和经济性。

"法律规范游走于规则与标准之间"[1]，任何国家的税法立法都有运用规则和标准的形式，只不过不同国家到底选择规则主导型税法抑或标准主导型税法的立场上不尽相同。通常认为，由于受税收法定主义理念影响颇深，税收立法的历史深远、经验丰厚的美国等精细型税收立法国家奉行"税法规则中心主义"，将规则作为税收立法的主要形式，十分注重立法细节，最终也催生出日益复杂化的税法规范体系。然而，这种纯粹的税法规则中心主义被认为

---

[1] 参见田源《行为法律经济学视野中的"法律确定性命题"——以规则和标准的分类为线索》，《法制与社会发展》2018年第2期。

是失败的,①"尽管税法和法规都很精工细作,然而……在整个税法结构中,真正是未预想的漏洞比一般人想象得要少,但税法的结构却极为复杂"②。一直以来,以美国为代表的规则主导型税收立法国家都在经历税法复杂化所带来的成本收益不经济性后果,纳税人饱受大量税法细节的诘难,政府也在积极推进国家税法的简化改写工作。相比之下,我国则走向了另一个极端,税收法律中存在着大量的标准性规定,规则数量较少且细节考虑不全面,广泛分布着授权立法规定,不确定性概念、例示规定、一般条款、兜底条款等随处可见,主要的税收立法细节交由税收行政法规、规章以及其他规范性文件予以规定,税法过于简化,导致出现税法规范与适用的双重不确定性困境。结合以上两个极端案例可知,规则与标准在税收立法上同等重要,正如税法的确定性与适应性一样必要,要结合具体国家税收立法所存在的问题,扬长补短,尽量使规则和标准的使用处于大体均衡的状态。

第三节 法律保留理论与税法明确性的立法分工

税收是公民所负的一项财产权社会义务,③依照侵害者法律保留说之立法分工原理,"有关创设或加重人民税收负担的构成要素的重大事宜,应由立法者自己定之,不应授权以行政命令定之"④,故有

---

① See David A. Weisbach, "Formalism in the Tax Law", *The University of Chicago Law Review*, Vol. 66, No. 3, Summer 1999, pp. 860-886.

② [美]理查德·A. 波斯纳:《法理学问题》,苏力译,中国政法大学出版社2002年版,第72页。

③ 参见张翔《财产权的社会义务》,《中国社会科学》2012年第9期。

④ 陈清秀:《税捐法定主义》,载李震山等《当代公法理论——翁岳生教授六秩诞辰祝寿论文集》,台北:月旦出版公司1993年版,第589页。

关纳税权利与义务产生的课税要件在立法权配置上应奉行法律保留原则，一般不宜再授权给行政机关立法，此所谓税收形式法定主义之立法保留。立法保留是法律保留原则的严格版本，并非法律保留理论的全貌，根据层级性税法法源构造和阶层性法律保留原理，围绕着税收立法事项的重要性差异，大致分为宪法保留、立法机关保留、授权立法和职权立法四个层次，税收实质法定主义语境下的税法明确性目标，不仅体现在绝对法律保留主义下的课税要素明确性原则，也体现在相对法律保留主义下的授权明确性原则，还体现在宪法保留主义下的宪法税条款明确性原则，以及行政职权立法下的税收政策明确性原则。

一　税法明确性目标的立法分工实现机理

明确性是制定不同层级税法规范的内容合法性要求，需要从税法法源的整体系统构造层面进行理解，不能局限于税收形式法定主义下的税收法律，进而将税法明确性单纯理解为税收法定主义的课税要素明确性原则内涵，而应确立税收实质法定主义的基本立场，辩证地看待议会立法与授权立法、职权立法的关系，客观地认识实践中税收事项法律保留的阶层化现象，进而将明确性作为税法规范系统的整体要求，根据税法明确性的立法分工实现原理，探察各层级规范的明确主体、明确范围、明确密度以及明确技术等。

（一）税收实质法定主义的价值立场

税收法定主义乃税法之帝王原则，其最初诞生于英国，后在世界广泛流行期间，主要以"同意课税"的核心内涵发挥着彰显税收民主的功能，自那时起，税收法定主义以其保障公民私有财产权的传统作用延续至今。近现代公权扩张的无序性给税收法定主义的民主控权提出了要求，进而将征税权的主要立法任务交予能够代表民意的议会机构有其必然性，一定程度上，税收法定主义就基本等同于课税权的议会立法规制，此时税收法定主义之"法"的范畴十分狭窄，限定于议会所制定通过的税收法律，它也是将税法主要作为财产权消极保护法的结果使然，是一种从静态层面形式化理解税收法定主义的体现。然而，步入到近现代社会以来，税收的功能正发生着异化现象，其由最初的财政收入单一功能发展到如今的财政收入与社会调控的二元功能结构，① 尽管财政收入功能的主导地位未有改变，但税收政策的调控功能蔓延趋势已然不容忽视，特别是伴随着现代社会不确定风险的爆发，运用多种政策工具达到国家善治局面，正成为继权利保障后的又一大公共课题。国家治理的新议题不仅要求政府使用公权力要契合传统行政法治的精神，也包含了政府运用政策工具解决现实问题要符合现代行政效率的理念，为此，征税权的运行要在合法性与有效性之间取得平衡兼顾，要达成此目标，就要保证税法达成刚性与弹性的明确性强度比例适配。因而，在传统上固守议会制定出的税收法律对重要课税要素进行明确规范，以确保税法刚性品格的同时，也要注重运用概括性、授权性甚或空白性规范的立法技术，以便给行政机关灵活应对多样性税务实践提供空间。正是随着税收法定主义由形式层面向实质层面的时迁演化，税收立法由单一强调民主性向同时注重民主与专业的平衡，② 因而税法明确性原则也在税收立法权的功能性分配下得到了不同程度反映。

（二）阶层法律保留原则的适用逻辑

法律保留原则是依法行政原则的积极侧面，也是公法领域立法权限划分的支撑理论，具有指引立法行动与规范行政执法的意义。理论界关于法律保留的具体范围认识不一，大体有"侵害保留说""全部保留说""重要事项说""机关功能说"等，③ 但无论哪一学说，根据税法法源之层级化构造形态，法律保留理论皆表现为阶层化特征，逐上至下分别为宪法保留、立法机关保留（立法保留）、授

---

① 参见侯卓《论税法分配功能的二元结构》，《法学》2018年第1期。
② 参见徐阳光《民主与专业的平衡：税收法定原则的中国进路》，《中国人民大学学报》2016年第3期。
③ 参见陈清秀《依法行政与法律的适用》，载翁岳生《行政法》（上册），中国法制出版社2002年版，第179—183页。

权立法和职权立法,体现了法律规范等级体系的客观样态。

第一层级为宪法保留。它是指对于某些极其重要的事项,只能由宪法规定或调整,宪法以外的法律、法规、规章等不可规范,[①]"如果宪法对于某些事项,加以明文规定,则人民与国家机关,皆须受宪法明文规定的直接限制,立法者也因此丧失法律的形成空间,而不制定与宪法规定相左的法律规定"[②]。宪法保留虽不列属于法律保留理论,但该理论生成却借鉴于后者,同时二者所具有的权利保障和立法分工意义也相同,而且从广义上而言,宪法属于最高层级的法律保留,因而,有必要纳入法律保留理论统一考量。

第二层级为立法机关保留。国内学者一般将其称之为"立法保留",也是法律保留理论的一般语义。根据立法机关立法的躬亲性或授权性,可分为立法机关之绝对保留与相对保留,此处为法律保留的核心——禁止授权的立法机关绝对保留,通常根据事务重要性的阶层划分,"只要对基本权的实现具有'重要意义',原则上就应适用法律保留;具'更强烈重要意义'者,即进一步适用立法机关保留"[③],本着严格的法定主义,对关系公民基本权利限制或剥夺等重要事项应专门由立法机关负责立法。

第三层级为授权立法。所谓授权立法,是对于立法机关保留的融通性技术方案,属于法律保留原则的相对层面,它是立法机关将次重要性事项的立法权授权给行政机关行使,代表的是法律明确性原则的宽松版,[④] 虽然立法权名义上还是掌握在立法机关手中,但实际行使立法权的主体为行政机关,只不过必须以具备明确性的授权为合法要件。

---

① 参见张峰振《论宪法保留》,《政法论坛》2018年第4期。
② 许育典:《宪法》,台北:元照出版有限公司2011年版,第150页。
③ 参见陈清秀《依法行政与法律的适用》,载翁岳生《行政法》(上册),中国法制出版社2002年版,第184页。
④ 参见欧爱民《法律明确性原则宪法适用的技术方案》,《法制与社会发展》2008年第1期。

第四层级为职权立法。继前述诸阶层法律保留原则之后，便是无法律保留适用的部分，它属于剩余立法或职权立法的部分，该部分是基于法律法规未作出详细具体的规范部分，留待有关行政部门依据法定职权对其加以解释、细化，此外，还包括一些细节性、技术性规范事项，这些非重要性立法事项由立法机关规定非但不必要而且不可能，甚至还逾越了行政立法的界限。

上述法律保留的阶层划分主要是基于立法事项之"重要性程度"而展开的，根据不同阶层的法律保留技术，对于各阶层的明确性要求和策略也存在差别。具体结合税收立法事项而言，适用宪法保留之事项一般为有关征税的原则性和根本性规定，如纳税义务条款、税收法定条款、征税原则条款等；适用立法机关保留之事项通常为关系纳税人权利和义务产生的核心课税要素，如税种设立中纳税主体、应税客体、税率、税基等要素确定，税收征管基本制度构建等；适用授权立法之事项大都为涉及税收调控功能发挥的边缘课税要素，主要涉及税收优惠事项的横向授权立法，当然，受部分核心课税要素的多元化设计影响，也会存在例如幅度税率的地方具体适用标准的确立和调整事项之纵向授权立法；适用职权立法之事项主要为前述保留事项之剩余立法范畴，包括围绕税收征管细节填充和技术解答方向的税法行政解释权，以及围绕国家税收适应社会现实需要的税收政策制定权。

二　宪法保留立法事项与宪法税条款明确性原则

从法律保障上升到宪法保障构成了基本权利法治化的演进趋势，"基本权必须以宪法明文加以保障……宪法直接保障之制度，可以强化基本权之功能"[1]，也正是在宪法规范下基本权利最终转化为宪法权利，宪法的人权保障功能才真正落到实处。基本权利事项由宪法予以规定的立法实践谓之基本权利宪法保留理论，它是指"对于人和公民的基本权利之确认及限制，直接由宪法作出明确、具体的规

---

[1]　李惠宗：《宪法要义》，台北：元照出版有限公司2008年版，第88页。

定，以防止立法侵害，从而使基本权利直接受到宪法的保障"①。观之各国宪法文本，由宪法规范直接确认公民享有的基本权利类型代表着宪法保障人权的第一层次，我国宪法第二章所确认的平等权、选举权和被选举权、言论自由等基本权利属于此类，同时，对于消极性权利类型，如人身自由、人格尊严、住宅、财产等不受侵犯权利属于宪法保留的第二层次。征税权是一项索取的权力，它代表着国家公权力对公民私人财产的侵犯，基于私有合法财产不受非法侵犯的宪法保护机理，征税权也必然应纳入立宪范畴。近现代以来，税收民主法治进程就表现为征税权的宪法控制逻辑，宪法与税法学者一贯主张税收立宪论，其典型代表人物布伦南在《征税权——财政宪法的分析基础》一文中将税收纳入立宪视角，主张一种具有"宪法取向"的税政观，②日本税法学者北野弘久也指出"租税法律主义原则是源于宪法抑或由宪法派生并贯穿于整个租税法律制度的指导性原则"③。此外，税收立宪问题也是我国学者重点探讨的领域，王广辉、吴礼宁等宪法学者以及刘剑文、翟继光、王鸿貌、汤洁茵、毕金平等税法学者均有专门著文阐述，④他们在反思我国现行宪法中的税收条款基础上，主张更加全面、深入地将征税权纳入宪

---

① 邓联繁、蒋清华：《论基本权利的宪法保留》，《湖南大学学报》（社会科学版）2009 年第 6 期。

② 参见［澳］杰佛瑞·布伦南、［美］詹姆斯·M.布坎南《宪政经济学》，冯克利等译，中国社会科学出版社 2012 年版，第 1—14 页。

③ ［日］北野弘久：《税法学原论》（第四版），陈刚、杨建广译，中国检察出版社，第 11 页。

④ 参见王广辉《论财政立宪主义语境下的税收权控制》，《河南财经政法大学学报》2012 年第 3 期；吴礼宁《租税国家的立宪主义研究》，博士学位论文，郑州大学，2010 年；刘剑文《关于我国税收立宪的建议》，《法学杂志》2004 年第 1 期；翟继光《税收立宪的主要研究课题与研究方法》，载刘剑文《财税法论丛》（第 3 卷），法律出版社 2004 年版；王鸿貌、李小明《税收立宪论》，《法学家》2004 年第 2 期；汤洁茵《经济体制变迁与税收立宪的必要性》，载刘剑文《财税法论丛》（第 3 卷），法律出版社 2004 年版；毕金平《我国税收立宪之探讨》，《安徽大学学报》（哲学社会科学版）2007 年第 6 期。

法规范轨道，高质量地实现税收事项的宪法保留，另有学者周刚志、王世涛等提出"财政宪法"的概念，① 将财政收支事项统一纳入宪法保留，以体现财政整体活动的宪法逻辑。总之，鉴于征税权极容易对公民基本权利和自由造成侵犯，"正是在税收这个领域，政府政策专断的趋势，要比在其他领域更为凸显"②，因而，税收基本事项纳入宪法保留范围有着纳税人基本权利保障的宪法意义。

从立宪实践层面来看，税收属于基本权利宪法保留事项不容置疑。放眼寰宇，世界上许多国家的宪法当中都有涉税条款，而且由于各国立宪体制、宪制文化和税收法定的思想基础和实践土壤不尽相同，税收立宪表现出多元化形态。首先，在税收立宪内容方面，根据学者翟继光的研究，在其考察的 111 个国家的宪法中，包含有税收条款的有 105 个，其中，几乎每个国家宪法都设置了有关纳税义务的条款，其次便是关于税收法定原则的条款，少数国家宪法甚至设置专门的财政专章（如巴林国 1973 年宪法）或税收章节（如厄瓜多尔共和国 1984 年宪法）。③ 其次，在税收立宪模式方面，根据学者王鸿貌和李小明的梳理，各国税收立宪模式大致分为三种，第一种为"义务型税收立宪模式"，指宪法单纯规范公民纳税义务的形式，反映的是义务角度上的税收事项宪法保留路径；第二种为"制度型税收立宪模式"，指宪法对税收制度或税收原则予以规范的形式，揭示的是权利角度下的税收事项宪法保留机制；第三种为"义务与制度混合型税收立宪模式"，乃前述两种情形的混合类型，④ 运用的是权利义务一致性角度上的税收事项宪法保留方案。第三种税

---

① 参见周刚志《财政转型的宪法原理》，中国人民大学出版社 2014 年版；王世涛《财政宪法学研究》，法律出版社 2012 年版。
② ［英］哈耶克：《自由秩序原理》，邓正来译，生活·读书·新知三联书店 1997 年版，第 72 页。
③ 翟继光：《税收法定原则比较研究——税收立宪的角度》，《杭州师范学院学报》（社会科学版）2005 年第 2 期。
④ 王鸿貌、李小明：《税收立宪论》，《法学家》2004 年第 2 期。

收立宪模式由于体现了国家税收法律制度与公民纳税义务的平衡性，能够更加全面地展现宪法保障纳税人基本权利的"防御权功能"和公共财产权利的"请求权功能"，因而被视为最为理想的税收事项宪法保留模式。

具体到我国，税收一直是宪法规范公民基本权利与义务的不可或缺事项，早在新中国成立之初起到"临时宪法"作用的《中国人民政治协商会议共同纲领》就规定"国民有缴纳赋税的义务"，此后 1954 年颁布实施的第一部正式宪法也明确规定"公民有依照法律纳税的义务"，受到不稳定政治因素影响，1975 年、1978 年两次修订的宪法删除了此项税收条款，经过党的十一届三中全会开启改革开放政策之后，紧接的 1982 年制宪又恢复了 1954 年宪法的涉税条款，即熟知的现行宪法第五十六条，此后虽然我国宪法历经 1988 年、1993 年、1999 年、2004 年和 2018 年多次修正，不仅宪法税条款的内容只字未动，甚至连法条序号也未曾变动过，足见我国现行宪法税条款的超稳定性。然而，尽管新中国宪法规范税收事项的历史由来已久，但一贯的"义务型税收立宪模式"也让宪法税条款起到的基本权利保障功能相对有限，对于第五十六条宪法税条款是否涵盖税收法定主义的理解也禾莠两歧。学界关于宪法中的纳税义务条款是否能够作为税收法定主义的宪法渊源，大致有肯定论和否定论之观点分歧，持前一观点的学者分别从文义解释、目的解释、体系解释、历史解释等方法论入手予以佐证，提出"依照法律纳税"中的"法律"应仅指狭义的法律以及经全国人大授权的国务院行政法规；[1] 而持后一观点的学者则给予了逐一批判，认为"借助法解释为税收法定主义找到间接的宪法依据，只是一条折中之道，正确的路径应是实现税收法定主义的宪法明确化"。[2]

---

[1] 韩大元、冯家亮：《中国宪法文本中纳税义务条款的规范分析》，《兰州大学学报》（社会科学版）2008 年第 6 期。

[2] 参见李刚、周俊琪《从法解释的角度看我国〈宪法〉第五十六条与税收法定主义——与刘剑文、熊伟二学者商榷》，《税务研究》2006 年第 9 期。

上述通过法解释证立第五十六条的纳税义务与税收法定组合型宪法条款属性，尽管从形式上看也契合了当前的落实税收法定主义阶段（即证明我国已确立了税收法定主义[①]），但实践来看，授权立法下税收行政规范性文件大行其道却使得"依法纳税"的愿望落空，而且，全国人大及其常委会也未曾就第五十六条含义进行过专门释义，仅限于理论探讨层面，因而，有必要在保留现有第五十六条纳税义务规定的基础上，通过立宪释义或立宪明确的方式设计专门的税收法定主义宪法条款。之所以采以宪法规定或宪法释义的方式，而非依托立法法和税收征管法予以规定，源自于税收法定与纳税义务的宪法权利义务一致性，二者同属宪法保留事项，考虑到宪法修改的严格程序要求，可由全国人大常委会发布释宪法案的方式明确第五十六条纳税权义同构属性，将学界理论解释上升至官方宪法解释，待形成税收法定主义的成熟宪法价值认同之后，最终通过修宪方式实现税收法定主义条款的宪法明文化，具体条款可设计为"国家基本税收制度由法律确定，且人民有依照法律纳税的义务"。此外，税收事项的宪法保留是否仅限于税收法定和纳税义务条款有待厘清。有学者提出完备规定型税收立宪模式，认为应将纳税权益、税收原则、税收立法和税收划分列入中国税收立宪范围，[②] 将有关纳税权利与义务、税收立法权、税收收益分配权等基本税收事项纳入宪法保留范围。笔者对此不予认同，认为应采取严格的宪法保留理念，宪法税条款主要限于税收法定与纳税义务方面，可以适当增加课税原则和支出法定的规定，以确立政府征税的基本原则，以及确保财政收支一体化下纳税人权利的全面保障，至于其他税收基本事项可在立法权限和央地关系宪法规定下，通过制定税收通则法或财

[①] 尽管理论界关于宪法上是否存在税收法定主义条款一直备受争议，但倾向认为我国《立法法》第八条第（六）项以及《税收征收管理法》第三条的规定为税收法定主义条款。

[②] 参见刘鹏《我国税收立宪之路：历史反思、经验借鉴与方向探索》，《广西财经学院学报》2015年第1期。

政基本法的方式进行规定,不必在宪法中规定。

三 立法机关保留立法事项与课税要素明确性原则

依据狭义税收法定主义,必须在课税要素法定性的基础上实现课税要素的明确性,前者对课税要素事项的立法主体进行了限定,即由立法机关保留课税要素的立法权,后者对课税要素法定提出了立法内容的明确性要求。不过,在重要性事务分层保留的立法原理下,课税要素或税收构成要件要素虽然系关乎纳税权利和义务产生之组成元素,有适用立法机关保留之正当性,但课税要素并不全部都是具有非常重要意义的事务,存在着核心课税要素和边缘课税要素之分,针对于此,适用于立法机关保留的课税要素应仅限于核心部分,边缘部分的课税要素可通过横向授权行政机关决定。此外,一些核心课税要素的理性设计需要关照地域差异,亦有纵向授权立法之现实基础。

(一) 课税要素明确性的法定意蕴

课税要素的法定与明确是税收法定主义三项子原则的前两项内容,[1] 分别表明税收法定的立法路径和内容标准。其一,在课税要素法定原则方面,该项原则要求课税要素的全部内容与税收的课赋及征收程序等均必须由法律加以规定,[2] 即以严格的立法机关立法保留原则作为课税要素法定的限制要件,禁止行政机关未经立法授权而对课税要素作出规定。当然,鉴于税法存在适应复杂多变经济社会关系以及发挥税收调控功能和赋予地方财政自主权的现实需要,其中也不乏针对课税要素的税收授权立法规定,它和课税要素的立法保留原则共同构成了税收法定的刚性与弹性机能。从广义上而言,

---

[1] 根据学者张守文的观点,课税要素法定、课税要素明确和依法稽征构成了税收法定主义的内容,前两项是基于实体层面的要求,后一项是程序性要义。参见张守文《论税收法定主义》,《法学研究》1996 年第 6 期。

[2] [日]金子宏:《日本税法》,战宪斌、郑林根等译,法律出版社 2004 年版,第 50 页。

税收法定主义之"法"并非限定于立法机关所制定的基本法律，它也包括基于合法授权而形成的有关课税要素规定的行政法规和地方性法规或条例等。其二，在课税要素明确原则方面，该原则要求一切创设赋税义务的法律规定，即有关赋税的具体内容、征税标的、税制目的及课征范围等法律规定应尽可能明确而不致出现歧义，使纳税义务人可以预见赋税负担并加以计算之可能性，征管机关亦能客观适用。① 在法定逻辑下课税要素的明确化最终表现为税法的明确性要求，具体包括两个维度：其一是税法明确性，受立法保留原理严格限制的课税要素明确化要求税法的相应规范应当尽可能地明确，凡是有关创设纳税权利义务关系的税收规则应当作出精确规定，便于纳税人预测其税负多少，有利于规范税征机关的执法行为，避免出现税务争议；其二是授权明确性，承接税收授权立法的课税要素明确化要求相关税收授权立法应当明确，授权对象、授权范围等均应予以明晰，避免空白授权和转授权问题的出现。

由上述可知，课税要素法定原则指明了针对税收构成要件要素的规范应立足于立法机关保留之原理，同时鉴于税收法定主义可实现立法保留与授权立法的兼容，具体的、个别性课税要素确定和调整事项授权由行政机关进行规定也未尝不可，关键在于授权立法的明确化和规范化。此外，课税要素明确原则进一步地对议会法定或授权法定提出了内容明确性要求，它不仅包含关于课税要素事项规定的税法明确性，也包括课税要素立法的授权明确性。因而，课税要素法定原则实则揭示了课税要素明确化的规范路径，而课税要素明确原则是课税要素法定性之内容要义，也是实现税法确定性的关键环节。

（二）课税要素明确性的分层实现

基于立法机关保留和经授权保留之区分，有必要根据税收构成

---

① 朱孔武：《征税权、纳税人权利与代议政治》，中国政法大学出版社 2017 年版，第 206 页。

要件的阶层系统解析其内在要素组成，主要涵盖定性构成要件与定量构成要件两大相对独立、存在位序关系的阶层系统。在这两大构成要件系统中，税收主体、税收客体与应税客体归属归入交易定性方面的基本要素，税率、计税依据、发生时间、税收特别措施等属于关系税收定量的课税要素，① 这一要素归类法主要是基于税收构成要件的二阶层三级次说（即可税性与应税性之二阶层，构成法理、构成要件、构成要素之三级次位序）而展开的，其有利于将不同机能的课税要素整理归类，便于深入解剖课税过程的运行机理，但未能认识到课税要素之间的不同地位，进而予以类型化。税收构成要件要素不仅归属于不同的构成要件层级系统，发挥着不同的功能，更因此占据着不同的地位，不可等同视之，因而应当根据构成要素的价值功能主次予以类型化排序。一般基于构成要素的刚性法定与弹性调控机能划分两类：一类为税种构成和征收所必须具备的核心要素，另一类是不影响税种构成和征收的可能性要素或边缘要素，② 构成要素的核心类型与边缘类型界分是立足于它们是关系纳税义务成立的实体构成要件，同时这两类要素在阶层构成要件中分别起到可税性识别与应税性计量的机能，应当以刚性税收法定与弹性授权立法区别视之。

1. 核心构成要素的具体内容

所谓核心构成要素，是指实体层面上有关某项交易可税性识别的要素，包括纳税主体、应税客体、应税客体归属，另外，在应税性计量方面，税率由于其核心要素定位，以及计税依据、发生时间属于较具稳定性的要素，也应纳入基本构成要素范围。除此之外，税种设立、税收征管基本制度因为关系到中央与地方税权的集中与分散，一般根据各国税权集分体制而有所差异，具体到我国这样一

---

① 参见叶金育《税收构成要件理论的反思与再造》，《法学研究》2018 年第 6 期。

② 参见李大庆《财税法治整体化的理论与制度研究》，中国检察出版社 2017 年版，第 65 页。

个税权高度集中制国家，这两项要素也被列入法律绝对保留事项。因而，应当拓展至广义的税法要素层面来认识基本构成要素范围，将实体税收构成要件中的全部定性要素与部分定量要素归入其中，同时，还应包括涉及税权划分的关键性权力要素。在对核心构成要素范围的大致厘定之后，有必要对上述要素逐一加以认识。

第一，从定性构成要件要素方面看，具体包括以下几种：(1) 纳税主体。征税主体与纳税主体构成了税法主体的两个方面，[①] 纳税主体涉及"对谁征税"的问题，指税法上规定承担纳税义务的主体，通常唤称"纳税人"或"纳税义务人"，它与最终实际承担税负的负税人概念有所不同，也不同于代扣代缴义务人、代履行纳税义务人等概念，它是税法规范层面负担纳税义务的个人或单位组织。(2) 应税客体。"对什么予以征税"是应税客体的实质内涵，表示一项税种的征税对象及范围，或者说是该项税种的税收标的所在，亦是广义税基之体现，不同类型税种的应税客体不尽相同，主要有流转额、所得额、财产额以及行为，分别构成了流转税、所得税、财产税和行为税之税收体系。在流转税方面，增值税、营业税、消费税等税种应税客体为商品或服务生产、消费的流转额；在所得税方面，个人所得税与企业所得税的应税客体分别为个人所得或企业收入；在财产税方面，契税、房产税、车船税等税种以土地、房产或车船为应税客体；在行为税方面，我国一度征收的筵席税、屠宰税以及现行印花税、环境保护税等都是以某些特定行为为课征对象的税种。(3) 应税客体归属。正常的课税逻辑是首先确定应税客体，再确认纳税主体，期间便牵涉到应税客体与纳税主体之间归属关系的认定，此所谓应税客体归属问题。在我国一些税种当中，如车船税征收涉及车船所有人或管理人的认定，船舶吨税涉及船舶负责人的认定等。

第二，核心构成要素涉及的部分定量构成要素主要有：(1) 税

---

① 参见施正文《论税法主体》，《税务研究》2002年第11期。

率。税率是税法规定的每一纳税人的应纳税额与课税客体数额之间的数量关系或比例,其具有比例税率、累进税率、定额税率等多种设计形态。① 税率是税额计算的依据,直接关系到应纳税额的多少,在应税性定量上相对占据着决定性地位,其重要性不言而喻,故而对税率确定权的法定控制呼求也十分强烈。(2)计税依据。所谓计税依据,又是狭义税基的专有名词,它是指将税收客体转化成数量的"法律规定",② 一方面,计税依据与应税客体关系密切,前者是后者的数量表现,应税客体只是指明征税对象范围,而计税依据则是进一步地落实应税计征基础;另一方面,计税依据与计算公式又有不同,计算公式是税额计算的数字公式,描述和规范计税的过程,例如例如企业所得税法第二十二条规定企业的应纳税所得额乘以适用税率,并减除优惠减免额和抵免额之后即为应纳企业所得税额。(3)发生时间。计算应纳税额是从纳税义务发生之时开始,发生时间的确立对于应税性计量而言亦十足重要,它是计税的时间起点所在。

第三,核心构成要素包含的关键性税权要素主要体现在税种设立和税收征管基本制度确立两方面。这两项税权要素关系到中央统一规范税收征缴体制的基本能力,是贯彻税收法定主义和维护国家税制统一的基本要求。一方面,税种设立由中央决定,是税权中央集中制的内在要求,只能由中央层面通过议会立法的方式开征新税,通过确立由中央行使税收的开征与停征权力,避免因赋予地方税源自主开辟权而造成税收工具的不当运用和地方居民税负的不当增加;另一方面,税收征管基本制度的确立,包括纳税期限、纳税地点、纳税流程等相关征管程序要件以及责任要件等由中央决定,能够保障国家税收征管机制的统一化和确定化。

---

① 徐孟洲:《税法原理》,中国人民大学出版社 2008 年版,第 65—66 页。
② 黄茂荣:《税法总论》(第一册),台北:植根法学丛书编辑室编辑 2002 年版,第 282 页。

2. 边缘构成要素的范围界定

在基本构成要素之外，还存在着边缘构成要素，这些要素由于涉及政策性调控功能，一般处在纳税义务规模的法定计量和政策调节方面，主要体现在税收特别措施上，包括税收优惠和加重课税。其一，在税收优惠方面，存在着基于法定减免的税收优惠和基于政策调控的税收优惠，前者如增值税中的进项税额抵扣范围，企业所得税中的支出扣除范围，个人所得税中的基本减除费用、专项扣除和专项附加扣除等，这些属于计税依据当中所必须考虑或斟酌减免的范围，系量能课税原则的现实要求，减除该部分后能够真实反映出涉税交易的真实收入和纳税人的纳税能力；后者分为两种税收优惠情形，一种是针对与公共利益相关的税收优惠，即公益性税收优惠，另一种是基于产业政策调控等目的设置的税收优惠，可称为政策性税收优惠。这些优惠事项一方面应在立法机关保留原则下，通过列举性法条方式实现议会立法中部分情形的类型法定，另一方面应在授权立法原则下，通过兜底条款的法条形式授权行政机关进行灵活调整和相机补充。通过"类型法定＋兜底规定"的法条构造形式，以及法条授权的方式，能够有效防范概括式授权立法的弊端，实现税收优惠政策制定权法律保留之立法机关保留与经授权保留的融合。其二，在加重课税方面，应仅限于中央基于风险治理议题的地区形势差异性现实，而经纵向授权立法特别授予地方的税法差异化规制权力，从而起到因地制宜、整合善治的效果，例如，我国环境保护税法第九条就规定地方可增加同一排放口的应税污染物项目数，正是涉及环境税加重课税的纵向授权立法。

四 税收授权立法事项与行政授权明确性原则

广义上的税收法定主义并不排斥立法机关将部分课税要素的确定和调整进行纵横授权立法，只不过应当遵循授权明确性和禁止转授权原则，即立法机关向行政机关的横向和纵向授权应当有明确的授权目的、范围和内容等规定，同时禁止承担具体立法事务的行政机关将税收授权立法再转授权给其他主体。授权明确性原则与法律明确性原则可谓落实税收法定原则实践的基本立场，一个对授予行政机关执行税收立法的授权立法行为提出了明确性要求，能够防范空白授权下的行政恣意造法问题；一个对立法机关自身开展税收立法行为提出了明确性要求，能够避免议会立法质量低下问题。

回顾改革开放后的中国税法发展史，税收立法上的一大主要问题就是曾先后两次出台税收授权立法的空白授权文件，即俗称的1984年和1985年授权决定，前者已于2009年被全国人大常委会正式废止，而后者尽管现阶段落实税收法定原则的路线图确定了最终废除该授权决定的方向，但由于目前落实税收法定处于进行阶段，因而该授权决定仍处于生效状态。这两次授权立法都因违反了"一事一授权"以及"授权明确性"的授权立法基本原则而备受诟病，显示出空白授权的特点，[1] 在其影响下，在全面落实税收法定原则之前，我国仅有个人所得税法、企业所得税法、车船税法三部税种法律和一部税收征管法，其余税种均由国务院在概括授权下以暂行条例的方式立法，最终导致我国行政主导型税收立法模式的形成。进入到全面落实税收法定时期，我国在实现部分税种由条例升格为法律的同时，也通过法条授权的方式兼顾到边缘课税要素以及部分核心课税要素纵横授权立法的实际需要，其操作要领主要体现在三个方面：一是授权立法的法条构造由列举性规范中最后兜底条款的间接授权或独立条款的直接授权规定；二是授权立法的实施主体体现出对称性和一致性，即横向上全国人大及其常委会向国务院、纵向上全国人大及其常委会向地方人大常委进行授权；三是授权立法的实施规程包括"确定—备案"和"提出—决定—备案"两种范式，备案也包括"单向备案制"和"双向备案制"两种。

---

[1] 参见刘剑文、耿颖《税收授权立法权的合法行使：反思与建构》，《国家行政学院学报》2015年第5期。

五 行政职权立法事项与税收政策明确性原则

在践行税收法律保留原则基础上，核心课税要素规则由立法机关制定，边缘课税要素规则、应税事实认定以及不完备税法规范解释则属于立法保留之外的剩余立法地带，表现为以税收规范性文件为主导的税收法令政策体系。从权力来源来看，税收剩余立法权是法律保留原则适用于税收立法后的剩余部分，一方面，在法治国原理下，税务机关依法享有的该部分剩余立法权必须以取得授权为合法依据，以立法保留为边界限制，"税收剩余立法权的行使形式上止于税收立法保留的领域，实质上止于纳税人基本权"[1]；另一方面，在税务管理方面，税收剩余立法权也属于税务机关行使税务管理职权的体现，面对纷繁复杂的税务实践，税务机关有必要运用职权立法权限完善税法实施的细节，"技术性、细节性事项作为法律执行的补充可用行政命令作必要的解释，无需授权"[2]，但要契合立法法上不得抵触上位法之规定。故而，在行政职权立法事项上，税务机关制定出的税法解释性规范文件、税收政策性文件等，也要恪守明确性原则要求。

基于以上论述可知，不同重要性程度的税收立法事项适合由不同层级的规范予以规定，为实现税收立法的这种层级分工，税法明确性标准也应作不同层级的要求，上位法的概括性、模糊性规定也是起到授权或指明下位法自主立法或补充立法的作用。因而，根据阶层法律保留的税收立法原理，税法明确性标准也有阶层分化的必要，[3] 具体

---

[1] 叶姗：《税收剩余立法权的界限——以成品油消费课税规则的演进为样本》，《北京大学学报》（哲学社会科学版）2013 年第 6 期。

[2] 黄卫、郭维真：《税法法律保留原则的实践分析与确立路径——以我国台湾地区"司法院"解释为参照样本》，《税务研究》2019 年第 10 期。

[3] 参见许宗力《行政命令授权明确性问题之研究》，《台大法学论丛》1990 年第 2 期；欧爱民《法律明确性原则宪法适用的技术方案》，《法制与社会发展》2008 年第 1 期。

设计如下：(1) 最高明确层级的宪法保留：能够纳入宪法保留的一般系国家对征税权的价值规约以及公民履行纳税义务的合宪规定，税收只是宪法规范的重要事项之一，因而，宪法税条款的数量相对有限，且大都为根本性规定，以起到宪法上的原则指引作用，其明确性标准为一般人士可理解、可预见，运用价值解释方法将宪法的征税理念嵌入到整个税法规范和适用中去。(2) 次高明确层级的立法机关保留：根据我国的现行税法划分，主要系由全国人大及其常委会制定的各项税种法律，该部分的明确性标准也应为一般人士可理解、可预见，同时兼有低度的专业性和复杂性，一般依照文义解释其法条含义。(3) 中等明确层级的授权立法：这部分立法仍应以一般人士可理解、可预见为明确性标准，同时具有中度的专业性和复杂性，对于这部分授权立法可借助体系解释方法展开，而且必须接受备案审查程序的制约，对授权立法的合法性、合理性和合宪性展开法规审查和司法审查。(4) 最低明确层级的职权立法：这部分立法一般以专业人士的可理解、可预见为明确性判断标准，具有高度的技术性、细节性和复杂性，一般以合宪性解释为手段，必须接受备案审查程序的制约，依法对职权立法的合法性、合理性和合宪性实施法规审查和司法审查。

第 三 章

税法稳定性的理想与现实

稳定性是法律确定性的又一内在要求,它要求立法者应恪守审慎立法技艺,① 法律规则不应变动得过于频繁,以免给法律适用者带来不必要的困惑。在税收的调控功能、溯及规范以及体制改革等共同作用下,税法显得极其灵活易变,具体表现为回应型、溯及型和试验型税法规范问题,税法体系中存在着大量的税收政策规定,一些溯及性规定也十分常见,暂行立法、试验立法模式盛行。针对上述问题,本书分别从税收功能面向、信赖利益保护、税制渐进改革等角度,展开理论剖析,以期对税法稳定性问题形成全面周到的认识。

第一节 税收功能面向与回应型税法的规范

稳定性与适应性是法律制度的两幅面孔,一方面,明确且稳定的法律是捍卫其权威地位的在先基础;另一方面,开放且灵活的法律是确保其有效治理的先决条件。但法律的稳定性与适应性之间各有价值优势,彼此互有抵触,偏向任何一个极端都无益于国家法治

---

① 参见刘风景《审慎立法的伦理建构及实现途径》,《法学》2020 年第 1 期。

事业，必须在二者之间达成某种契合性均衡。恰如卡多佐所言："我们总是面临这一巨大的悖论。无论是静止不变，还是变动不居，如果不加以调剂或不加以制约，都同样具有破坏力。法律如同人类，要活下去，必须寻觅某些妥协的途径"[①]。在一贯的法律认识论和传统的法治实践论中，明确性与稳定性是构成法律权威治理的价值基础，与此同时，伴随着社会生活日益复杂流变，国家有效治理命题逐步突显，变动社会与有效治理下的法律适应性需求不断提升，[②] 逐渐转向回应型法治。以税法为观察对象，相较于其他发达国家和地区，我国的税收法治建设更多体现为适应性特征，回应税制改革、宏观调控、国家治理等现实需要，在回应型税法的立场视域下，我国的税收立法相对简略抽象，税收的调控功能被放大，虽然能够为税收法治建设积累实践经验，以及最大程度地发挥税收在推动国家有效治理方面的作用，但是，由于过于注重税法的灵活性与开放性，而损及税法确定性与规范性之基本价值，造成税法规范与适用不确定性问题。

一　回应型税法的原理阐述和辨析

在捍卫税收法定主义以保护公民私有财产权的同时，税收法律制度也需要有效回应社会环境情势变化和国家现代化治理课题，因此，税法要在形式税收法定、实质税收法定与弹性税收政策之间取得平衡。首先，在形式税收法定下，公民的纳税权利与义务必须由代表公共意志的议会机构通过制定法律的形式予以规定，严格遵循课税要素法定、课税要素明确与征税程序合法之原则，从而以刚性确定的税收法治在私权与公权之间划清界限，规范征纳主体行为。其次，在实质税收法定下，税法并不是僵化不变，永远明确、固定

[①] ［美］本杰明·N.卡多佐：《法律的成长：法律科学的悖论》，董炯、彭冰译，中国法制出版社 2002 年版，第 4 页。

[②] 参见周少华《适应性：变动社会中的法律命题》，《法制与社会发展》2010 年第 6 期。

的，它需要根据社会生活的变化不断地生长、调整和衰亡，制定、修改与废止等组成了主要的税收立法活动，税法的明确性与稳定性只是相对的。最后，在税收能动主义下，税收作为一项公共政策工具，不仅在规范理财行为方面意义显著，更在促进社会公平、保障经济发展方面发挥着重要的调控引导功能，① 因而，现实中少不了税收公共政策的运用。

（一）回应型税法的机理审思

美国学者诺内特与塞尔兹尼克二人在其合著的《转变中的法律与社会：迈向回应型法》一书将社会上的法律现象分为三种类型：(1) 压制型法，它是以既定的法律秩序来维系"凝固的非正义"，表现为"法律与政治紧密结合"与"官方的自由裁量权蔓延"的突出特征；(2) 自治型法，它是以巩固和捍卫机构自治为中心，具有"法律与政治相分离、规则模型的法律秩序、程序中心主义和忠于法律"的基本属性；(3) 回应型法，它是使法律"更多地回应社会需要"，成为社会调整和社会变化的更能动的工具，乃法律发展之方向所在，也充满着许多不可靠和不稳定的风险因素。在梳理上述三种法律类型的基础上，两人提出"回应型法代表着比自治型法和压制型法'更高的'一个法律发展阶段"②，但回应型法以提高法律的适应性来促进社会发展，将不可避免地做出一些价值牺牲，而且回应型法的开放性、灵活性与规范性、确定性之间确实存在着紧张关系。实际上，压制型、自治型与回应型的分类主要反映的是法律系统与社会系统之间的结构耦合关系，③ 分别侧重于压制性手段、规范性规则和回应性能力之运用与塑造，随着国家公共事务治理变得日趋复杂多变，法律制度需要在变化与稳定之间取得适当平衡，协调好法

---

① 参见刘剑文《财税法功能的定位及其当代变迁》，《中国法学》2015 年第 4 期。

② ［美］诺内特，塞尔兹尼克：《转变中的法律与社会：迈向回应型法》，张志铭译，中国政法大学出版社 1994 年版，第 130 页。

③ 参见王文婷《税法规范生成的解释》，法律出版社 2016 年版，第 38 页。

律的自身规范性与社会适应性之间的矛盾。

回应型法作为法律制度之演进方向，在各部门法与领域法中间体现得不尽一致，在刑法、民商法领域，尽管偶有学者提出适应性之于法域的重要价值，[1] 但相较于行政法、经济法等部门公法，鉴于公共行政、经济管理领域中环境、事务之流变性以及决策之时效性等特点，后者的适应性程度要求更高，特别是在我国经济行政领域处于体制变革期和法治完善期的当下，在现行法律规范中为适应性改革和实践性法治预留宽泛空间具有重要现实意义，这也是我国一直秉承"立法宜粗不宜细"思想的现实考量。处于经济法与行政法法域交叉地带的税法，既肩负着运用税收调控手段回应促进经济社会发展的治理任务，也承担着创新税务管理机制回应保证国家财政收入的行政职能，因而十分强调税法对于社会的适应性，相比于其他两种类型，我国更多表现为一种回应型税法体制，这体现在：（1）基于落实人权保障的明确性税收立法。（2）基于适应税制改革的频繁性税法调整。（3）基于回应税收调控的税收政策制定，税法的回应性是全方位的，也是存在先后位序的，最基础也是最核心的是回应"征税权作为侵益性行政的控权需要"，次要的是回应"征税权作为发展型行政的行权需要"，最低层次回应"征税权作为调控型行政的授权需要"。回应型税法是"法律与政治秩序、社会秩序维持交涉性平衡关系的进化状态"[2]，意在保持自身确定性的前提下塑造一个与变动社会相适应的税法形象，实现税法确定性与适应性之价值兼顾。

然而，长久以来，我国过度强调税法回应税收治理的授权需要，回应征税权力控制要求偏弱，重视税法的适应性与灵活性，忽视税法的规范性与权威性，具体体现在立法层面上的粗糙滥制、

---

[1] 参见周少华《刑法之适应性及其法治意义》，《法学》2009 年第 4 期；王保树《〈公司法〉修改应追求适应性》，《法学》2004 年第 7 期。

[2] 参见张景华、吕铖钢《回应型税收法律制度：现代税收治理的运行范式》，《新视野》2019 年第 1 期。

修订频繁、碎片严重等，这种做法也带来了诸多弊端。首先，简单粗略的税收立法虽然给试错改革、广泛授权和灵活实践带来了机遇，但却造成政策之治大于法律之治的本末倒置，正是税收立法表述的不精确，导致国家推进的税制试点改革经常脱离法治轨道，纵横行政机关基于广泛授权肆意发布税收政策，税务机关不得不发布大量的规范性文件进行解释等。其次，频繁变动的税收立法虽然让整个税法与社会相伴成长，但由于处于税制改革周期内，政策制定者经常根据现实情势变化调整税收政策，加上缺乏与社会变化相适应的稳定调整机制，税法调整过于频繁。最后，在税收立法的模糊性和易变性共同作用下最终酿造了税法的碎片化后果，不仅给税法的行政适用与司法适用制造了麻烦，更给纳税人理解税法增添了成本。

（二）回应型税法的功能面向

"各个法律制度为了进行功能的选择，都需要促进某种即便不相互冲突也彼此处于紧张状态的目的：可预见性与灵活性、稳定性与发展"。[1] 回应型税法所意图达成规范性与适应性之关系契合，正是基于税法的功能面向与选择逻辑。从法律功能而言，回应型法本身即具有促进法律系统与社会系统耦合适应之功能，以及促进法律系统本身内部的规则更替发展之功能；从税收功能而言，财政收入与调控诱导为税法功能之二元结构，因而回应型税法兼具"规范财政收入""促进回应反思""规制调控诱导"的三维功能面向，分别从消极、中立和积极侧面对征税权功能予以解构，对应要求税法要以明确性、适应性和开放性确保上述三项功能在法治逻辑内充分发挥。

1. 规范财政收入功能：征税权的防御控制

税收是现代税收国家获取财政收入的最主要手段，从民众手中汲取一部分收入作为国家机器运行与公共产品供给之合理对价，同

---

[1] ［美］格伦顿、戈登、奥萨魁：《比较法律传统》，米健、贺卫方、高鸿钧译，中国政法大学出版社1993年版，第87页。

时"权利保护依赖于以税收为主要财力来源支撑的守夜人政府"[1]，这些构成了征税权运行的正当基础，财政收入由此组成了税收的基本功能和本质底色。征税活动就是经由税收行政行为将私有财产权转换为公共财产权的过程，征税权具有天然的侵益性，是一项"事关毁灭的权力"，税收行政就是由代表国家履行征税职能的税务机关向纳税人实施"财产索取"的行为。基于此，在法治国家的人权保障思想下，征税权必须获得"合宪性控制"和"合法性基础"，以防范征税权失控造成行政公权肆意渗入公民私权领域，恰如法律名谚（华盛顿语）："权力一旦失去制约，就会像一匹脱缰的野马一样肆无忌惮地践踏一切"，通过宪法和法律约束征税权正是从税收基本功能出发，防范控制征税权扩张与失序的核心旨意。综上，基于税收的财政收入基本职能，税法最基本功能便落在规范财政收入层面上，中心任务就是从消极侧面上对待征税权，通过制定明确且稳定的税收规则来规范税务机关的征税行为。当然，税收行政不是税务机关的单方活动，也包括纳税人的参与配合，它是征纳主体双方互动、共同参与的行为过程，但无论是行政控权还是权义明确，都始终离不开确定性税法之于行为规范的中心主题。

2. 促进回应反思功能：征税权的与时俱进

法律不是静止不变的，它总是处于变动发展的状态。美国学者弗里德曼依据法律变化与社会变化之间的牵连关系与着落影响，将法律变化大致分为两类四种情形，即"外部助推的法律变化"和"内部自省的法律变化"之两类，四种情形分别为"起源于法律制度外部但只影响法律的变化，起源于法律制度外部但影响社会的变化，起源于法律制度内部但只影响法律的变化，起源于法律制度内部但影响社会的变化"[2]。因而，立法者会根据税法系统外部之社会

---

[1] 参见［美］史蒂芬·霍尔姆斯、凯斯·R.桑斯坦《权利的成本——为什么自由依赖于税》，毕竞悦译，北京大学出版社2004年版，第19—58页。

[2] 参见［美］劳伦斯·M.弗里德曼《法律制度——从社会科学角度观察》，中国政法大学出版社1994年版，第314—315页。

变化形势以及税法系统内部之更新成长需要，对税法规范进行回应性与反思性变化调整，一方面，鉴于法律系统与社会系统之间的结构耦合性，法律系统外部的社会系统变化会促使立法者重新审视现行立法之疏漏、不足或滞后，制定、修改或废止税法规范，使税法系统与社会系统之间的耦合紧密化；另一方面，现代税法的形式与实质理性危机迫使税法必须在制定过程中吸收和融入反思的内涵，[1]立法一经制定，便趋于保守，立法者需不断地反思现有税法规范，包括形式上的瑕疵和实质上的错误，只有立法者保持持续的自省意识，税收立法才能在反思中走向精确的未来。

3. 规制调控诱导功能：征税权的规范运行

调控诱导是税收的另一职能，尤其是伴随着现代经济社会运行风险的激增，政府频繁运用税收手段实现经济性和社会性规制目的，政策增长、法律退却，"法律已经放弃了它的权威，将自己置于政府安排的边缘"[2]，从夜警国家下强调征税权的刚性法定约束到现代规制国家下开始注重征税权的社会治理效应，税收的政策工具属性和公共治理价值开始显现，不再以私有财产权保障的单一价值逻辑去禁锢征税权，而是要根据国家治理现代化的现实需要来激活征税权。现实中，特别在像我国这样一个"制内市场型"（Market in State）国家中，[3] 为便于税收手段被政府用于实现宏观调控和社会治理目标，更为强调基于税收调控工具属性下的法令政策灵活性，相应地，基于税收收入功能本质的税法确定性大为减损。毋庸置疑，税收兼具收入与调控之功能，我们既不能忘却税收侵占之本质特征，完全转换其消极侵益的宪法形象，也不能忽略税收调控之客观存在，"幼

---

[1] 王婷婷：《反思型税法的理论构建及对现代税法危机的破解》，《法学》2017年第5期。

[2] Adrian Vermeule, *Law's Abnegation: From Law's Empire to the Administrative State*, Cambridge: Harvard University Press, 2016, p1.

[3] 参见郑永年、黄彦杰《制内市场：中国国家主导型政治经济学》，浙江人民出版社2021年版。

稚地理解待规制伤害的盖然性和规制干预复杂的体系化效应"①，而是要认识到这两种功能的同构性、混合性特质，至于功能主次关系如何，应从一般原理和具体税种区别审视。从一般原理上，财政收入为税收的最基本职能，调控诱导仅为其次要、附随功能，应走出宏观调控误区，②不宜放大税收的调控功能，要在收入合法性的基础上进一步实现对税收调控权的规制。从具体税种上，根据不同税种的功能倾向性不同，可大致划分为一般目的型税种和特定目的型税种，前者是以一般的财政收入目的为主导的税种，这种比较常见，大多数的税种即属此列；后者则是以特定调控诱导目的为主导的税种，如城市建设维护税、车辆购置税、环境保护税等。

由于不同体制国家的政府与市场关系有所区别，其本国的税收规制立场也存在差异，未来的改进方向也不尽相同，相比于其他"市内政府型"（State in Market）国家，我国在税收调控权运用方面更加畅通频繁，但在税收行政权规制上面则相对不足，另外除了在区分一般目的税与特定目的税不同功能主导的基础上辨证施治，采取更为刚性和相对弹性的税法规制策略以外，现实中大多数税种都是收入与调控功能的混合组合，通常一些税种难以界清此二维功能之配比关系，而且在实际运行中二者也常常交织难分，此时对税收调控权的规范就显得尤为必要。总之，对于我国而言，未来应从规范税收收入权和规制税收调控权两个层面入手，最终实现税收收入功能与调控功能在法治轨道上运行，同时，收缩税收调控权之运用，回归税收收入权之本质，以保障公民个人合法财产权为圭臬，尽可能地保持税权的谦抑性，减少政府主动干预，尊重市场自发调节，在发挥市场在资源配置中的决定性作用的基础上更好、更规范地发挥政府作用。

---

① ［美］凯斯·R.桑斯坦：《权利革命之后：重塑规制国》，钟瑞华译，中国人民大学出版社 2008 年版，第 4 页。

② 参见熊伟《走出宏观调控法误区的财税法学》，载刘剑文《财税法论丛》（第十三卷），法律出版社 2013 年版，第 74—80 页。

(三) 回应型税法的价值权衡

在现代社会中法治体系的权威规范与有效治理命题同等重要，它要求所创制的法律应当符合确定性与灵活性特征。其一，法的确定性反映的是法的安定性理论要求，包含明确性和稳定性之要义。一方面，立法者应当尽可能地实现法律规范的明确化，避免使用模糊性立法语言，从而为公权力机关和社会大众提供明确可知的行为准则和预期效果；另一方面，法律权威建立在持久稳定的规范力基础上，应当避免"立法上的反复无常"，注意法律在时间之流中的连续性，以免影响到人们根据规则调适自身行为的可行性。[①] 其二，法的灵活性体现的是法的适应性理论内涵，"法律秩序必须稳定而同时又必须灵活"[②]，制定法属于立法者的主观认识与现实社会的客观环境相作用的产物，必然要受到主观局限性和客观相适应的双重制约，为此，现实当中客观存在着法的不确定性困境与灵活适应性诉求。法律确定性与灵活性的双面镜像实质反映了法的安定性与适应性之要求，深层机理在于法律的防御引导与适应调节的功能协调。

确定性与灵活性作为法律制度的双向价值逻辑，在税法领域可谓展现得淋漓尽致。一方面，税法的确定性是合法征税的前提要件，明确且稳定的税法体系为征纳双方依法履行征缴职责和义务指明了方向，架构起各方主体依法行为的安定规则秩序；另一方面，税法的灵活性是合理征税的必然要求，也是国家调控的根本所需，政府征税指向社会生活中千变万化的经济交易事实，收入与调控的二元功能结构让税收政策制定在实现财政目的之外掺入了其他社会目的。"就像法律一经诞生就具有确定性的特征一样，法律实践中也总是不能抹煞基于人类目的而产生的创造性的冲动"[③]。伴随着一国范围内

---

① [美] 富勒：《法律的道德性》，郑戈译，商务印书馆2005年版，第94—96页。

② [美] 罗斯科·庞德：《法律史解释》，曹玉堂、杨知译，华夏出版社1989年版，第1页。

③ 周少华：《法律之道：在确定性与灵活性之间》，《法律科学》2011年第4期。

时空环境的不确定性变迁以及应税事实的多样变幻，税法不得不因流变性的宏观税收环境和多样性的微观课税事实而进行相机调控或个案考量，从而对税法适应社会环境和个案征收的能力和空间提出了要求，为此，税法中常常因确保其适应力而有意或不得已地减损确定性。例如，为增强税法适应社会变化的能力而持续不断地开展税制改革、频繁地修订税法、部署税收特别措施、下放税收立法权等；为加强税法适应层出不穷、花样不断的避税形式而特别确立实质课税原则、制定反避税一般条款和兜底条款、赋予税务机关裁量权等。

尽管以上举措塑造了一个因时因地因事实不同而加以灵活规制的极具适应性的税法形象，但也因此徒增了大量的税法不确定性问题，安定性与适应性的税法需求让其陷入了确定性与灵活性的复杂张力，坚守税法的权威性与践行税法的开放性之间的界限实难辨明。总之，确定性与灵活性作为法律特质的一体两面性，存在着彼此之间的价值冲突及权衡问题。立足我国，由于正值税制改革期，税法制定得尚不成熟，税收调控功能被泛化运用，加上时代变迁下新型交易模式出现、避税方式花样翻新，强调税法适应性有其现实国情背景、政治经济土壤和全面征管逻辑，但正因为过于偏向税法的适应性，导致税法制定需要首先考虑到灵活调控、纵横授权和与时俱进的需要，因而，税法一般不做详细的规定，特别是针对那些事关税收调控或授予行政部门、地方政府自主决策的立法事项，适用法律保留原则的课税要素十分有限，税法的灵活性十足而确定性虚弱。为此，从纳税人权利保护立场出发，应更多地强调税收的财政收入本位功能，进而提高税法的规范性与明确性，同时弱化税收的宏观调控附随功能，以更加明确详尽的税法规则限制并规范税收调控权的实施，收缩税收调控事项的决策空间。

二 回应型税法的功能错位和异化

为积极有效地回应改革开放后经济社会发展之急剧变化，我国税法展现出十分强大的适应性，具体体现为普遍存在的授权性法条设计，包括模糊性税收立法、频繁的税法修订等。这种以弹性回应机能为首位的税法起草理念，尽管给我国的税法本土化和时迁性带来了有利影响，却也造成了税法的过于分散、粗糙与易变，在此情形下，税法的回应性机能盖过了其本身的规范性机能，造成税收实质法定的失意。其中，课税要素确定与调整是集中体现该问题的一个侧面，依照税收法定主义，课税要素应实现基本的法定性与明确性，但在我国税收立法中，不仅大部分课税要素不在法定范畴内（目前仅有税种设立、税率确定和税收征收），而且纵然纳入法定范畴的课税要素确定与调整也存在功能错位问题，另外基于授权的个别课税要素确定与调整也面临着权力异化等问题。概而言之，回应型税法的基本立场造成了行政权力主导下的功能错位和税权异化之困局。

（一）税种兴废的逻辑错位

税种是组成一国税制结构的基本元素，也是最为基础的课税要素。依照我国现行立法法之规定，税种设立属于法律绝对保留事项，只有全国人大及其常委会有权作出税种设立与否的决定，地方并不享有针对税种设立的税收立法权。在税种设立的立法机关保留与中央集权体制下，设立或废止一项税种往往是中央基于全盘的考量和统一的部署，地方的意志与利益只能经由中央对于各地的实情判断而在制度设计上进行反映，属于一种被动性而非主动性的意志表达方式。在此情形下，考虑某一税种的兴废与否，乃是中央基于对统一国家全局之把握，包括收入功能层面上的国家整体预算收支安排与税收收益分配，调控功能层面上的宏观经济持续发展与社会公平正义等，总体上是一种基于国家宏观层面上的集中政治、统一市场与和谐社会的安排。

从我国历史与当下的税种兴废史可以管窥，与时代发展同步以及服从中央意志安排构成了税种兴废的两项主要逻辑。具体来看，一如历史上筵席税、屠宰税、农业税等税种之兴起，与该税种兴起时所处的特殊历史时代背景下中央计划调控意志不无关系，而后随着市场经济时代发展之演进，农村税费体制改革之推进以及税收征管实践之矛盾激化等，废除上述税种便成为历史潮流。二如现下的环境保护税、房地产税等税种兴起，一方面也确实离不开时下日益突出的环境治理与住房危机等现实社会发展困境，另一方面也体现出中央寄托于税收手段解决此类社会问题的殷切期望。综上，与时代发展相适应的税制结构设计构成了税种兴废的实践基础，同时，以税收为调控手段或治理工具化解突出社会问题，构成了中央最终设置或改良某一税种的意志出发点。其次，在税种设立的基础上进一步考虑基于税收收入功能的制度安排，如税种收益归属、征管分工等。由此可见，调控或治理功能构成了我国税种兴废的逻辑起点，收入功能继而担负着税种设计的出发原点。这实际上存在逻辑颠倒之悖论，造成税种兴废决定的功能错位考量，考虑成立或废除某一税种首先应基于收入功能下的可税性与应税性判断，其次才考虑是否有必要设立该项税种以解决相应社会问题。

以全面落实税收法定阶段中的两项新设税种——环境保护税与房地产税为例，环境保护税的设立实际上是基于排污费改税之税费改革，其本身作为特定目的税，环境保护为首位立法目的，财政收入为次位立法目的，[①] 但在考虑设立环境保护税时，环境保护只是引子，具体还要考虑环境保护税的税收机理，包括费转税的可行性、环境保护税收益归属、地方自主权空间等问题，环境保护税因为有排污费制度的实施基础，在税负平移的思路下确立相对容易。反之，针对于房地产税而言，理论与实务界还存在着设立房地产税意在"有效调控房价"的认知谬误，而实际上房地产税法并不是税收调控房价的合适场域，[②] 不宜从调控功能角度出发去佐证房地产税的设立

---

① 参见叶金育、褚睿刚《环境税立法目的：从形式诉求到实质正义》，《法律科学》2017年第1期。

② 参见侯卓、吴东蔚《税法是宏观调控的合适场域吗——基于房地产市场调控的审思》，《探索与争鸣》2019年第7期。

正当性，而应回归收入功能本身，进一步思考房地产税设立之法理、税理等问题，包括房地产税开征的正当性、技术性、利益性等问题，而不是以一句"调控房价"就匆忙地推出，房地产税法的出台背后有着许多尚未确定的疑问，其中，正当性问题首当其冲，克服房地产税改革正当性的焦虑还是要回归到收入与调控功能主次关系之纠正，① 解决作为收入工具的房地产税的逻辑自洽性和征管细节性等疑难杂症。

（二）税率调整的法治困境

税率是核心课税要素之一，也是税收政策的组成因子，其确定与调整关涉私人财产权保障与国家治理现代化之双重课题，税收法定与授权法治构成了税率制定权设置及运行的逻辑起点。正处于落实税收法定原则阶段下的我国，由于各税种属性的不同，以及践行税收法定的进度不一，税种之间的税率条款设计不同，呈现出权力配置的多主体性、权力运行的转授权化以及权力行使的恣意化等问题。尽管现行法律规定税率确定作为税收法定之明确保留事项，但通过确定权与调整权分离、税率确定与调整的纵横授权等，导致行政机关在税率事项上仍享有较大决定权，特别是横向上的税率调整之法条授权，成为中央政府行使税收调控权的主要依据，造成法定税率的行政调整异化。

1. 权力配置的多主体性。立法法修订以后，尽管税率法定的理念已被确立起来，但由于政府依赖调整税率实现社会激励、相机调控以及自主治理等目标的实际需要并未减少，由国务院、财税部门甚至地方组织确定和调整具体税率仍有空间，因此，整个税种体系表现为税率确定和调整权实施的二元复合主体参与格局，所谓二元是指税率的确定权与调整权的离合场景；所谓复合主体，它既涵盖了立法与行政维度，也有中央和地方面向，具体表现为单独规定税

---

① 参见熊伟《克服房地产税改革的正当性焦虑》，《中国社会科学报》2019 年 8 月 7 日第 6 版。

率确定权的税种中的全国人大，同时规定税率确定权与调整权的税种中的全国人大和国务院，规定幅度税率中的税率确定权的全国人大以及具体税率确定权和调整权的地方人大，同时规定了备案程序的全国人大常委会与国务院。此外，一些尚未实现税收法定的税种中还存在国务院行使税率调整权的"财税部门名义化"现象。上述权力主体的二元复合结构使得有必要摸清税收法定的推进规律以及现实不足，为税收确定与调整的分税种、分类型与分主体权力配置方案指明方向。

2. 权力运行的转授权化。对于尚未进行税收法定且设置税率调整条款的税种，其税率调整权虽规定由国务院行使，却出现转授权给财税部门代行的问题。以增值税为例，鉴于增值税立法尚未完成，历史上几次制定修改（1993年制定，经2008年、2011年、2016年和2017年四次修订）的增值税暂行条例中均明确规定增值税"税率的调整，由国务院决定"，从立法授权的正常法理逻辑而言，该条款属于授权性条款，暂行条例本质作为税收行政法规，却由于税收法定未能得到贯彻落实，却起到代行税收法律授权的规范功能，陷入了"自我授权"的悖论。追溯历史，导致这一问题的根源是现行仍然有效的1985年全国人大发布的空白授权决定，其概括性授权规定成为后续国务院制定税收暂行条例的法理依据，并由此发生多米诺骨牌效应，如税率调整这类税收事项的转授权问题亦悄然降临。退一步来讲，在暂行条例这一行政法规中进行自我授权事出有因，可予以理解，但在执行该条款过程中，却发生了内部授权，违反了立法法上的禁止转授权原则。通观决定增值税税率简并和降低的前述三项文件，都是财税部门的直接商决结果，尽管国务院在此当中发挥了周知的最后决断作用，但却是以具体行政职能部门发布政策性文件的方式呈现在公众面前，文件中也并未提及国务院，唯有第三次税率调整时，开篇提及改革目的"为贯彻落实党中央、国务院决策部署"和"推进增值税实质减税"中提到了国务院，以体现税率调整决定的程序与事由正当性。

3. 权力行使的恣意化。税率调整被视为税收政策转变的最便捷方式，也是滥用最为严重、最为民众诟病的一个方面。由于税率调整权限掌握在国务院、财税部门甚至地方政府手中，① 税率调整的启动条件、实施过程与尺度大小常常失于合法性与合理性，而且税率调整的发生频率与相应税种的功能定位与税制改革背景切实相关，一旦经济环境发生变化，则政府出于"市场管理者"的身份定位，就会采取调整税率的方式来进行行政干预。近年来，我国频频爆发税率突袭调整、屡次调整或恣意调整等税收政令更改事件。2007年5月30日深夜财政部一声令下将证券交易印花税税率从1‰上调至3‰，俗称证券市场上的"半夜鸡叫"事件。无独有偶，2014年11月至2015年1月，财政部、国家税务总局又在短短两个月内接连3次上调成品油消费税。② 这两起典型税率调整事件，引发了公众对于政府"借调整税率之名，行改变税收之实"的担忧，③ 税率的爬升直接增加了纳税人的税痛指数。

（三）税法参数的调整失范

不容否认，税法中有一些课税要素必然要根据经济社会发展实况而作因时性调整，最为常见的就是个人所得税法上俗称的起征点数额，即学理上的基本减除费用。在我国，一直以来，个人所得税的基本减除费用要不要调整都是每次修法工作中所必须考虑的一个

---

① 以证券交易印花税为例，历史上决定证券交易印花税税率的主体包括地方政府（1990年、1991年）、国家税务总局与国家体改委（1992年）、国务院（1997年、1998年和1999年），2001年以后的历次调整为财政部（经国务院批准）决定，2018年公布的《中华人民共和国印花税法（征求意见稿）》第十八条又规定由国务院决定证券交易印花税的纳税人或者税率调整，并报全国人大常委会备案。参见袁明圣《疯狂股市、印花税与政府法治——证券交易印花税调整的法理思考》，《法学》2008年第8期。

② 参见《财政部、国家税务总局关于提高成品油消费税的通知》《财政部、国家税务总局关于进一步提高成品油消费税的通知》《财政部、国家税务总局关于继续提高成品油消费税的通知》。

③ 参见许多奇《税收法定原则中"税率法定"的法治价值》，《社会科学辑刊》2015年第4期。

方面，在一共进行的七次个人所得税法修订中，涉及基本减除费用调整的就有4次，分别是2006年在1980年原定每月800元的基础上提高至每月1600元，2008年提高至每月2000元，2011年又增加到每月3500元，2018年则增加至居民个人综合所得每年6万元、非居民个人工资薪金所得每月5000元，其间每次调整基本减除费用，都会引发社会对于拟定基本减除费用数额合理性与及时性的争论，由于缺乏基本减除费用制定与彼时国家经济指数的挂钩以及动态调整机制的明确规定，导致基本减除费用的具体数值确定与调整频率经常被社会质疑。除了基本减除费用调整失范以外，包括专项扣除标准、专项附加扣除标准等税法参数也将面临这一问题，但目前我国的新个人所得税法中并未建立以上税法参数与社会发展相适应的稳定调整机制，这将造成随着后续国家经济形势的动态起伏，立法者对于何时启动税法参数调整权缺乏可靠的数据支撑，也难以准确把握时机，最终影响到个人所得税法回应现实、调节收入的功能。

相比之下，以美国为代表，1981年美国立法机关通过"经济税收复兴法案"，明确在美国国内收入法典中加入"税法参数随通胀而指数化"的规定，自此，引入了"自动指数化的个人所得税制度架构"。依据该制度架构，包括个人所得税中的重要税基项目（如法定标准扣除额、免税额等）、税率、税收抵免、替代性最低税等均纳入指数化调整机制。至于调整频率，则依照"定期"或"定额"标准启动调整。① 此外，一些国家和地区也会采取"定率"标准，即当物价上涨超出一定比例时可予调整。总之，指数化调整机制于规范税法调整有着重要意义，一在于以明确性规定授权，将基于回应现实变化的税法调整纳入法治轨道，明确授予立法机关或行政部门以相机调整的权力；二在于以事实性规定限权，无论是采取定期、

---

① 杨默如：《美国个人所得税"税收指数化"的做法及评价》，《价格理论与实践》2015年第4期。

定额抑或定率，都或多或少地有着固定、可靠的事实性规定来限制税法调整权的行使，将税法调整频率尽可能地维系在一个相对平稳的状态，从而保障纳税人的税法安定性利益。

（四）税收优惠的政策异化

税收优惠是国家为了实现对经济和社会进行宏观调控目的，按照法律规定的条件和程序，采用对特定纳税人纳税义务减免的方式所作出的间接财政支出行为，通常可分为社会保障型（照顾性）税收优惠和经济调控型（政策性）税收优惠。① 改革开放以来，为支持和引导不同地方、产业、群体等发展，我国针对以上的税收优惠政策种类庞杂、形式多样、内容过滥，② 不同于其他两类，群体性税收优惠大都为照顾性，如针对失业人员、残疾人、贫困户、毕业大学生等特殊群体所出台的税收优惠举措，③ 它是量能课税原则之体现，其中也不乏政策引导功能，例如国家有关支持和促进重点群体创业就业的税收优惠政策，既体现出对建档立卡贫困户、失业人群、高校毕业生等弱势群体的特殊照顾，也体现出国家引导其积极创业就业的政策导向。相反，产业性、区域性税收优惠政策是一种基于国家宏观调控旨意的政策性干预，意在以间接税式支出的方式给予国家鼓励和支持的产业或地区以倾斜性利益照顾，同时，地方也可根据本地区发展需要，出台当地相应的产业性税收优惠政策。在实践中，经常出现税收优惠政策的异化现象。一方面，国家统一设计的产业性税收优惠政策，由于政府干预的过度介入，会对市场公平竞争环境造成损害；另一方面，长期以来各地方为了引进外资、增加地方收入、促进地方经济发展，肆意利用税收优惠政策自主

---

① 王霞：《税收优惠法律制度研究——以法律的规范性及正当性为视角》，法律出版社2012年版，第7—9页。

② 参见熊伟《法治视野下清理规范税收优惠政策研究》，《中国法学》2014年第6期。

③ 参见《财政部、税务总局、人力资源社会保障部、国务院扶贫办关于进一步支持和促进重点群体创业就业有关税收政策的通知》。

制定权，出台了大量的区域税收优惠政策，这些地方性政策之间由于缺乏统一监管与协调，造成地区之间容易形成市场保护主义壁垒。以上政策性税收优惠所存在的问题，是过分注重税收政策的调控功能之结果，在政府调控本位的价值立场下，税法就不能规范过细，以免抑制了政府税收调控的灵活性，其必须首先为保证回应现实发展问题下的有效调控而服务，但却可能带来调控失意的后果，并且与市场自发调节本位的价值立场格格不入，完全背离。

正是考虑到税收优惠的政策异化问题，2013年党的十八届三中全会提出："按照统一税制、公平税负、促进公平竞争的原则，加强对税收优惠特别是区域税收优惠政策的规范管理。税收优惠政策统一由专门税收法律法规规定，清理规范税收优惠政策。"为推进此项任务，国务院先后发布《关于清理规范税收等优惠政策的通知》《关于税收等优惠政策相关事项的通知》，对清理规范区域性税收优惠政策做出了统一安排，可以看到，目前的改进方向为逐步实现税收优惠政策制定权的法律保留，[①]只能由中央政府及其组成部门发布全国范围内的产业性或群体性税收优惠政策，地方不再具有发布区域性税收优惠政策的权力，同时，中央行使税收优惠政策制定权要有明确的法条授权，这体现了我国统筹和限缩税收优惠政策制定权行使主体，提高规范位阶以及明确授权依据的基本思路。此外，应在限制与规范税收优惠政策制定权力的基础上，进一步地制定专门的"税收优惠法"或"税收优惠条例"来规范税收优惠政策制定权的行使过程，明确政府可以针对什么样的特殊群体制定照顾性税收优惠，明确政府在什么样的情况下可以回应社会现实之需要，制定政策性税收优惠，对于税收优惠制定的规范愈加详细，政府税收调控权的边界与责任便愈加明细，尽量减少政府的随意、过度干预。

[①] 参见叶姗《税收优惠政策制定权的法律保留》，《税务研究》2014年第3期。

三 回应型税法的立场矫正与规范

税法在不同的时空环境中各具特色，也表现得尤为不稳定，"税法是定量与变量的结合体"。变量向度的税法会随着时间和空间发生变化，[①] 时空环境的客观变化要求税法必须持续有效地予以回应。同时，"法律系统一方面以规范上封闭，另一方面又以认知上开放的方式在运作着"[②]，税收法律制度毕竟是立法者对于现实客观世界的主观认知产物，可能存在着理解错误、认识滞后、设计瑕疵等问题，此时需要立法者主动地反思、改良税法。故而税法的不稳定性既是其灵活回应外部社会环境变化的结果，也有立法者反思并矫正其主观造法方面的原因。这里主要从回应型税法而非反思型税法的角度进行思考，如何协调好税收法定之刚性封闭与税法回应之弹性开放之间的关系，也即税法确定性与灵活性之价值平衡问题。

不容置喙，确定性与灵活性应是所有法律制度同时具备的特质，只不过各法域对于灵活性之需求不尽相同，以公法与私法为界分，公法领域在强调权力法定理念下，尤为注重确定性价值之于规范公权之意义；反之，私法领域以崇尚意思自治理念，应十分注重灵活性价值之于解放私权之意义。但在实际立法实践中，我国私法领域相对确定，灵活有限，而公法领域更加灵活，不确定性问题凸显，其中尤以经济法最为严重，受调控本位的影响，大量的政策规定裹挟了应由立法确定的内容。位列经济法部门下的税法，就遭受了过度调控所带来的空洞化问题，种类多样的税收政策规定构成了一个适应性规范体制，却不能够满足回应型税法控制适应性规则制定的内在机理。因而，要想构建真正的回应型税法体制，最先需要摆正税法的价值观，从适应性价值下的调控功能主导回到规范性价值下

---

① ［美］布莱克：《法律的运作行为》，唐越、苏力译，中国政法大学出版社1994年版，第3—4页。

② 参见 ［德］尼可拉斯·鲁曼《社会中的法》，李君韬译，台北：五南图书出版股份有限公司2009年版，第95—103页。

的收入功能主导，无论是一般目的税抑或是特定目的税，最为核心的价值立场还是落在纳税人权利保护上，只有先满足了规范型税法之确定性建构，才能在该基础上进一步地完成回应型税法之灵活性赋予，也即税收法定主义应首先以追求刚性法定为主旨，实现税收立法的确定性，其次是在合法授权基础上，完成税收政策的适应调整。目前对于我国而言，极度灵活的税收调控政策湮没了税收立法的确定性，由人大主导搭建的基本税法框架过于简陋，不能对纳税人权利保护起到很好的确定规范作用。故而，我国规范回应型税法体制，应首先转变税法经济法化之趋向，认清税法的独立性价值，而不是将其置于宏观调控法下，最终完成从调控功能主导到收入功能主导的立场转换。

继完成主导功能纠位之后，也要认识到调控功能和回应机能之于我国税法成长之重要意义，只不过当下使命应是尽可能地限制和规范税收调控权运行。第一，随着我国对政府调控与市场调节位序关系的厘清，为更为有效地发挥市场在资源配置中的根本性作用，应当限制政府运用税收手段调控经济，保持税法的谦抑性，坚持市场基础原则、国家干预与市场失灵相适应原则、市场先行原则等，市场能够自发调节的，政府不宜介入，尊重市场运行规律；国家干预应限定在市场失灵范围内，与市场失灵的程度相一致；无法判断市场是否达到失灵状态时，不宜过早介入，留待市场先行调整。[①] 此外，还要秉持竞争中立原则下的税收中立理念，[②] 一方面，政府的税收征管行为应当明确、简化、合法、合理，平等对待市场竞争主体；

[①] 参见刘大洪《论经济法上的市场优先原则：内涵与适用》，《法商研究》2017年第2期。

[②] 根据学者的观点，竞争中立原则包括交易机会中立、经营负担中立、投资回报中立三大行为准则，而具体到经营负担中立又可细分为课征强制性负担中立和消减协商性负担中立，税收中立属于前一项内容，具体包括税收的负担、计算、缴纳、处罚行为中立。参见丁茂中《我国竞争中立政策的引入及实施》，《法学》2015年第9期。

另一方面政府的税收调控行为不能伤害市场公平竞争秩序，维护市场的竞争性基础地位。第二，面对市场失灵时，政府借助税收政策进行相机调控必不可少，但必须以法治对其进行规范：创新税收调控方式，调控应仅限于宏观经济层面，不宜针对具体的微观事务；规范税收调控行为，应明确规范调控职权依据、调控事项范围、调控时机把握等；建立税收调控归责机制，将涉及宏观调控的课税要素调整纳入重大行政决策事项，根据我国制定颁布的《重大行政决策程序暂行条例》第三条之规定，财政政策、货币政策等宏观调控决策被排除于重大行政决策事项范围之外，而现实中类似税率调整、应税客体调整、税收优惠政策制定等均符合重大行政决策事项"对社会产生重大影响"和"事关社会公众利益"之外观要件，故而有必要将涉及课税要素调整的税收调控事项纳入其中予以规范，实现对重要税收调控行为的法律规制。

第二节 信赖利益保护与溯及型税法的适用

伴随着社会的不断发展变化，法律经常会相应地作出改变或调整，而经过修改后的新法是否可以追溯到旧法时期的事实或行为，关系到法的溯及效力问题，法律溯及效力的有无事关法律适用的稳定性以及公众对于法律的信赖利益保护，由此成为重要的法理问题。从信赖利益保护的原理出发，法以不溯及既往原则为圭臬，以捍卫民众对于明确性成文立法和行政行为的信赖力与确定力，然而，实际法律运作中常常存在法可溯及既往之例外情形，正如凯尔森所言："追溯力法律的道德和政治价值可以争辩，但这种法律的可能性却是不能怀疑的"[1]，而究竟哪些情形是法律可以追溯适用缺乏统一的衡

---

[1] ［奥］凯尔森：《法与国家的一般理论》，沈宗灵译，中国大百科全书出版社1995年版，第47页。

量标准，只能根据特定法域之具体情形详加判断。按理而论，作为与刑法保护机理最为近似的税法，应同样恪守最为严格的法不溯及既往规定，但现实面貌是基于税收调控和反避税等需要，税法较其他法律可能更多地溯及既往。① 溯及型税法造就了规则适用的不稳定性，给纳税人信赖利益保护带来不利影响，为此，厘清溯及型税法的适用情形，限制、规范税法溯及既往就显得尤为必要。

一 税法不溯及既往的法理根据与适用

从理论内涵而言，法的溯及力，又称法律溯及既往的效力，是指新法对它生效以前所发生的事件和行为可否加以适用的效力。② 法律溯及既往效力的有无以法的生效为界分点，若可适用于生效之前的事件和行为，则具备溯及既往效力；反之则不具备。根据法律溯及既往指向的事实关系或法律效果是否已经完成或处于持续状态，有真正的溯及既往和不真正的溯及既往之分，前者指法律追溯适用于施行前已经终结的事实或变更已经发生的法律效果，后者则指对于现在尚未终结的，但已经着手进行之事实关系以及法律关系向将来发生作用时的溯及适用，③ 该分类是从德国联邦法院司法判决中最先提出，并在德国形成了对待法律溯及效力的不同态度，真正溯及既往以禁止为原则，许可为例外，不真正溯及既往则以许可为原则，禁止为例外。④

（一）法不溯及既往的立场与依据

一直以来，法学家们普遍认识到溯及既往型法律的危害。富勒

---

① 参见朱力宇《关于法的溯及力问题和法律不溯及既往原则的若干新思考》，《法治研究》2010年第5期。
② 张文显主编：《法理学》，高等教育出版社2003年版，第86页。
③ 陈清秀：《税法之基本原理》（增订三版），台北：东升美术印刷有限公司1993年版，第152—153页。
④ 参见杨登峰《何为法的溯及既往？在事实或其效果持续过程中法的变更与适用》，《中外法学》2007年第5期。

毫不客气地指出，"溯及既往型法律真的是一种怪胎""用明天将会制定出来的规则来规范或指引今天的行为等于是在说胡话"。① 哈耶克认为，"法律的效力必须是前涉性的，而绝不能是溯及既往的"②，并且将溯及既往与平等、权力分立、立法公开等同列为元法律规则。③ 溯及既往型法律造成了法的不稳定性，更摧毁了民众对于法律权威的信赖利益基础，让他们原本基于旧法所开展的合法行为需要接受新法的重新评价，难免造成法的权威性和可预测性大为降低，若是有利于公众的法律修订，尚且能够弥补对公众信赖利益的损害；但若是不利的新法规定，公众将不免遭受多重诘难。故而，法以不溯及既往为原则乃法理共识和普遍实践，具体表现为"从旧兼从轻"以及"实体从旧、程序从新"原则，尽量避免损害到社会公众的信赖利益，或者将这种损害降至最低，唯有有利于公众的溯及既往方具正当性。

　　结合以上阐述，从理论层面而言，奉行法不溯及既往之原则主要源于以下三方面的法理根据。（1）既得权理论。该学说观点的代表支持人物萨维尼提出"新法不应溯及既往；新法不得影响既得权"④，主张新法不得溯及既往，溯及既往的法律以触犯既得权为标志，依据该观点，既得权理论主要支撑真正法不溯及既往情形，此时事实关系或法律后果已经发生，当事人取得了既定法律权利，再追溯适用新法，则难免损及既得权。而对于不真正溯及既往情形，若事实关系尚未结束，当事人还未取得既定权利，仅享有期待利益；当新法追溯适用于正在持续发生的事实关系，实际上并未对既得权

---

① ［美］富勒：《法律的道德性》，郑戈译，商务印书馆2005年版，第64页。
② ［英］弗里德里希·冯·哈耶克：《自由秩序原理》（上），邓正来译，生活·读书·新知三联书店1997年版，第264页。
③ 房绍坤、张洪波：《民事法律的正当溯及既往问题》，《中国社会科学》2015年第5期。
④ ［德］弗里德里希·卡尔·冯·萨维尼：《法律冲突与法律规则的地域和时间范围》，李双元、张茂等译，法律出版社1999年版，第202页。

产生影响。因而，既得权理论一般限定于真正溯及既往情形，当事人基于事实关系和法律规范而享有的权利理应受到保护，不受新法追溯适用之权利减损等影响。（2）法安定性理论。从法律规范秩序本身而言，明确且稳定的法律规则是保障公众的法律可预见性利益的前提，"要为社会提供公共行动与判断的标准，法律就必须具有安定性"[①]，安定性或确定性的法律包括明确性与稳定性之二维，当允许立法者所制定或修改后的新法具有溯及力时，无疑破坏了旧法适用的稳定性，民众基于旧法所形成的法律预测权益遭到损害，因而，法应恪守不溯及既往原则，以免造成对法安定性之破坏。（3）信赖利益保护理论。所谓信赖利益保护原则，可区分为法令安定性之信赖利益保护与行为确定力之信赖利益保护，前者系针对既存法令状态之保护，后者系关涉行政行为效力之规范，二者分别要求法不溯及既往原则与禁反言原则，一方面，立法规范应保持基本的安定性，不宜追溯既往至过去已经发生之事实；另一方面，行政行为应具有确定力和信赖力，不可恣意变更行政意思表达与后果。

（二）法不溯及既往的适用与比较

溯及既往型法律不可避免地会伤及到规范秩序的稳定结构以及相关利害人的信赖利益，从维护法的安定性和保护信赖利益的法理出发，法不溯及既往原则自应成为所有部门或领域立法适用的普适价值。然而，从整体格局来看，实践中各个部门法和领域法却呈现出不一样的风貌，由于不同法域对于法益的保护力度不尽相同，彼此之间在贯彻法不溯及既往原则的严格程度上也有所差异，刑法因其保护法益的一致性而恪守最为严苛的法不溯及既往原则，确立了"从旧兼从轻"的刑法不溯及既往规则，而在民法、行政法等部门法方面，由于其保护法益的对立性，常常需要根据利益平衡的最优化导向考量法不溯及既往原则和有利溯及既往规则在本法域的适用逻

[①] 雷磊：《法律方法、法的安定性与法治》，《法学家》2015年第4期。

辑，不可能完全照搬刑法上严格的溯及力适用原则，① 需要根据具体法域的特性和需求予以适合化建构。总之，法不溯及既往仅仅是宪法层面（我国为立法法这一宪法性法律）所规定的一种"原则性立法标准"，它在不同法域的具体适用具有自发性和独特性，大致表现为绝对禁止型、有限溯及型、相对禁止型和溯及许可型四种模式。刑法主要集中于前两项，一般奉行绝对意义上的法不溯及既往原则，只对继续犯和连续犯两类情形适用有限的溯及既往，民法、行政法等法域则体现在后两项，② 相比刑法而言，并没有同样站在法不溯及既往的严格主义立场上，更多表现出一种宽松、灵活的适用特点，有时"赋予法律规则以回溯性的效力不仅变得可以容忍，而且实际上还可能为促进合法性事业所必需"③。当然，这也并不意味着在刑法以外的法域不再遵照法不溯及既往这一根本原则，而是在这些法域中法可溯及既往这一例外情形存在更多可能性。

税法可谓刑法的表亲，④ 二者在公民基本权利保障任务上互为配合，并引导人们的行动朝向无罪友好化和公共责任化。从人权保护的维度而言，刑法与税法在保障公民基本权利功用方面并驾齐驱，因而，税法本有着与刑法保持同样严格的溯及既往效力的价值基础，从而避免因不利的税法溯及既往而减损纳税人合理的信赖利益，其中可能会造成税权运行的不确定性，影响到纳税人的税收可预测性权利。然而，实践当中却并非如此，税法在很多情况下都有可能存在溯及适用效力，这与税法不同于刑法的特质有很大关系。

首先，税法与刑法分别起到保障公民财产权和人身权的积极作用，虽然从宪法层面将财产权和人身权作为基本权利内容予以统一

---

① 陈洪兵：《刑法溯及力适用问题研究——兼与民法、行政法比较》，《法治研究》2016年第4期。

② 欧爱民：《论法律不溯及既往原则宪法适用的技术方案》，《法商研究》2008年第3期。

③ ［美］富勒：《法律的道德性》，郑戈译，商务印书馆2005年版，第64页。

④ ［美］富勒：《法律的道德性》，郑戈译，商务印书馆2005年版，第72页。

保障，但这两项基本权利在现实中得到的保障不可能完全一致。因为刑法所打击的针对人身权和财产权的不法侵犯行为本身就具有自然法上的非正义性，基本权利保护的立场界限十分清晰，反观税法则调整的是国家对纳税人私有财产的"侵占"行为，一方面，这种"财产侵占"具有一定前提下的正当性，而且"财产侵占"的比例程度难以量化和固定；另一方面，除了存在政府向民众的"财产侵占"，还存在着一部分纳税人在税负最小化私利心理作用下的"天然避税冲动"甚至不法逃税行动，由于税法的交易法性质，一些涉税交易事实或行为经常表现为持续性状态，当税法在交易进行中时发生改变，不免会导致纳税人相应地调整原定交易形式，以做出更为有利于自身的节税甚至避税安排。"立法者明白提议在未来对影响某一类交易的法律进行修订，将会明显地扭曲这些交易的短期模式。如果所提议的法律修订被认为是对于当事人不利的，他们会马上加速从事这类交易。如果所提议的法律修订被认为是有利的，当事人会马上推迟从事这类交易。所导致的短期的交易扭曲现象，可以在市场上产生严重的资源错置问题"①。因而，考虑到涉税交易的持续性以及纳税人趋利避害的心理特质，赋予税法适当的溯及力是合理且必要的。

其次，尽管税法与刑法在宪法层次上关乎公权对私权的保障与规范，但税法相比刑法在个人利益、国家利益和社会公共利益之间的对抗更加频繁、强烈，法益保障是刑法的基本立场，而利益均衡是税法的核心要义，②多元价值、多重职能的税法复合特性奠定了税法在某些情形下具有溯及力的正当性理由。因而，不应只从私益角度看到税法作为纳税人权利保障法的定位，还应从公益视角看到税法的社会公共利益保障法的属性。如果只从私人财产权保护角度来

---

① ［美］理查德·J. 皮尔斯：《行政法（第一卷）》（第五版），苏苗罕译，中国人民大学出版社2016年版，第375页。

② 参见陈清秀《利益均衡在税法上之运用》，《东吴法律学报》2009年第3期。

理解税收,更多地观察到税收作为一种公权力手段的消极侧面,从而基于保护纳税人信赖利益而禁止税法溯及既往,不免破坏了税法对征税过程中的国家利益与社会公共利益保障功能,鉴于税法规范的客观局限性,大量的不确定性税法规定及税法漏洞都可能被纳税人利用来实现避税意图,此时,若修订后的税法无追溯力,将无法适用于已经展开且处于持续状态的避税交易安排,则不免有失公平,适当规定税法具备溯及力也是确保国家正当公共财产收益不被不合理避税筹划侵蚀的必然要求,也是捍卫税收公平和保障公共财政的应有之义。另外,税收在收入功能之外还承担着调控功能,"税法的宏观调控功能要求税法适用上的统一性,不能对之前的应税事项置之不理"①,规定税法具备溯及力也能够更好地激发税收的调控功能,当一项税收优惠政策能够溯及既往适用于正在持续进行的交易,纳税人将会根据调控指向而重新设计交易,实现调控诱导市场资源配置方向的作用。

(三) 税法溯及既往的情形与限制

综上所知,法以不溯及既往为根本原则,以溯及既往为例外情形。尽管有学者试图剖析溯及既往法律的类型,将其区分为回溯性与追溯性两类,② 但至于法在何种例外情形具有溯及力并无统一标准,应根据具体地域和法域中的个案情形管窥其律。以税法为观察对象,虽然世界大部分国家在刑法领域实行严格意义的法不溯及既往原则,但并非意味着该原则适用于包括税法在内的一切法域,很多国家和地区的税法适用过程存在着比较多的溯及既往事例,这些税法溯及既往适用的规定也在司法审查当中获得了支持,呈现出与刑法严格禁止法律溯及既往不同的税法宽松溯及既往的理念。同时,不仅在税法上奉行较为宽松的溯及既往规定,而且在一些关系政府

---

① 朱力宇:《关于法的溯及力问题和法律不溯及既往原则的若干新思考》,《法治研究》2010 年第 5 期。

② 参见伊卫风《溯及既往的法律》,《东方法学》2015 年第 5 期。

规制权运用的法域,亦呈现出法不溯及既往原则的一定程度松动。不过,纵然法可溯及既往在税法领域根据立法者的正当需求得到了支持,但其依然占据次位,需要受到正当目的、溯及方式等诸多条件限制。总之,法不溯及既往仍为税法所遵循的基本原则,法可溯及既往且为税法适用的例外情形,只不过各国和地区关于法可溯及既往这一例外情形的限制程度不一,有的严格、有的宽松。

从税法溯及既往的大体情形来看,具有多种分类方式:(1)根据溯及既往法律的一般分类,可划分为真正的税法溯及既往与不真正的税法溯及既往,前者系新法对已发生事实之法律效果之溯及作用,后者系对未发生或持续进行事实之构成要件之溯及联结,[1] 由于两种溯及既往情形对纳税人权益的影响程度有差别,在英美法系国家又有"强度溯及"和"弱度溯及"之别称。(2)根据溯及既往的税法规范类型进行划分,主要包括税收实体法、税收程序法和税收处罚法等方面的溯及既往情形,其中,在税收实体法方面,包括部分税收实施性、补充性以及解释性规定的溯及既往。[2](3)根据溯及既往情形的具体表现,可分为税法早于发布之前生效适用,新法追溯适用于生效之前的事实以及个别条款的隐性溯及既往等。[3] 另外,从税法溯及既往的限制而言,根据各国税法实践,主要分为事前的规则限制,事中的情形限制和事后的审查限制等手段,如在事前立法上明确税法溯及既往的原则与例外标准,在事中运行中根据溯及既往之正反事例明确税法可否溯及既往,在事后阶段税法溯及既往之规定也要接受司法正当性审查,以有效发挥司法的监督作用。

二 税法溯及既往的域外镜像与启示

在我国,由于立法法上明确规定了"法不溯及既往为原则,有

---

[1] 陈清秀:《税法总论》,台北:元照出版有限公司2012年版,第257页。
[2] 参见何小王《税法的溯及既往型情形及其适用》,《求索》2013年第8期。
[3] 参见翟继光《论税法中的溯及既往原则》,《税务研究》2010年第2期。

利溯及既往为例外"的标准，税法亦适用之，这一标准尽管简明统一，却未能结合不同法域之特性而作区分。观之域外实践，以美国为代表，针对税法溯及既往的构成与阻却要件形成了较为丰富的司法判例规则，对我国完善税法溯及力制度有着一定的借鉴意义；反之，以法国、印度等国家的典型事例为检思对象，也可从中归纳出一定的反面教训。基于域外税法溯及既往之正面与反面事例梳理与反思，最终为我国提供进一步的思考方向。

（一）正面事例的经验总结

法不溯及既往同样是美国的一项宪法性原则。1787 年美国《联邦宪法》第一条第 9 节规定："立法机关不得通过溯及既往的法律"，自此确立起法不溯及既往原则。但此项有关事后立法的限制规定并非适用于全部法域，除了刑法因关系公民人身自由权和生命权剥夺之重大事项而得到严格执行以外，"法不溯及既往"原则在其他法域的适用却颇具弹性，特别是"在对于市场交易具有重要影响的税收或者规制性法律领域，几乎每次法律修改都是溯及至立法机关委员会首次公开考虑修改该法律之日起生效的"[①]。其中，税法就是美国法上法可溯及既往之例外情形普遍存续的法域之一。

从美国的税法实践当中也可以得到证实，税法溯及既往的案例并不罕见，而且大多数都在司法审查过程中得到了支持，少数因未能通过司法审查而被推翻。美国在肯定法不溯及既往原则在税法上的适用地位的同时，又兼顾到特殊情形下税法溯及既往的现实需要，并在此基础上确立起司法机关对税法追溯既往情形的合法性与合理性行使个案审查权的监督机制。因而，虽然美国税法具有较为宽松的溯及既往效力，但它是以税法不溯及既往原则为一般守则，税法溯及既往仅是个别例外，只不过相较一些国家和地区而言更为常见普遍而已。此外，针对税法具备溯及力的情形，也不是由行政机关

---

① [美] 理查德·J. 皮尔斯：《行政法（第一卷）》（第五版），苏苗罕译，中国人民大学出版社 2016 年版，第 375 页。

自主确定的，其还要接受针对税法溯及正当性的司法审查程序。经过分析具体个案中司法赞成和反对税法具有溯及力的理由，可以大致归纳出美国对于税法溯及力的构成要件与阻却要件。①

其一，在税法溯及力的构成要件方面，通过梳理 Carlton 案和 Welch 案中涉及个别税种中的税收优惠条款或征税条款之溯及适用要件，以及历次所得税法重大修改过程中通过的税收改革方案或部分条款的溯及适用规律，可以总结出税法具备溯及力应当存在下述几个构成要件：（1）税法溯及适用应当具有正当目的作为支撑。针对立法机关或行政机关规定税法溯及力的理由，司法机关会进行目的正当性的审查，若溯及适用是基于填补漏洞或反避税等缘由，则属目的正当；反之，若纯粹出于增加收入之财政目的，则缺乏正当性支持。（2）税法溯及适用的情形已向纳税人公开。无论是有利于纳税人还是不利于纳税人的溯及既往规定，纳税人都具有知情权，将税法追溯适用的规定向社会公开，不仅是因为税法溯及力条款本身的税收立法环节定位而须公开，溯及力条款亦是经修订后的税法效力规定的组成部分，全体纳税人有权知悉新税法的适用效力范围，以便于判断是否影响到他们对于旧法的信赖利益，而且公开之后也给那些受到影响的纳税人是否作出重新调整交易安排的决定以税收筹划依据。（3）税法溯及适用不会改变纳税人的应税行为。如果一项新的税法规定溯及适用于过去发生且持续至今的交易事实或行为，或者已经结束的交易，而且这两项溯及适用不会因而改变纳税人的自主涉税交易行为，那么此时税法所具有的溯及力便是可接受的。当然，纳税人是否会因为税法溯及既往而调整应税行为总是因人而异的，具有一定的主观性，但这里的评判标准应以理性经济人的视角来分析，一个具有理性经济人思维的纳税人是否会根据新税法的溯及适用而重新考虑交易的形式或内容，即从理性经济人角度，税

---

① 参见贺燕《论美国税法溯及力的司法审查规则——以联邦最高法院对溯及性税收立法的审查为基础》，《税务研究》2019 年第 1 期。

法溯及力的规定与纳税人应税行为改变之间是否存在必然的因果联系。一般地，税法溯及既往的规定不影响纳税人应税行为的改变大致存在于追溯适用的税法规定不是有利于或不利于纳税人税额减增的实体事项，或者该项交易已然终结，纳税人无法再进行更改。(4) 税法溯及适用存在于个别税种立法的年初适用。这主要是美国所得税法上的每次税改法案或一些条款会溯及至本年度年初适用，实际上是考虑到与所得税的纳税周期保持一致，便于后续征缴工作的展开，已经形成所得税法溯及适用的惯例。

其二，在税法溯及力的阻却要件方面，溯及时间过长以及溯及开征新税都是阻却税法具有溯及力的情形。一方面，溯及时间过长，将波及影响到更为广泛的纳税人群体，给纳税人带来的税法不安定性形象和造成的信赖利益损失也会更加深刻、沉重；另一方面，开征一项新税属于现时阶段的政策决定，其与过去并不存在事件或行为持续性的联系，更是属于对当下纳税人不利的税负加重规定，为保护最基本层面上的纳税人信赖利益与税法安定性价值不受侵犯，禁止税法溯及适用于新设税种应视为底线。

(二) 反面事例的教训启示

然而，现实世界中税法溯及力制度也常常被一些国家用于国家利益博弈中的收入扩张与反避税意图，尤其是涉及非居民个人或企业，将开征新税和反避税行动政治化，不仅违背了税收无差别待遇原则，更破坏了税法溯及力制度的法理要义。比如，"禁止税法溯及开征新税"原则并不是在每一个国家税收立法实践中都被视作一项铁律，法国新开征的数字服务税追溯适用的事例恰恰提供了佐证。2019 年 7 月 11 日，法国参议院通过针对数字经济征税的正式法案，后经总统签署和公开程序后，这一全球首部数字税法正式生效实施。① 因征税对象主要为谷歌、苹果、Facebook、亚马逊等全球著名

---

① 参见孙南翔《全球数字税立法时代是否到来——从法国数字税立法看全球数字经济税制改革》，《经济参考报》2019 年 8 月 7 日第 8 版。

数字服务提供商，又有 GAFA 法案之称。GAFA 法案规定对于在法国营业收入超过 2500 万欧元的数字广告、用户数据销售和中介平台等互联网企业征收 3% 的数字服务税，并且将数字服务税追溯至 2019 年 1 月 1 日起征收，此举一出便引发 Facebook 等公司的质疑和反对，认为新的数字服务税的追溯征收将增加企业的遵从成本以及不利于企业针对开征的新税进行事先的商业计划调整，因而不符合税收公平性的要求。①

大量的税法漏洞给纳税人进行避税筹划提供了可能，为治理日臻严重且复杂的避税乱象，除了立法确立反避税一般条款以及依法适用实质课税原则以外，立法机关或行政部门及时修订税法中的相应条款或发布解释性规范，填补已经发现的法律漏洞，并规定重新修订后的具体条款或出台的税法解释文件具有一定的溯及既往效力，在反避税执法实践中也比较常见。基于反避税目的进行漏洞填补后制定的新条款或解释规定具有溯及效力，反避税目的下的漏洞填补或税法解释被视为税法溯及既往的正当理由之一，且在一些国家反避税行动中有扩张之势，以印度"沃达丰税案"最为典型。印度"沃达丰税案"是一则有关"非居民间接转让境内股权"的反避税经典案例，在经历了长达五年之久的司法争讼期后，2012 年 1 月 20 日印度最高法院最终作出有利于沃达丰的裁决。② 裁判一经作出，2012 年 5 月，印度立法机关修订《1961 所得税法案》，并使该修订案法律效力追溯至 1961 年该法案生效之时，由此通过修法和溯及既往的方式间接推翻了印度最高法院的司法判决，针对于此，沃达丰公司进一步向国际法庭提请仲裁，而在 2017 年印度最高法院裁定，禁止沃达丰就与印度政府的税务争议诉求国际仲裁，印度税务部门也展开了针对沃达丰公司的税款

---

① 参见汪成红《从法国数字经济征税看"法不溯及既往"原则》，《中国税务报》网络版，http://www.ctaxnews.com.cn/2019-09/17/content_954922.html，2019 年 9 月 20 日。

② 参见王宗涛等《印度沃达丰境外间接转让股权案判决书》，载熊伟主编《税法解释与判例评注》，法律出版社 2012 年版，第 176—272 页。

追征行动。① 印度"沃达丰税案"裁判后所进行的旨在修补税法瑕疵和漏洞的修法行为，以及规定新的个税法具备溯及既往效力，本具有税法溯及既往的正当目的支持，但不应追溯适用于本案中的当事人沃达丰公司，因为从逻辑正当性而言，印度司法机关对该案是否适用实质课税原则的判断应当与能否就该案修改法律并有溯及力的判断相同，② 前者已在相关司法判决中被予以否认，这就意味着修订后的法律不能再追溯适用于本案，否则会造成司法裁判结果的不确定性。

三 税法有利溯及既往的中国实践与检讨

与域外国家和地区相比，我国同样遵循法不溯及既往的基本原则，但不同之处大致体现有二。其一，不像法不溯及既往规则在国外不同法域之间表现出严格程度不一的适用状态，我国从立法法层面就对法溯及适用的准则进行了统一规定。在我国在 2000 年制定立法法之时就确立了法律、行政法规、地方性法规、自治条例和单行条例、规章的制定应以"法不溯及既往为原则，有利溯及既往为例外"为适用准则，且在 2015 年立法法修订当中得以继续保留沿用。③ 立法法上关于法律溯及效力的规定也在税收规则制定规范之中得到反映，国家税务总局相继颁布的《税务部门规章制定实施办法》《税收规范性文件制定管理办法》等均明确了"税务规章、税收规范性文件不得溯及既往"的基本原则，同时附加一项例外规定，即"为了更好地保护税务行政相对人权益而作出的特别规定除外"。由此可见，我国从立法法高度就确立了"禁止溯及为原则，有利溯及为例外"的规范适用标准，该项规定已然成为全体法域所必须遵从的立法指导理念，

---

① 参见向崴《印度沃达丰税案烽烟再起》，《中国税务报》2017 年 9 月 12 日。
② 王文婷：《沃达丰税案中的税权配置研究》，《科学经济社会》2017 年第 1 期。
③ 参见《中华人民共和国立法法》（2000 年）第八十四条及《中华人民共和国立法法》（2015 年）第九十三条之规定，"法律、行政法规、地方性法规、自治条例和单行条例、规章不溯及既往，但为了更好地保护公民、法人和其他组织的权利和利益而作的特别规定除外"。

税法领域自在其列。

其二，一些国家和地区并没有将税法溯及既往的前提限定在"有利于纳税人权益"的层面上，而只在溯及适用过程中有所考量，实践中存在着许多事实上不利于纳税人的溯及既往。相比之下，我国针对法律溯及既往这一例外、补充情形设置了"有利溯及既往"要件。税收立法实践中，我国大都也遵从了这一原则，一方面，针对不利于纳税人权益的情形适用禁止溯及既往规定，例如，2010年我国发票管理办法修订中就涉及新旧法中的违法行为处罚衔接适用问题，若新法未规定予以处罚的或处罚力度更强的，应根据"从旧兼从轻原则"进行处理；还例如我国历史上关于利息所得征税政策的历次调整，均延续了不溯及既往征税之做法，但遗憾的是，对于有利于纳税人权益的减征及免征则并未按照"有利溯及"追溯适用，导致我国关于利息所得课税存在着期间差异性。[①] 另一方面，针对有利于纳税人权益的情形根据需要适用允许溯及既往规定，例如在国务院关于暂停清理规范税收优惠的政策文件中就规定，"各地与企业已签订合同中的优惠政策，继续有效；对已兑现的部分，不溯及既往"[②]，还例如国家税务总局有关税务检查中查增的企业应纳税所得

[①] 早在1950年当时的政务院制定《利息所得税暂行条例》，规定存款之利息所得应当缴纳利息所得税，1980年制定的《个人所得税法》将个人在国家银行和信用合作社储蓄存款的利息纳入免征范围，1999年个人所得税法修订时，则将该项条款删除，并另外授权国务院对储蓄存款利息所得征收个人所得税的开征时间和征收办法进行规定，1999年随着《对储蓄存款利息所得征收个人所得税的实施办法》出台，我国由此再次进入对储蓄存款利息所得征税时代，2007年我国对上述办法进行了修订，新办法实施后的利息所得减按5%征收，2008年经国务院批准，财政部、国家税务总局联合下发《关于储蓄存款利息所得有关个人所得税政策的通知》则进一步释放红利，暂免对储蓄存款利息所得征收个人所得税，由此我国重新回到储蓄存款利息所得免征时代。至此，利息税自2008年10月9日起暂免征收，利息税实行分段计算征免，居民储蓄存款在1999年10月31日前孳生的利息，不征收个人所得税；1999年11月1日至2007年8月14日孳生的利息，按照20%的税率征税；2007年8月15日至2008年10月8日孳生的利息，按照5%的税率征税；2008年10月9日起孳生的利息，实行暂免征收个人所得税的规定。

[②] 参见《国务院关于税收等优惠政策相关事项的通知》（国发〔2015〕25号）。

额是否允许用以前年度亏损弥补，也是奉行了有利溯及既往原则。此外，一般奉行"实体法从旧兼从轻，程序法从新"原则，因而，变更后的税收程序规则可以溯及适用，再如为便于税收法律法规的正确实施，一些补充性、解释性规定若不对纳税人权益产生影响，只对税法文本之解释适用具有单纯价值，则允许其溯及既往。

尽管我国在立法法和税收规范制定法中明确了税法有利溯及既往之规定，但这种无差别化地将税收立法与刑事立法、民事立法、行政立法等同置于"法不溯及既往原则为主、例外溯及为辅"的规则约束下，是否真正涵盖了税法溯及既往的所有情形，又是否可能导致对税收等领域立法独特性的规避值得思考。"法不溯及既往为原则、有利溯及既往为例外"的规定确实取得了维护税法安定性、保护纳税人信赖利益以及既得权益的积极作用，但在这一原则性标准之下，仍有以下问题留待解决，即税法一定要有利于纳税人权益才具备溯及既往效力吗？如何判别有利于纳税人权益的之"有利"标准？税法"有利溯及"情形之规范机制如何建立？

1. 有利于纳税人权益溯及既往之内涵解读。国家利益、社会公共利益、关系人利益以及纳税者个人利益共同组成了税法所保护之多元利益范畴，[①] 税法法益系前述利益综合均衡后的结果，并非单纯保护纳税人权益，因而，有利于纳税人权益才可溯及既往之情形可能存在着对其他利益类型之损害，对纳税人个人有益之溯及既往却可能存在不利于国家利益或社会公共利益抑或关系人利益的情形，例如税收优惠政策的溯及既往会带来国家利益的减损，税收处罚政策的不溯及既往会影响社会公共利益。总之，溯及型税法以有利于纳税人权益为基点，同时以牺牲其他利益为代价，但在利益均衡方法论下，不应首先站在纳税人主义的道德高低，而应从利益评价法下着手分情形审视哪一类型的法益保护更为迫切，而非一概而论地将纳税人权益作为唯一保护对象。

---

① 参见陈清秀《利益均衡在税法上之运用》，《东吴法律学报》2009年第3期。

2. 有利于纳税人权益溯及既往之判断标准。纵然依照有利于纳税人权益的溯及既往标准，在实务中也经常面临"有利"标准判断之疑惑。通常认为，"'有利'和'不利'的区别并非法律规范是否赋予权利或施加义务，而是对新旧法律效果的比较"①，若变更后的新法之适用后果更有益于当事人，始具溯及力。然而，在税法当中，既有侵益性规范，亦有授益性规范，因而，税法有利溯及既往应根据规范之侵益性或授益性对"有利"作区别判断，针对侵益性规范，当法的变更缩小了适用范围、减少了适用对象、增加或提高了适用条件、减轻了义务时，新法对纳税人更"有利"，反之则为"不利"，② 授益性规范反之亦然。

3. 有利于纳税人权益溯及既往之规范机制。目前我国立法规则中仅明确了税法溯及既往之启动要件，但对有利于纳税人权益溯及既往实践缺乏应有的内容规范，因而，我国应借鉴域外相关经验教训，建立起溯及型税法之完整规范机制。（1）溯及原因限制。溯及型税法必须以具备正当理由为支撑要件，其中，反避税、税收优惠普及、税法解释与漏洞填补等均可成为溯及既往的目的依据，不可利用溯及既往规定实现政府增加财政收入的目的。（2）溯及期限限制。溯及型税法必须明确规定溯及既往的历史起点，不可无限期追溯，以免造成税法的极度不安定，而且溯及期限的起点设置必须具有合理性和技术性，如追溯期不宜过长，和上位法生效实施日期一致，跟纳税年度挂钩等。（3）溯及适用限制。溯及型税法必须严格依照规定追溯适用，纳税人可对有关税法溯及既往的具体规定或违反溯及既往规则的行政适用情形提起诉讼，司法机关依法展开溯及型税法规范与适用的合法性和正当性审查。

---

① 胡建淼、杨登峰：《有利法律溯及原则及其适用中的若干问题》，《北京大学学报》（哲学社会科学版）2006年第6期。

② 何小王：《税法的溯及既往型情形及其适用》，《求索》2013年第8期。

第三节　税制渐进改革与试验型税法的转型

客观世界的持续流变呼应治理体制的改变革新，在人类漫长的历史长河中，体制改革轮番上演且永不停歇，涉及政治、经济、文化、社会、生态等多元体制面向。财政作为衔接政治、经济与社会等系统的重要环节，[①] 财税体制改革的有力推进直接关系到基于公共财产权控制的程序规范和法治治理，[②] 是古今中外体制改革的主场域。其中，税制改革可谓财税体制改革的"排头兵"。回顾新中国成立特别自改革开放以来，受马克思"实践出真知"的唯物主义价值观影响，我国逐渐走上了一条基于实践理性的渐进式改革路径，税制改革亦是如此，在渐进式税制改革语境下，我国的税收立法也体现出一定范围内的试验性特征，经过纵横维度的广泛授权，横向上大部分税种立法以全国人大授权国务院制定暂行法的形式获得通过，纵向上一些税种改革在中央授权地方先行先试的方式逐步推进。从现实效果来看，这种渐进式税制改革进路与试验型税收法治模式的组合实践的确带给世界一个充满"发展奇迹"和呈现"法制跃迁"的中国，但受到税制改革的递进性、保守性以及政治性等影响，试验型税法也存在着广泛授权下行政主导式立法和地方试点改革的合法性与合理性危机，带来税法的不稳定性和不确定性问题。故而，如何调谐好税收领域中改革与立法的互动关系，达成税法生成的实践理性与形式理性兼容，对指引我国未来税制改革和税收法治方向具有重要意义。

[①] 参见［日］神野直彦《体制改革的政治经济学》，王美平译，社会科学文献出版社2013年版，第10页。

[②] 参见刘剑文《论财税体制改革的正当性——公共财产法语境下的治理逻辑》，《清华法学》2014年第5期。

一　渐进式税制改革的中国模式与法治

世界上绝大多数国家的税制都不是一成不变的，而是会随着国家政治、经济和社会环境的变迁做出相应调整，几乎每一天世界上都在发生规模或大或小的税制改革。在现代国家的法治模式下，这些经政治程序启动的税制改革运动，一方面须在既定法律规则下合法推进改革计划，另一方面也要以税收立法之立、改、废的形式完成改革结果的规则化。不同国家和地区面对不同情形会采取差别化的税制改革策略，或是渐进式税改方案，或是一揽子税改计划，二者各有优劣。改革开放后的中国选择了一条渐进式体制改革进路，税制改革在此模式下不断创新、逐步深化，确立起一条具有中国特色的社会主义税收制度，并以渐进式税制改革中的实践反思、经验累积与制度创新等，推动了税收法治建设在实践理性基础上缓步向前。

（一）渐进式税制改革的中国模式

改革开放至今，中国的成功归结于"对内改革、对外开放"政策的正确实施，其中，在对内改革上采取"摸着石头过河"与"顶层机制设计"辩证统一的渐进式推动、螺旋式上升的策略。[①] 在实践中摸索前进，成为历届中国领导层的共识，特别自党的十一届三中全会上重新确立起"实践即检验真理的唯一标准"之后，坚持顶层设计与底层执行互动统一的渐进式改革思路达成一致并得以延续。正是在此改革方法论作用下，中国能够在把握全局、整合资源的基础上，以试错、容错的态度不断从实践中总结经验、吸取教训，实现制度创设与本土资源的有机结合，完成世界现代文明发展史上的一次次令人惊叹的中国式"弯道超越"。

近四十年的税制改革正是在此现实语境下展开的，其中，既有决策层的顶层设计，如党的十八大以来，中央发布了一系列有关财

[①] 参见胡鞍钢《顶层设计与"摸着石头过河"》，《人民论坛》2012年第9期。

税改革和财税法治的政策文件,① 从顶层体制设计上为税制改革描绘蓝图,也有执行层的实践反馈,一些税制改革以地方试点模式推进,待实践成熟之后形成制度经验在全国逐步推广开来。环伺世界,各个国家和地区税制改革大体采行一揽子计划或渐进式思路,两种税制改革进路各有优劣,一方面,渐进式的改革往往只需要税务部门细微的变动,也很容易被其管理和控制,有助于人们接受税制改革方案,但渐进式改革通常拖得时间太久,也经常没有明确的目标从而失去作用且缺乏连续性;另一方面,"无所不包"的一揽子的改革方法则需要向未知领域的飞跃,可能需要额外的管理措施并承担更大的政治风险,但其提供了大幅度变动的机遇,可以尽早地改进现行税制。② 尽管我国的税制改革更多呈现出渐进式思路,但其中也不乏一揽子税制改革计划,以1994年的分税制改革为代表。我国现行税制结构、财力分配、税收征管等模式形成源自于分税制改革,尽管分税制改革产生了诸多后遗症,但不容否认其在中国社会主义市场经济体制确立和完善的道路上所具有的里程碑意义,也是改革开放以来我国规模最大的一揽子税改方案。1993年国务院印发《关于实行分税制财政管理体制的决定》,自此围绕分税制开启了我国的一揽子财税体制改革行动,也奠定了中国迄今为止的财权集中体制,但却未能厘清政府间的事权与支出责任划分问题,导致"财权上收、事权下移"下的地方财力困顿现状。为进一步解决分税制改革之遗留问题,我国现阶段新一轮财税体制改革的一揽子计划集中于财政支出维度上的事权与支出责任划分改革,2016年国务院发布《关于推进中央与地方财政事权和支出责任划分改革的指导意见》,此后,相继发布基本公共服务、医疗卫生、科技、教育、交通运输等领域事权与支出责任划分具体实施方案。

---

① 参见刘剑文《财税改革的政策演进及其内含之财税法理论——基于党的十八大以来中央重要政策文件的分析》,《法学杂志》2016年第7期。

② [英]锡德里克·桑福德:《成功税制改革的经验与问题第1卷:成功的税制改革》,张文春、匡小平译,中国人民大学出版社2001年版,第225—227页。

当然，财税体制改革的一揽子计划在我国毕竟属于顶层设计上的少数，更多的是在顶层设计之下的渐进式改革路径。以税制改革为例，渐进式改革特征主要集中体现在以下方面：（1）税制改革的试行模式。针对一些涉及税收制度创新方面的改革或立法，中央会以试行的方式先期推出，留待后续实践过程中不断完善。如增值税期末留抵税额退税制度的试行、纳税信用管理制度的试行等。（2）税制改革的试点模式。针对一些税制改革关系到全局税负稳定或地方创新发展，中央或地方会授权局部先行试点的方式开展试验，最后根据试验结果形成统一改革共识或创新改革举措，以防范激进式改革对全局稳定形势或现有征管秩序的不利冲击，包括税种新设、改良或转型，税收征管模式改进等均有采取试点模式之先例。其一，在税种新设、改良或转型方面，例如，拟新设的房地产税目前正是通过上海、重庆的房产税试点改革先行积累经验、总结教训，正在开展的水资源税改革等也是以试点模式推行，在已完成的全面营改增改革中就是由局部试点到试点拓展最后到全面转型的过程。[1] 其二，在税收征管模式改进方面，例如优化税收营商环境的试点改革、国家自主创新示范区税收政策的试点改革、创业投资企业和天使投资个人有关税收政策的试点改革、个人税收递延型商业养老保险的试点改革等。[2]（3）税制改革

---

[1] 参见《上海市开展对部分个人住房征收房产税试点的暂行办法》《重庆市关于开展对部分个人住房征收房产税改革试点的暂行办法》《水资源税改革试点暂行办法》《扩大水资源税改革试点实施办法》《关于在北京等8省市开展交通运输业和部分现代服务业营业税改征增值税试点的通知》《国家税务总局关于在全国开展营业税改征增值税试点有关征收管理问题的公告》《营业税改征增值税试点实施办法》等文件。

[2] 参见《国家税务总局关于贯彻落实全国深化"放管服"改革转变政府职能电视电话会议精神优化税收营商环境有关事项的通知》《财政部、国家税务总局关于将国家自主创新示范区有关税收试点政策推广到全国范围实施的通知》《财政部、税务总局关于创业投资企业和天使投资个人有关税收政策的通知》《财政部、税务总局、人力资源社会保障部、中国银行保险监督管理委员会、证监会关于开展个人税收递延型商业养老保险试点的通知》。

的过渡模式。考虑到改革的平稳过渡和政策的有序衔接，一些税制改革会有政策过渡之规定，如营改增试点改革中的税收政策、收入划分之过渡规定等。① 试行方法为国家统一推进某一制度创新或改革方案提供了先行立法的机会，考虑到该类改革的创新性和立法的初涉性，可能存在立法者未能周全考虑之处，以试行立法的方式可为改革的稳序推进奠定规范基础；试点模式为中央先在地方开展试点改革，鼓励地方创新，防范全局性改革风险，最后达成统一制度设计共识提供保障；过渡规定是针对一些重大性、风险性、全局性改革举措设置与原有政策相衔接过渡的方法，也是确保改革渐进式、平稳性推进的手段。

（二）渐进式税制改革的法治形态

在我国各项体制改革进程中，试行、试点以及过渡等政策性实施方式经常出现，不仅形成了我国独特的渐进式改革进路，而且也促成了我国独有的试验型法治样态，亦有学者将其称为独特的中国式"摸着石头过河"的立法思维。② 试验或实验主义法治倡导实践、实证、实验的科学方法，③ 注重法治规范与社会实践之间的耦合对接与平稳规制，体现为立法的保守性、实践性与平稳性，以现实中大量存在的暂行法、试验法以及过渡法等为标志，尤其在经济体制改革领域，以"暂行""试行"命名规范文件的暂行法立法比比皆是，④ 与此同

---

① 参见《营业税改征增值税试点过渡政策的规定》《国务院关于印发全面推开营改增试点后 调整中央与地方增值税收入划分过渡方案的通知》。

② 所谓"摸着石头过河"立法是指立法机关针对某些社会关系，在拟定法律条款时，先考虑几个最主要的方面与预估的后果，只提出简略的立法目标与行为模式，其他的则交由实施性立法或法律执行环节去自动调节，此后，再不断地积累经验、总结教训，逐步完善法律规定的内容与形式。参见刘风景《"摸着石头过河"立法的价值重估》，《北京联合大学学报》（人文社会科学版）2016 年第 3 期。

③ 参见钱弘道、杜维超《论实验主义法治——中国法治实践学派的一种方法论进路》，《浙江大学学报》（人文社会科学版）2015 年第 6 期。

④ 参见靳海婷《新中国 70 年暂行法立法的回顾与前瞻》，《河北法学》2019 年第 12 期。

时,"允许地方先行先试"的法律发展模式也时常可见,① 法律文本中也经常设置"过渡条款"。这种试验主义法治模式既有一定现实意义,同时也不乏隐藏着诸多风险。一方面,该种法治形态具有法治运行科学化、法治资源本土化、法治秩序平稳化的积极意义;另一方面,也会带来法治权威的虚无主义、法治推进的保守主义、法治规范的工具主义等问题。

具体到我国渐进式的税制改革进程中,试验型税收法治逻辑主线十分明显,具体来看,主要体现在以下方面:(1) 普遍的税收暂行立法现象。相较于其他领域立法,我国在税收领域立法上更多采用暂行立法方式,各类层级的税法规范中均可以找到带有"暂行""试行"等字眼的事例,特别是受历史上两次宽泛授权的作用,我国在下达全面落实税收法定原则之前,仅有三部税种法和一部税收征管法以正式法的形式而存在,其余税种均由行政机关以制定暂行条例的形式获得通过,税收领域中税种实体法方面突出的暂行立法现象一直遭受着税收法定主义主流理论支持者的驳斥。基于此,时下正加快推进的落实税收法定任务之核心就在于——在税种实体法立法层面,废止基于概括授权下的暂行立法的原有做法,转变为经人大制定正式法的运作范式,但由国务院或国家税务总局发布的税收条例或规章办法仍然大量采用试行立法的方式。(2) 数量较多的法条授权规定。虽然我国正积极推进各税种立法由暂行条例升格为税收法律,但目前的落实税收法定原则更多是一种形式层面的实践,未能深入贯彻实质税收法定主义,这主要体现在几乎所有税种法律中都分布有横向行政性授权立法条款,这些授权规定本质上也是交由实施性规定予以补充或留待实践验证发展。(3) 部分税收立法的地方先行试点模式。基于改革与法治的协同关系,一些采取地方先行试点的税制改革举措最终落实到地方的试验立法层面上来,例如,

---

① 参见程雪阳《从试点到立法的中国改革逻辑》,《社会科学报》2015 年 4 月 2 日第 3 版。

沪渝两地均制定了本地区房产税试点改革方案的相关地方性法规，其他的一些地方试点改革也有相应的地方性规范文件作为支撑。(4) 法令政策修订中的过渡性规定。当涉及税制改革的法令政策修订时，必然涉及新旧规范转换期内的过渡问题，为明确规范适用依据、保护既得权益以及实现新旧法的平稳过渡，一些法令政策中会设置专门的过渡条款①或出台过渡政策。过渡性规定在税收法律法规和政策文本中的设置，表明渐进式改革与试验型税法对于改革变动性与法律稳定性之协调技术，经过一定期间的过渡有助于新法适用的推广普及、个体权益的适当延续、法治秩序的稳序转换。

综上所述，在渐进式税制改革逻辑下，我国税法呈现出试验型特质，其导向结果就是"稳中求变"的税收法治思维，一方面，"稳"是体制变革的基本底线，要确保税制改革、税法变革和秩序调整的大体平稳，以渐进式改革方式和试验性立法策略脚踏实地、逐步深入、稳步前进地完成各项变革任务；另一方面，"变"是体制变革的实质要求，改革的精髓就在于勇于突破和大胆创新，而变革必须遵循事物发展之特定规律，也必须以法治作为变革正当性的"压舱石"。为此，近年来我国的税制变革相对密集，税收法治建设也日臻完善，"以经验为基础、以试验为路径"是我国近四十年来税收立法之基本特征，② 通过中央统筹部署的暂行立法和地方先行先试的试点立法，分别从顶层设计创新和地方实践创新之方向，为税法发展提供了丰富的实践经验基础，从这些经验当中可以提炼和创设出更多的税收规则。不过，"稳中求变"的试验型税法模式也引发了诸多问题，一个是基于"保稳定"的底线法治思维，会出现税收立法的保守主义倾向，体现在立法体制的延续性，以我国现已完成税收法定任务的税种立法来看，继续承受"立法宜粗不宜细"理念影响，

---

① 参见汪全胜《论法律文本中"过渡条款"的规范化设置》，《法商研究》2013年第4期。

② 参见杨登峰《我国试验立法的本位回归——以试行法和暂行法为考察对象》，《法商研究》2017年第6期。

法条数量仍然十分有限，模糊性税法表述普遍存在，横向授权规定广泛可见，行政主导式税收立法格局仍旧突出，人大主导税收立法的质量未见明显提升；另一个是基于"敢创新"的发展法治思维，也会出现税制改革的激进主义特征，体现在税制改革脱离税收法治轨道的情形时有发生，改革与立法之间的关系未能理顺。

二 试验型税收法治的运行样态与反思

经过以上论述可知，渐进式改革与试验性法治构成了我国税制改革与税收法治之逻辑谱系，其利弊同构的特征显著，基于此，以下笔者将立足于改革与立法之关系视角，以我国近年来比较重大的税制改革和税收立法为观察样本，剖析和反思试验型税收法治之运行样态，进而除弊兴利，妥善处理好税制改革与税收立法之间的关系问题。

（一）税收暂行法立法的认识

伴随着近年来全国人大加快推进各税种立法工作，距离我国设想在2020年完成全部税种税收法定目标近在咫尺，可以预见，在税收法定主义浸润到中国税收法治土壤之当下及未来，已设立或计划设立的税种在法律层级上将完全告别"暂行立法"时代，"一税一法"将成税收立法的基本形式，税种设立必须由全国人大常委会以制定法律的形式获得通过，禁止授权国务院制定暂行条例，同时，人大必须以正式法的形式制定税种法律，以彰显法律的权威性和确定性，立法实践中我国也尚未有一部名称中带有"暂行"或"试行"二字的法律。

然而，尽管在税种成立维度上摆脱了暂行立法模式，但我国在行政性税收立法层面仍有大量法规政策文本以"暂行"或"试行"的方式先行制定，根据笔者在北大法宝数据库上查找，标题中含有"暂行"的现行有效税收法律法规及政策文件达到了166件（失效144件），其中，部门规章和行政法规层面使用较为频繁，分别达到了279件和70件，而标题中含有"试行"的规范性文件数量也很可观,现行有效的达到141件（失效70件），同样集中于部门规章层面（209件），甚至20世纪80年代还在资源税、增值税、盐税、国营企业所得税、产品税等税种立法上集中出现了以"草案"命名税收规范性文件的情形。税收暂行立法模式虽然发挥着过渡性、探索性、试验性的积极作用，但面临着立法依据和理由、时间效力规范的不确定性等问题，[①] 此外，也导致了财税部门面对规范遗漏情形时经常发布"补充通知"和"补充规定"，助长了"补丁法"之形成与发展，使得税收法规政策不断地处于不可预测性的变动当中，反映了税收立法领域中"头痛医头、脚痛医脚"的现象。[②] 因而，在我国税收法治建设相对滞后的现实情境下，暂行立法模式仍在税收行政立法层面发挥着重要意义，但也隐藏着与税收法治理念相背离的种种危险，如何规范税收暂行立法模式，使其运行在合法性轨道上，是试验型税收法治必须解决的第一课题。

（二）税收法条授权立法的分析

"广授权"是我国试验型税收法治的另一大突出特点，在落实税收法定原则之前，我国的税收授权立法问题颇多，概括性授权、授权立法的转授权化、经授权的立法与上位法相冲突、重复立法等违法乱象广泛存在，授权立法显示出不明确性、不规范性。在践行税收法定原则的过程中，大体可以归纳出以下特点：（1）概括性授权立法走向衰亡。历史上我国有过两次税收授权立法，即1984年和1985年授权决定，前一授权决定已于2009年被全国人大常委会废止，而后者现行仍然有效，不过根据全国人大关于《贯彻落实税收法定原则的实施意见》的安排，随着我国全面落实税收法定任务按计划推进并最终完成，现行仍然生效的1985年授权决定也将寿终正寝。实际上，该授权决定之继续有效只不过起到支撑未完成税收法

[①] 参见胡弘弘、靳海婷《我国暂行法的立法学考察：主体、程序、时效》，《法学论坛》2009年第3期。

[②] 参见李刚《现代税法学要论》，厦门大学出版社2014年版，第137页。

定的税种暂行立法做法之价值，对于未来的税种立法已不再发挥作用。（2）法条式授权立法趁势而兴。尽管基于"一事一授权"的明确性授权原则，我国不再采纳概括性税收授权立法之做法，但考虑到人大立法内容的有限性与税法规制范畴的丰富性之间的矛盾，以及税法回应社会现实变化、税法科学发展之需要，授权立法仍有存续的现实意义，为此，在税种法律文本中采取法条式授权立法技术，既解决了概括性授权立法的授权不明问题，也迎合了税收授权立法的现实之需。从立法实践来看，我国已完成税收法定或正在进行税收法定或尚未实施税收法定的各税种立法文本当中包含着大量的纵横授权条款，涵盖除烟叶税法以外的全部税种立法。从概括性授权到法条式授权，标志着我国税收授权立法取得了一大进步，但数量较多、规范有限的法条式授权立法仍然有违税收法定主义之中心思想——税收立法的议会主导制，大量的授权立法规定造成行政主导型税收立法格局继续得以延续，其中也不乏许多针对核心课税要素确定和调整的授权规定，同时，授权条款中缺乏实在有力的控权机制，容易诱发行政恣意风险。

我国税法规范中授权立法条款可谓俯拾即是，而且在立法技术范式上也是杂乱多样。具体从税收授权立法的纵横维度分析来看：

（1）纵向上的税收授权立法相较于横向维度数量少，授权范围有限，主要限定在个别课税要素的地区差别化设置、税收减免、税基扩增、税收程序要素确定等方面，授权的对象和要求也趋向一致，在全面落实税收法定任务启动之前已完成税收法定的税种立法（如车船税法）或尚未开展税收法定的税种立法（主要为房产税、契税）中授权省级政府行使地方税收立法权，其中，契税的具体适用税率的地方立法确定还要报财政部和国家税务总局备案，全面税收法定实施之后的税种立法则统一采取"省级政府提出，同级人大常委会决定，并报全国人大常委会和国务院备案"的法条授权规定模式。因而，可以预见，随着全面税收法定的完成，纵向上的税收授权立法将以上述规范模式为标杆而趋向统一。

（2）横向上的税收授权立法不仅数量多，授权范围广泛，分布在个别课税要素的调整、税收征管的补充规定、税收征收政策调整、税收减免、试点改革、部分兜底条款之授权等，覆盖面广泛，而且其中许多都涉及课税要素的动态调整权、补充规定权等，同时，从授权对象和备案审查要求来看，十分混乱，在一些税种立法的征求意见稿中还可以看到授权规定前后不一致的情形［如《增值税法（征求意见稿）》第十一、十二条的拟制条款之兜底规定授权给了国务院财政、税务部门，而第二十一条有关留抵退税的具体办法却授权给了国务院］，这种转授权现象在各税种立法中经常可见，而且有的有向全国人大常委会备案的要求，有的却没有，这不仅体现在不同税种的税法文本中，甚至在一部税法中就存在这种现象（如《企业所得税法》第七、二十、三十六条之规定）。此外，一些法条授权还存在着"打包授权"的嫌疑，如《消费税法（征求意见稿）》第二十条有关消费税试点改革的授权规定，① 众所周知，税制改革试点方案的内容包含众多，正如该条文中所指出，消费税的税目、税率和征收等均在内，而这些很多都是消费税的重要课税要素，以简单的一条试点改革授权条款进行概括性授权，不免有违授权明确性原则，尽管其中大致罗列了几项授权立法事项，但所罗列的事项本身也应属于法律绝对保留范围，不容授权给行政机关确定。

（三）税收立法试点模式的解析

机遇与风险始终贯穿于改革事业全过程，特别对于我国这样一个大国而言，防范改革的全局性风险显得尤为重要，因而，现实中为实现一些涉及全局性风险的税制改革渐进深入、平稳安全地推进，中央会通过先期选择地方进行试点改革，后期根据试点地方的试验情况，归纳经验、总结教训，设计出更为细致周全的全局性改革方

---

① 参见《中华人民共和国消费税法（征求意见稿）》第二十条："国务院可以实施消费税改革试点，调整消费税的税目、税率和征收环节，试点方案报全国人民代表大会常务委员会备案"。

案，进而在全国范围内逐步推行。近年来，我国在营业税改征增值税改革、房产税改革、水资源税改革方面采取地方试点改革和立法的方式，消费税的试点改革也将接踵而至，这其中取得了一定的成就，也存在着诸多问题，现就我国税制改革与税收立法的试点模式运行过程中存在的问题一一阐明。

（1）税改试点方案的授权立法问题。税制改革试点之决定必须由中央授权地方依法进行，这就必然涉及税改试点方案的授权立法，但从我国已经发布的几次税改试点决定中看到，违反授权立法原理的事例不在少数。其中，引发社会强烈异议的就是2011年底国务院同意在部分城市进行个人住房征收房产税的改革试点，一些学者就指出该试点改革授权决定违背了禁止转授权原则，沪渝两地的房产税地方试点立法也与上位法相冲突。[①] 其他几项税改试点方案中也存在着实质转授权问题，如营改增试点方案由财税部门报经国务院批准后决定，相关税种法律法规中也并无针对税改试点措施的专门授权条款。鉴于上述税改试点过程中的转授权立法问题，资源税、消费税立法中试图对此予以回应，[②] 在税种法上设置专门授权条款，将税改试点方案的立法权授权给国务院，不再转授权给财税部门，授权国务院可开展水资源税试点征收、消费税试点改革，而且，国务院还必须向全国人大常委会履行法规备案程序和试点情况报告义务。但在实际运行中，具体试点方案的发文主体仍为财税部门，尽管其中"经国务院批准""根据党中央、国务院决策部署"等字样，但毕竟授权立法主体在形式上存在混淆情况，存在假性或实质转授权立法之潜在危险。此外，税改试点立法之授权范围内容宽泛，如果不能明确界定其范围，势必发生概括性授权，同时税改试点立法中一些关乎核心课税要素确定和调整，如果允许授权，则难免与税收

[①] 参见熊伟等《关于提请对房产税改革试点进行合法性审查的建议》，载熊伟《税法解释与判例评注》（第二卷），法律出版社2011年版，第20—27页。

[②] 参见《中华人民共和国资源税法》第十四条、《中华人民共和国消费税法（征求意见稿）》第二十条。

法定主义旨意径向背离。

（2）税改试点方案的政策推进问题。在概括式授权立法和转授权立法作用下，我国的税制试点改革方案均是由财税部门发文实施，房产税、营改增、水资源税等试点改革决定以财税部门发布红头文件的方式作出，同时，具体地方的试点立法也是由地方行政机关负责制定，例如沪渝两地的房产税、河北省水资源税试点征收改革的地方立法由本地人民政府制定通过，因而在试点税改的决定和实施方面均表现出浓郁的政策主导性。① 这种政策主导型试点税改逻辑虽然给中央和地方较为宽阔的改革空间，但因税制改革中大都涉及课税要素调整等关系纳税人切身利益的要害，如房产税试点改革决定对个人房产征税，无形中就扩增了现行房产税的课税对象范围。基于税收法定主义之课税要素法定要求，税制改革中涉及核心课税要素调整的立法事项应属于人大立法保留事项，不宜授权给行政机关行使，更不能简单地通过财税部门发文形式决定，至于纵向上可根据试点改革的授权需要，授权地方人大常委会进行相关税改的试点立法。

（3）税改试点方案的人大审查问题。房产税试点征收改革引发的合法性危机，让立法者在资源税立法过程中面临水资源税试点征收改革的授权立法时，以设置国务院向全国人大常委会履行"试点情形报告义务"和"法律修改建议义务"的方式，规定人大审查监督职权，试图解决人大在试点税改中的缺位问题。从《资源税》第十四条来看，共包括四项条款，立法目的分别为三个层次，即水资源税的"试点改革之横向授权立法""试点改革之纵向授权立法""试点改革之人大审查备案"，其中在人大审查备案方面，不同于税收优惠、个别课税要素调整、税收征管补充规定等横向授权立法事

---

① 参见冯铁拴《税制试点改革的法治危机及其应对——兼议资源税试点改革》，载岳彩申、盛学军《经济法论坛》（第 21 卷），法律出版社 2018 年版，第 182—193 页。

项中人大只能通过备案行使税收规范性文件审查权，水资源税试点改革不仅同样包括对相关实施办法的文本审查，还包括对试点改革实施的行为审查。至于全国人大常委会对国务院推进水资源税试点改革实施情况的行为审查机制，该条文给出了三项要件，即"五年的期限限制""试点情况报告义务""提出修法建议义务"。尽管该条款设置在填补税制试点改革中人大角色缺失方面具有进步意义，但人大能否起到有效的实质审查监督作用尚且存疑，主要是全国人大常委会对国务院主导下的试点税改行为审查的定位不清、内容不明和监督不力，报告义务到底可不可以视为审查权之体现，试点情形的报告到底包括哪些方面，如果试点税改过程中发生了违反上位法或宪法旨意的情形，全国人大常委会可否中途主动介入，实施合法性或合宪性审查，如果国务院或地方政府的税改试点方案制定或实施存在违法违宪问题，全国人大常委会又如何进行补救等。以上问题均是现行水资源税税改试点方案的人大审查模式所存在的种种问题，而且最为重要的待解问题还是如何解决税制改革试点立法中的试验性税收法治实践与税收法定主义理念之间的张力。

（四）税法过渡性规定的考量

渐进式税制改革和试验型税收法治模式下，新旧税制和税法转换必须解决好平稳过渡问题，为此，针对一些重大性税制改革或税收立法，修改后的税法中会专门设有过渡性条款，如现行企业所得税法第五十七条就规定在法律公布前已经享受低税率优惠的企业在五年内逐步过渡到本法适用税率，或出台专门的过渡政策，如营改增试点过渡政策、营改增试点后中央与地方增值税收入划分过渡方案、个人所得税改革过渡期政策等。过渡性规定主要目的在于确保税制改革或税收立法的平稳推进和实施，一是在税制改革方面，一些涉及改革过程中重要事项决策的妥善慎重处理，例如，针对营改增试点后央地增值税收入五五划分比例的过渡方案，看似是彼时弥补地方因主体税种收入消失的挽救方案，但实质上也揭示了"两个积极性"的财力分配原则框架,① 因而,过渡期结束后,我国根据保持财力划分格局总体稳定原则,决定延续对半划分比例,② 过渡政策正式转为正式政策;二是在税收立法方面,基于对纳税人在先信赖利益的保护,会对享受原先法律或政策之既定优惠的纳税人延后适用新法,另外,当新法制定通过距正式生效实施的期间较短,税务执法部门实施新税法的各项准备还不充分,此时,过渡性规定有帮助税务机关尽早适应或延缓适用部分新的税法规范,例如,新的个人所得税法于2018年8月31日公布,个人所得税法实施条例于2018年12月18日公布,均自2019年1月1日起生效实施,留给新税法的实施准备期间尤为短暂,为此,全国人大关于修法的决定中又特别注明,自2018年10月1日至2018年12月31日,纳税人的工资、薪金所得,个体工商户的生产、经营所得,对企事业单位的承包经营、承租经营所得,可按照要求先行适用新法,对此,财税部门也专门发文进行了规范。③ 综上可知,过渡性规定大体有暂时确定方针、保护既得利益和助力新法实施等作用。

三 税收改革和立法的关系校正与调和

改革与立法相辅相成,互相配合,但二者之间始终存在着探索性与稳定性的价值冲突,④ 形成了发展型法治与稳定型法治之对立。中国自实施改革开放政策以来,一直沿循渐进式体制改革方向,稳步纵深地推进国家各项体制的改革事宜。具体到税制改革领域,从税制改革的目标设置来看,总体趋向为逐步提升税制结构与市场经

---

① 参见黄家强《两个积极性:全面营改增中央地收入划分的法学视角》,《财政监督》2016年第18期。

② 参见《国务院关于印发实施更大规模减税降费后调整中央与地方收入划分改革推进方案的通知》。

③ 参见《全国人大常委关于修改〈中华人民共和国个人所得税法〉的决定》《财政部、税务总局关于2018年第四季度个人所得税减除费用和税率适用问题的通知》。

④ 参见孙佑海《论改革与立法》,《中国法学》1990年第2期。

济体制和国家治理现代化的适应性，以保证税制设计与本国国情与世界潮流的现代化接轨；从税制改革的实施路径来看，渐进式改革方式和法治化改革思维在税制改革进程中不断被加深运用，这使得我国在确立和完善与本国特色社会主义市场经济体制相适应的税收制度和税法体系上既大胆创新，又坚守底线，实现了历次国家转型发展阶段内基本税制的平稳过渡与适时更新。

然而，从总体上看，一直以来，由于过分注重税制改革的经济社会刺激效应，顶层设计者多将目光聚焦于税制设计过程中的经验积累和教训总结，未能将税制改革运行中的实践产出有效转化为立法形式的理性基础，而且为了不对税制改革中的权力实施过多增添合法性要件考量，税收立法只是部分少量地吸取税制改革的成熟经验，大部分还是授权行政部门灵活规定。同时，在渐进式税制改革进路上，税收立法与税制改革结伴而行，改革的易变性导致税法总是需要相应地做出调整，尽管这种牺牲是必要的，不可避免的，但基本税制结构、主要课税要素、具体征管方法的经常性改革调整使得税法必须及时跟进修改，有时为了改革的尽早实施，出现"良性违宪"或"良性违法"的情形，这无疑给纳税人的私人财产权带来了很大的不确定性。在当下深入税制改革期和全面税收法定期，我国的税制改革仍在路上，税法修改也进入了高频阶段，根据不同税种的改革力度和策略不尽相同，税法修改的幅度、时机等也各有差异，针对这一现实情况，如何在厘清改革与立法关系的基础上，为调和二者之间的良性互动关系设计出好的方案，实是我国当下及未来解决税制改革期内税法稳定性与适应性之间矛盾对立的方向所在。

（一）关系校正：税制改革与税收立法的协同平衡

从税制改革与税收立法之间的关系层面，二者既彼此内在冲突，又互为条件，[①] 频繁的、大幅度的税制改革会增加税法变动的频率和

[①] 参见刘松山《当代中国处理立法与改革关系的策略》，《法学》2014年第1期。

幅度，税法之安定性要求与改革之变化性特质天然地抵触，与此同时，税制改革既是世界潮流所向，也是事物发展之客观趋势，以发展眼光看待税制改革，具有超越现实、塑造未来之价值，在此情形下，税收立法既为税制改革提供确定性的规则保障和正当性的行动准则，也受益于税制改革促使其不断与时俱进。鉴于税制改革与税收立法之间的辩证关系，应当坚持二者的协同并进，且在税法的安定性与税改的适应性之间取得恰当平衡。

根据我国渐进式税制改革的推进主体来看，主要分为"自上而下"的中央统筹式改革进路和"自下而上"的地方试点性改革进路，通常属于税制内部要素调整或规范形式变化的一般税制改革领域，会采取前一方式；关系社会公共利益、对社会产生重大影响或属于制度创新的关键税制改革领域会借由地方先行先试，后逐渐形成中央统一决策的渐进思路展开。即二者分别为税制改革和税收法定中的"税制平移类改革"和"税制试点型改革"，共同保证税制改革以一种相对稳定、缓步的姿态向前迈进。对此，无论是哪一种类型的税制改革，都必须注重与税收立法的协同并进和价值平衡，不应苛求如期完成税收法定的政治诺言，更应以税制改革的成熟实践和税收立法的优品提质为核心追求，坚持在现有税法框架下开展税制改革，若现行立法不能满足改革需要，可先通过修订税法再实施改革，"改革必须做到于法有据"，立法是改革必须遵循的前提，不可颠倒顺序，改革不能穿破立法规定而推行，否则将因失于合法性而不具正当性。鉴于此，一方面，与"税制平移类改革"相关的税种立法如烟叶税、船舶吨税、耕地占用税等要在平移立法、条例升格为法律的形式税收法定基础上，更加注重税法建设，切实提升立法质量，不能简单地搞"立法翻牌"，[①] 不仅要在形式上达到全部税种立法权回归人大，更要实现人大立法质量迈向新台阶；另一方

[①] 参见张守文《税制改革与税收立法的完善——以烟叶税为例》，《法学杂志》2018年第2期。

面，与"税制试点型改革"相关的税种立法如增值税、消费税、资源税等，应根据税制试点改革灵活性的需要，设置相应的授权条款，实现试点改革有明确的授权立法根据，确立人大对试点改革的备案审查和合宪审查机制，突出人大主导税收试点立法的地位。

(二) 关系调和：税制改革与税收立法的良性互动

任何改革都不能脱离法治轨道，立法是改革的先决要件和实施路径，解决立法与改革之间的冲突，协调二者之间的关系必须依法进行，遵循"重大改革必须于法有据"的逻辑和"中小改革以不违反宪法和法律为底线"的原则。[①] 从试验型税收法治的暂行立法、授权立法、试点立法、过渡立法等维度出发，塑造税制改革与税收立法的良性互动关系，必须坚持法治思维和方法，确保实现税制改革的最大成效和维护税收法治的稳定规范。

第一，税收暂行立法的规范制定和转正机制。税收领域暂行法立法模式的在我国的广泛运用有利有弊，因而，需要辩证地看待税收领域的暂行立法问题，其是当前税收法治建设高峰期实现理性立法的必然选择，但暂行立法模式确实对税法稳定性和权威性造成了危害。为此，应建立起规范性的税收暂行立法机制，包括统一税收暂行法的名称使用，确定税收暂行法的生效时点和暂行期限，明确有权制定税收暂行法的主体和权限，一般只能在中央或地方政府及其所属部门层面才能制定暂行法，涉及课税要素实体规定或税收征管程序规定的事项不宜制定暂行法，已有正式法规定的不宜再制定暂行法，属于创新的税收行政管理制度规范可先期采用暂行法立法方式。此外，也要建立暂行法立法的评估与转正机制，经过暂行期限内的法律实施成效评估，可在进一步修改完善的基础上制定正式税法规范。

第二，税收授权立法的数量缩减和质量改进。减少并规范税收

[①] 参见张学博《改革与立法关系研究：从税制改革切入》，中国社会科学出版社2017年版，第76—81页。

授权立法是践行税收实质法定，真正转向人大主导型税收立法的题中应有之义。为此，我国应在现行立法法关于税收法定的规定中，真正贯彻课税要素法定的要求，并加入其他核心课税要素交由人大立法保留（如纳税主体、应税客体、计税依据、税基、纳税地点、纳税期限等），仅保留税收优惠的横向授权立法，可通过核心课税要素的幅度设置等技术手段，授权地方一定程度的自主立法权。此外，要建立起"主体对称"和"向上负责"的备案审查和主动审查机制，真正发挥人大的立法监督作用。

第三，税收试点立法与过渡立法的合法推进。一是在试点立法方面，要注意税收试点立法的合法性、合理性、公平性和效率性等问题，[①] 注重地方试验治理与中央统筹决策的有序衔接，规范税制试点改革的授权立法、具体实施，突出人大审查税制试点方案的功能；二是在过渡立法方面，要明确税法的过渡期，限制过渡立法的使用，新修订的税法通过日期与正式生效实施日期应有一定距离，以留给各方充足时间做好新旧税法转换适用的各项准备等。

---

① 参见张守文《我国税收立法的"试点模式"——以增值税立法"试点"为例》，《法学》2013 年第 4 期。

第 四 章

税法不确定性的观察与省思

"规范的法律有效性的意思是，两个东西在同时得到保障：一方面是行为的合法律性……另一方面是规则本身的合法性"①。从这一层面而言，税法确定性涵盖文本规范和行为规范两方面的确定性要义。但现实往往相反，不确定性的税法概念、税法规则如影随形，"每部制定法都是'有漏洞的'：它并非十分严格地对生活事实加以调整，因而留有延展的余地"②。与此同时，在税法适用过程中，课税事实、推导解释和税收行为的不确定性，也使得税法运行结果时常偏离预期轨道，导致税收不确定性问题。鉴于此，本部分从法教义学维度，通过案例和实证研究方法，观省税法规范和适用中的不确定性问题，旨在宏观理论建构之外开展微观具体问题的分析和解决研究工作。

第一节 不确定性税法概念的解释具化

概念是组成税法规范的最小细胞因子，税法中的法条是由不同

---

① ［德］哈贝马斯：《在事实与规范之间：关于法律和民主法治国的商谈理论》，童世骏译，生活·读书·新知三联书店2003年版，第37—38页。
② ［德］阿图尔·考夫曼：《法律获取的程序——一种理性分析》，雷磊译，中国政法大学出版社2015年版，第17页。

类型的概念所构成,一些重要性概念的含义明确与范围厘定对于规范该法条之正确适用起到关键作用,因而,税法规范的不确定性最先表现为税法概念的不确定性,也经常是税法适用过程中的核心争议所在。税法中的概念有着不同方向的来源,也表现为不同的类别,如同形构税法规范之网中的一个个结点,在事实认定与规范适用方面有时发挥着决定性功用。在我国税收法律文本中,由于立法的粗制简约,来自私法中的借用概念、域外法的移植概念、本体法中的自创概念等抽象概念,以及一些价值性与经验性普通概念,不仅数量众多,而且面临着普遍而又难解的不确定性问题。从立法规范的可能性和立法语言的模糊性层面而言,税法概念有着进一步明确的可能,但也受发展的主观认知、有限的立法文本、具体的法律适用等影响。因而,不确定性税法概念之具化应在"立法建构发展"与"个案适用释义"之中进行,单独依赖任何一种方法都行不通,其中后者乃前者之具体应用。

一 不确定性税法概念原理的基本认知

"概念乃是解决法律问题所必需的和必不可少的工具"[①],税法概念系形构税法规则和税法原则的最小单位,它是立法者对现实客观事物的抽象性语言描述或浓缩,能够通过概念的涵摄作用让公众较快地辨识和区别具体事物。然而,受到语言的模糊性影响,一项税法概念通常有其明确清晰的中心范畴,而向外延展的边缘地带则趋向模糊,因而,税法概念的模糊性问题不可避免。为此,从理论上认知税法概念不确定性,结合我国税收立法中的税法概念不确定性之现实与分布,是完成不确定性税法概念具体化的第一步。

(一) 税法概念不确定性的现实

税法上的概念既有一般生活意义上的普通概念,也有特定法律

---

① [美] E. 博登海默:《法理学:法律哲学与法律方法》,邓正来译,中国政法大学出版社 2017 年版,第 503 页。

意义上的专业概念，这些由不同来源、不同类型的概念与其他词汇一起依据特定的立法表达技术和组合逻辑串联起来，便形成了税法规范的逻辑结构。从概念来源层面来看，税法概念大体来自于继承、移植和创造三个方面：（1）在继承方面，法律概念有变革亦有传承，税法虽然属于近现代新兴法域，大部分概念属于后创产物，但仍存在一些历史传承至今的税收概念或法律概念等，如"印花税""法律责任"等。（2）在移植方面，可从领域、法域和地域三方面理解，其一，税法不同于其他法域的主要特点是"税"与"法"的结合，因而还普遍存在着向税收、会计、财政、审计等学科借用概念的现象，如"账簿""凭证""收入""费用""损失"等；其二，在具体国家内的不同法域之间存在着概念借用问题，鉴于税法与私法之间紧密的法域关系，税法中分布着相当多的借用概念，这种借用有的完全引致其私法含义，有的则根据税法价值赋予其不同含义，如"赠与""购买"等私法概念借用于税法之中有着不一样的理解；其三，在不同国家和地区之间还存在着彼此之间的税法移植现象，其中就包括税法概念的移植，例如许多国家的"所得税"概念就都最先起源于英国，"增值税"概念则最初由法国提出。（3）立法者在起草设计税法过程中有时还会自己创设概念，这些概念有的属于抽象概念的分解概念，如我国个人所得税法上的九项分所得概念，有的属于统合分类的概括概念，如消费税法上的"应税消费品"概念，增值税法（征求意见稿）中提出的"应税交易"概念等，有的属于单纯的编纂概念，如"纳税义务人""扣缴义务人"等。[1] 总之，税法中的概念来源多面，类型多样，支撑着整个税法规范体系。

基于上述可知，根据概念的来源分类，税法中的概念可大体分为继承概念、移植概念和自创概念。这些不同来源、不同类型的税

---

[1] 参见欧阳天健《论税法概念的规范与审查》，载熊伟《税法解释与判例评注》（第九卷），法律出版社2018年版，第131—152页。

法概念常常因主客观方面的原因而变得十分不确定性,[①] 一方面,在主观层面上,为提高税法的适应性、灵活性和开放性,立法者在进行税法规则设计时,会使用不确定性概念来故意制造概括性、原则性条款,例如,我国税法中一些常见的不确定性概念往往就见之于一般条款、兜底条款等模糊性法条之中,同时,税法概念是立法者的主观认识产物,其适用于案件事实时也要适法者能够主观上认识到其准确含义,因而受到人类认识规律的客观局限;另一方面,在客观层面上,税法文本中的概念代表着一种语言符号,语言本身的模糊性、多义性、评价性等会使得概念有时候并不那么明确,或者纵然很普通的日常概念,在税法中也会需要重新予以评价,赋予其新的含义范围,并且,税法概念通常是立法者在对日常生活中的同类事物进行共性规整的基础上高度理论化、抽象化的结果,专业性、技术性颇高,高度概括的概念与丰富多样的事务之间的涵摄对照和类型归属变得十分复杂。此外,随着税法的时迁变化和拓展,概念所涵摄的内容边界也处于不断的调整之中,还会生成新的概念或出现概念的消亡,例如伴随着消费税税目的调整,"应税消费品"概念的界定范围也将发生改变,新个人所得税法改进所得分类,新增"经营所得"概念,曾经的"农业税""屠宰税"等税种概念早已湮没在历史汪洋中。

正是在以上主客观原因的共同作用下,在税法的"概念天国"中,每个人既尽享着数量繁多的概念所带来的"承认、共识及储藏价值、减轻思维的工作负担"之正向作用,[②] 税法的确定规范与适用跟概念的正确运用和诠释不无关系,但也承受着来自税法概念的不确定性所引致的税法漏洞、适用不确定性等问题。任何概念都有确定性与不确定性之相对,一方面,税法中的概念既有一般经验概

[①] 参见尹建国《行政法中的不确定法律概念研究》,中国社会科学出版社2012年版,第38—50页。

[②] 参见黄茂荣《法学方法与现代民法》,法律出版社2007年版,第72—79页。

念理解与适用的不确定性，平常的税务执法和司法过程中常见征纳双方就某一事实概念的定义和适用产生争议，例如在"鼓浪屿水族博物馆诉厦门市鼓浪屿区地方税务局征收案"中，征纳双方就"水族博物馆"是否可被营业税暂行条例中关于免税规定的"博物馆"所涵摄就曾发生争议；另一方面，也有专业规范概念的模糊性，处于多个法域集中交叉的税法领域也恰恰是法律概念不确定性现象的"高发区"和"重灾区"，在征税权行政属性下，税法中有着许多行政法上的不确定性概念，如"确有困难""情节严重""明显不当"等；在调控权辅助功能下，税法中也存在着许多经济法上的不确定性概念，如"发展需要""突发事件"等；在交易定性的基础关系下，税法中还夹杂着许多私法上的不确定性概念，如"赠与""单位""个人"等。除此之外，税法中的一些其他概念也存在不确定性之可能，如"避税"与"税收筹划"之概念区分等。

（二）不确定性税法概念的分布

不确定性法律概念是指法律概念的一种特例，并不与法律概念的不确定性等同，是一种处于确定性与不确定性临界点倾向后者的法律概念类型，[1]"惟有些概念，恒需由审判者于个案中斟酌一切情事始可确定……谓之不确定的规范性概念或不确定法律概念"[2]。不确定性法律概念存在于各个国家和地区的部门法、领域法、文本法之中，根据不同地域和领域中立法的细致性、成熟度等而存在分布密度差异，我国受大陆法系成文法的影响，注重法条表述的精简和严谨，同时，处于较高层级的法律制定得比较粗略简单，其中不乏许多概括性、原则性条款，通常使用不确定性法律概念实现法条的概括兜底功能，以便于授权行政部门立法或留待政策进行规定。其

---

[1] 参见尹建国《行政法中的不确定法律概念研究》，中国社会科学出版社 2012 年版，第 29 页。

[2] 杨仁寿：《法学方法论》，中国政法大学出版社 1999 年版，第 135 页。

中，尤其在经济法部门法中，在对细节规定的明确性和规模性程度上，行政机关制定的政策明显超出人大机关的相关立法，受制于立法为政策制定留白的现实需要，经济法立法表现得极具空洞化，经济法规则中的不确定性法律概念十分常见，在税法经济法化的中国语境下，税法面临着同样的问题，不仅税收立法中普遍存在着大量的不确定性税法概念，而且在税法适用过程中也经常发生征纳双方就某一概念如何理解产生税务争议。

依照不同的分类方法，可将不确定性法律概念划分为不同类型，其中，理论界最为常见的分类为经验性不确定性法律概念和价值性不确定性法律概念，该分类范式最早由德国行政法学界提出。其中，经验概念抑或描述概念，是指一般大众可根据单纯的"知觉"而理解，或有时根据特定的"经验"推论得出的概念，例如傍晚、清晨、酒吧等；规范概念是指须进行价值填补的概念，法律适用者必须运用评价判断等手段才能知悉其确切含义，比如"公共利益""重大情形""利害关系"等。① 根据这一分类通说，可为观察我国不确定性法律概念之税法法域分布提供有益视角，而且经验概念与价值概念之区分背后也暗含着不同的法律适用逻辑和审查策略，有助于在不确定性税法概念具体化任务中提供方向指引。

经上所述，在不确定性税法概念之二元类型模式下，其一，从税法规范层面，在我国现行有效及正在修订中的税法文本中，既有经验性不确定性税法概念，也有价值性不确定性税法概念，不确定性法律概念广泛见之于税收实体法和税收程序法之中，且主要存在于反避税条款、授权条款、应税客体界定条款等，以及一些涉及税法中特定名词概念的异化或具化问题。总体上，税法中的不确定性法律概念不仅数量多、分布广，而且充斥着大量的价值性概念，需要税务部门和司法机关在个案征收时结合案件事实予以判断认定，

---

① 参见尹建国《行政法中的不确定法律概念研究》，中国社会科学出版社2012年版，第56—57页。

而正是由于价值性概念缺乏明确统一的界定标准，判断余地比较宽松，其规范的不确定性也常常导致规则适用的不确定性和争议性，由此引发征纳双方之间的税务争议。

其二，在如此分布广泛且数目众多的不确定性税法概念作用下，税法适用中围绕着具体法条中的单个或多个税法概念如何单独解释其具体含义，以及进一步地形成对法条体的整体正确认识，构成了税收征管实践和司法审判实践的主要活动范畴。从我国税法适用之司法实践维度观察，部分典型税案中征纳双方就常常围绕某一经验概念或价值概念如何准确理解含义和与案件事实涵摄适用产生争议，不确定性的税法概念已然成为税务争议纠纷的爆发导引和争议焦点所在（参见表4-1）。从案件争议点来看，既有征纳双方就某一经验概念的所指确定产生不同理解，也有价值概念的认定疑难问题，首先，在经验性不确定性税法概念方面，既有名词性概念亦有动词性概念，例如在下表案例①②中纳税人与税务机关就围绕着"水族博物馆"是否属于"博物馆"、"生物重油"是否属于"成品油"发生了争议，两则案例中经验概念的事实涵摄都关系到税收征管之实施，不同之处在于分别关系到税收优惠与应税征收范畴之确认问题；在下表案例③④⑤中，征纳双方就某一抽象概念或具体法条中的动词如何理解发生争执，涉及税法规定对于一些特殊情形可否涵摄适用的问题。其次，在价值性不确定性税法概念方面，目前司法实践中出现的最大的争议就在于如何理解税收征管法以及部分税种法中组成一般反避税条款的不确定性税法概念，如"计税依据""明显偏低""正当理由"等，在广州德发税案和新疆瑞成税案（下表案例⑥⑦）中征纳双方围绕现行税收征管法第三十五条中的税收核定条款适用发生争议，再如"合理商业目的"，在杭州儿童投资主基金税案中（下表案例⑧）征纳双方就案中情形是否可适用于企业所得税法第四十七条的一般反避税条款存在争议。

表4-1　　我国税务司法实践中的部分不确定性税法概念

类型	不确定性税法概念	案例	案件争议焦点
经验性不确定性税法概念	"博物馆"	①厦门市鼓浪屿水族博物馆与厦门市鼓浪屿区地方税务局征税案（[1996]厦鼓行初字第1号）	征纳双方就"水族博物馆"可否被营业税暂行条例中关于免税规定的"博物馆"所涵摄，而应否享受相应税收优惠发生争议
	"应税消费品"之"成品油"税目	②江苏悦达卡特新能源有限公司与常州市国家税务局稽查局、常州市国家税务局税务争议案（[2017]苏04行终6号）	征纳双方就企业自行命名的生物重油是否属于应税消费品之"成品油"税目发生争议
	"特许权使用费"之"使用"	③美国泛美卫星公司涉税案①	征纳双方就第三方（中央电视台）对纳税方卫星设备的使用构不构成"特许权使用费"之"使用"产生争议
	"发现"	④范某荣与广东省罗定市地方税务局税务行政处理纠纷案（[2014]云中法行终字第14号）	征纳双方就司法判决书的认定能不能等同于税务机关发现情形
	"购买"	⑤桑某与北京市海淀区地方税务局等税款征收纠纷案（[2015]京一中行终字第2524号）	征纳双方就购买时间应按取得房产证或契税完税证明上注明的时间还是买卖合同签订之日发生争议
价值性不确定性税法概念	"计税依据明显偏低且无正当理由"	⑥广州德发房产建设有限公司与广州市地税局第一稽查局税务争议案（[2015]行提字第13号）	征纳双方就德发公司以涉案房产的拍卖成交价格为计税依据申报纳税是否适用征管法第三十五条第一款第六项的规定发生争议
		⑦新疆瑞成房产公司税案（[2014]乌中行终字第95号）	征纳双方就瑞成房产公司以低于市场价格销售给退休老职工的房屋是否适用征管法第三十五条第一款第六项的规定发生争议

---

① 参见傅纳红《美国泛美卫星公司应否在中国纳税》，载刘剑文《财税法学案例与法理研究》，高等教育出版社2004年版，第300—304页。

续表

类型	不确定性税法概念	案例	案件争议焦点
价值性不确定性税法概念	"合理商业目的"	⑧杭州儿童投资主基金税案（〔2015〕浙杭行初字第 4 号）	征纳双方就借境外公司注册成立公司实施资产交易、而实际所得来源为境内的情形是否属于企业所得税法第 47 条的反避税情形发生争议

二 不确定性税法概念解释的税案评析

经上述税务司法实践中有关不确定性税法概念解释适用的典型案例梳理，可以发现，纵然再为熟悉、明确的经验性概念也有不确定的时候，何况更加抽象的价值性概念面临的不确定性程度更高，因而，不确定性税法概念的明确化应当结合个案适用而获得。基于此，本部分以前述关于经验性概念和价值性概念适用的典型税案为分析样本，分别述评两类税法概念之个案适用逻辑。

（一）经验性概念的解释适用

表 4-1 中案例①—⑤分别为税法中的经验性概念之司法适用争议，可进一步细分为概念所指确定、概念归属确定和概念诠释确定问题，以下笔者将从这四个方面、五个案例出发，整理出经验性税法概念的适用逻辑。

1. 概念所指确定维度

在厦门市鼓浪屿水族博物馆与厦门市鼓浪屿区地方税务局征税案中，原告以其名称中带有"博物馆"一词，可以依照彼时的营业税暂行条例第六条第一款第（六）项关于博物馆免税的规定享受免征营业税待遇为由，向被告提出减免税申请，对此，被告指出"企业名称不能作为界定征免税的标准；对原告应按'文化体育业'征收营业税"。期间，被告向法院提交国家税务总局国税函（〔1996〕678）号《关于对"博物馆"免税范围界定问题的批复》规定："'免征营业税的博物馆'，是指经各级文物、文化主管部门批准并实行财政预算管理的博物馆""对其他虽冠以博物馆的名称，但不符合上述条件的单位，不得给予免征营业税的照顾"。最终，在此明文规定下，以原告撤回起诉而案结。

　　上述案件中不仅涉及的概念十分日常、普通，而且案情简单，主要就是涉及三大问题，一是作为日常概念的"博物馆"在税法上的准确定义和范围如何，二是企业名称与日常概念所指之间的冲突如何解决，三是国家税务总局的批复性解释可否成为案件裁判的依据？对于此三大问题，笔者将一一分析。首先，国家税务总局在对于"博物馆"这一日常概念的解释上，基于所在法条的立法意图，即税收减免之构成要件认定，采取了限缩解释，本身"博物馆"作为一项日常概念，对于一般公众而言有着一定基础的概念图像，但在法律适用问题上，必须以严谨专业的态度认真对待。博物馆税收减免政策制定的本意在于该类主体的作用在于向社会公众宣传普及知识文化，具有公益性主导目的和文化教育推广使命，一般以营利为主导目的的主体自然不应包括在内，否则有违政策制定者的立法初衷。其次，关于企业名称与税法概念所指之间的冲突问题，企业名称设定是私域自主行为，税法不能干预，但企业名称中带有符合课税构成要件认定的概念并不一定就意味着可以适用相应规则，主要还是看企业实质经营内容是否契合税法中特定概念的明确所指，立法意图提供日常概念所指识别的标准，客观知识明确所指的范围。① 本案中尽管企业名称水族博物馆中带有"博物馆"一词，但其主营业务是饲养观赏鱼类供游客参观，并兼营部分商品销售，不符合"博物馆"的文化宣传属性。最后，对于国家税务总局作出的批复可否构成税案裁判的依据，不应笼统地界定税法行政解释的适用效力，而应在司法机关对税法解释文件展开合法性与正当性审查的基础上，判定税法解释作为司法裁判依据的效力问题。

---

① 参见陈坤《所指确定与法律解释——一种适用于一般法律词项的指称理论》，《法学研究》2016 年第 5 期。

2. 概念归属确定维度①

在江苏悦达卡特新能源有限公司（以下简称悦达卡特公司）与常州市国家税务局稽查局、常州市国家税务局行政处罚、行政复议案中，悦达卡特公司与税务机关就其自行命名的生物重油是否属于应税消费品发生争议，该争议关系到此产品是否应当依法征缴消费税。征纳双方关于争议焦点所给出的依据分别为：（1）悦达卡特公司主要从产品生产技术的区别性、合目的性以及举证责任错位等方面，认为其自行命名的生物重油产品原料和结构都是不同于汽柴油、燃料油等应税消费品，而且该产品是对废弃物的无害化、资源化利用，契合消费税的立法宗旨，此外，就生物重油是否符合免税标准的问题，宜由税务机关负责举证。（2）税务机关认为，依据相关规定，一方面，国税总局并未将"废弃的动物油和植物油"生产的各类油排除在成品油的范畴之外；另一方面，纳税义务人也并未提交纯生物柴油免征消费税所需条件之证明。一审和二审法院裁判认为，税务机关将涉案"生物重油"归类于成品油进而征收消费税并无不当。

本案中暴露出消费税法适用中的一个潜在问题，即产品名称的自主设定与应税消费品的税目法定之间的可能冲突。基于税收法定原则，消费税的征税范围必须明确，但在税务实践过程中，难免发生产品名称的法律概念与技术概念不相一致情形，在上述案件中，正是由于"生物重油"这一技术概念无法对应消费税成品油类税目中之法律概念，方才造就了征纳双方的纳税争议。根据我国消费税的相关规定，在成品油税目当中，其子税目划分采用了多重标准，分别依照产品性质、产品用途和产品种类等进行划分，② 多重划分标

---

① 参见黄家强《应税消费品的界定、识别与调整——基于法律、技术与政治互动的税收逻辑》，《财经理论与实践》2019年第3期。

② 参见李玉虎《消费税应税消费品的概念界定——基于案例的分析》，中国法学会财税法学研究会第四届中国财税法治30人论坛：消费税立法重点问题研究论文，武汉，2018年6月，第127—136页。

准的采用使得应税消费品的类型化不具有税法适用的确定性形式逻辑。特别是当出现形式上的名称不一致情形时，应税消费品的适法识别便需依靠相关产品标准加以推进，但在实际运行中，技术标准的多样性使得应税消费品识别缺乏固定且唯一的法律标准，"由于法律规定未指明具体的标准，因此当同类产品存在不同标准的情形时，就会导致依据法律规定援引标准的不确定性"①，进而发生标准技术性与法律性的脱轨问题。针对名称形式不一致但技术实质合一的其他产品是否征收消费税议题，2013年国家税务总局就发文指出，应根据其他油类产品的名称、质量标准与相应的标准一致且已完成相关备案手续，综合认定该油类产品不予征收消费税。② 由此，税务机关在认定某一项油类产品是否属于应税消费品，首先基于征管效率的需要，会根据纳税人所开具的成品油发票标注的商品类型进行征税，③ 当出现消费税税目之外的其他产品时，一方面，若其他产品的标准与相关标准不相一致，或未向税务机关备案说明，则可类推石脑油或燃料油征税；另一方面，当标准相一致且完成备案程序时，该产品不属于应税消费品范畴。

基于上述案例之引入剖析，应税消费品之界定体现在形式与实质层面。其一，就应税消费品的形式界定而言，其表现为消费税税目之概念厘定与涵摄。我国消费税对其征收范围采取注释的规定形式，各税目之概念注释与子类型划分各不相同，在产品的概念定义上，采用"原料+工艺+标准+用途"的方式界定，在子类型划分方面，如烟酒以成型产品、贵重首饰及珠宝玉石以原材料、鞭炮、焰火为产品表现样式、成品油以产品用途、小汽车以产品技术为划

---

① 柳经纬、许林波：《法律中的标准——以法律文本为分析对象》，《比较法研究》2018年第2期。

② 参见《国家税务总局关于消费税有关政策问题的公告》（国家税务总局公告2012年第47号）。

③ 参见《国家税务总局关于成品油消费税征收管理有关政策问题的公告》（国家税务总局公告2018年第1号）。

分标准。① 应税消费品的定义与分类实际上并未全部体现调节功能，以烟草消费税为例，以烟草为原料的烟类应税消费品定义排除了电子烟、烟油等产品，该定义实际依据产品消费占比背后的收入功能，此外，多重标准的概念界定和类型划分也使得应税消费品的识别面临困境，缺乏核心标准使得税务机关无法精准识别消费品的应税与否。其二，从应税消费品的实质界定而论，技术创新与应税法定之间矛盾对立，面对产品技术标准的多样性和易变性，有必要追溯应税消费品确立之内在要义，并对技术标准实现统一，厘清同类型税目区分之核心要件，在此基础上规范税务机关的裁量权限。基于此，应当从形式和实质两方面予以改进，以实现应税消费品识别过程的合法顺畅。

（1）形式界定与概念涵摄的精确。消费税税目中的各个应税消费品名称衍生于市场经济，其命名依据相关行业标准或国家标准而定，而后直接引以为用，转换为法律中的概念，又关系到消费税征税范围之确定，因而面临概念之现实涵摄问题。针对我国消费税税目存在的问题，应当反思既有应税消费品之定义与分类模式是否有遗漏、模糊或不合理之处，特别是结合税务机关发布的关于具体消费品征税事宜的相关规定，应基于税目法定原则，重新界定应税消费品及其范围。诚然，应税消费品的概念界定与范围确定须在税务机关的执法过程中运行，其必然遭遇形式比对不力的情况，此时，税务机关有裁量权限，但该裁量权之行使应以对应税消费品之客观解释为界限，不应通过发文的形式扩张解释，导致消费税征税范围的法外扩增。

（2）实质界定与技术标准的更新。当应税消费品识别出现形式偏差时，税务机关在个案中应根据应税消费品的技术标准予以实质界定，然而构成定义应税消费品的技术标准又是多样且变化的，例如在本案中，生物柴油免税条件包括原材料占比和相关技

---

① 参见《消费税征收范围注释》《关于调整和完善消费税政策的通知》。

术标准（BD100），① 该两项条件实际上富含环保意义，但随着产品技术的升级改进，可能会出现新的标准，此时税法应及时更新标准，与时俱进地引用新的技术标准。② 故而，技术标准作为界定应税消费品之核心范畴，其进入税法的通道应是开放的，税务机关有责任依据消费税税目设计之内涵旨意，在了解产品技术现状之基础上，与既有行业发展趋势保持同步。

3. 概念诠释确定维度

在美国泛美卫星公司涉税案、范某荣申请退税案和桑某与北京市海淀区地方税务局等税款征收纠纷案中，不同于其他案例中牵涉的名词性概念所指与归属问题，该三则案例主要涉及的是经验性概念中的动词性概念之诠释理解问题。

（1）概念诠释应注意文义解释运用。在美国泛美卫星税案中，征纳双方就原告美国泛美卫星公司向第三方中央电视台提供卫星传送服务的收费性质发生争议，泛美公司认为属于营业利润，且由于在中国未设常设机构而并非适格纳税主体，税务机关认为属于《中美双边税收协定》所规定的特许权使用费和我国国内法所规定的租金，③ 其中，双方就是否构成特许权使用费的争议最大。原告依据 OECD 和联合国的税收范本中有关特许权使用费之"使用"的文义解释仅限于"对实际占有有形财产的使用，不包括无形财产的使用"，而税务机关指出"使用"并非限于对有形财产的实际操作，还应包括对无形财产的操作使用。双方就"特许权使用费"之"使用"如何定义产生分歧，实际上，这涉及两大问题，一是概念文

---

① 参见《财政部、国家税务总局关于对利用废弃的动植物油生产纯生物柴油免征消费税的通知》。

② 参见吴凌畅、詹振翔《技术标准在成品油消费税中的运用——以生物柴油为例》，中国法学会财税法学研究会第四届中国财税法治 30 人论坛：消费税立法重点问题研究论文，武汉，2018 年 6 月，第 137—156 页。

③ 翟继光：《泛美卫星公司卫星租赁费在华纳税案分析》，载熊伟《税法解释与判例评注》（第 2 卷），法律出版社 2011 年版，第 230—241 页。

义解释的依据选择问题，二是概念文义解释的术语含义遵从问题。在彼时《中美税收协定》以及中国国内税法缺乏对"特许权使用费"的明确定义前提下，同时，在有国际通行的专业术语解释规定的情形下，税务机关还从民法角度来扩大解释"使用"概念，[①] 明显违背了"特许权使用费"之专业界定和"使用"概念的一般含义。

（2）概念诠释应基于确定事实基础。在范某荣申请退税一案中，[②] 从双方争论焦点来看，主要围绕应如何准确理解现行税收征管法第五十一条关于"发现"的界定。本案中，纳税人认为税务机关发现多缴税款事实，而税务机关则认为如果不是纳税人依据民事判决书提出申请，其根本不可能知道多缴税款，故不符合税务机关自己发现并退税条件。按照汉语词典所述，"发现"一词指经过研究、探索等，看到或找到前人没有看到的事物或规律。同时，由于对于发现这一动作的判定往往需要通过一定的显性状态表现出来，司法裁判文书具有公开性，以法院判决没有抄送税务机关作为并非由其发现的理由，缺乏足够的说服力。我国现行税收征管法采用"发现退税情形"的区分式退税路径，但究其本质来看，无论是纳税人还是税务机关发现退税，其首先前提是必须有合符正当性的退税原因存在，但前已所述，"发现"一词本身就难以认定，不如采以直接叙明退税原因的方式，这样，一方面能够让征纳双方知晓退税何以发生，减少本案中双方关于"由谁发现"问题的争议；另一方面也为申请退税的纳税人提出有针对性的证据、税务机关重点查核以及司法裁判机关依法裁决提供税法依据。

（3）概念诠释应立足不同法域立场。在桑某税收征收一案中，涉及房屋购买时间的确认问题，归结为"购买"一词如何理解，如

[①] 参见苏浩《泛美卫星公司税案与跨国营业利润和特许权使用费的界分》，载黄进《武大国际法评论》（第2卷），武汉大学出版社2004年版，第318—333页。

[②] 参见黄家强《多缴及误缴退税的缘由合理与程序正义——一则个案批复引发的思考》，《财经政法资讯》2016年第1期。

果按照合同法的规定，房屋购买时间应为买卖双方签订房屋买卖合同之时，但概念在不同法域基于不同规范立场可能会存在不同解释，正如"购买"这一私法概念被借用于税法中时，也会被独特理解为"取得房屋产权证书或完税证明"。之所以出现同一概念于不同法域的解释多样性问题，是基于来源于私法的借用概念在税法中重新评价需要，私法中的"赠与"概念强调行为本身，而税法中的"赠与"概念则要结合该类行为是否满足课税要件。在解释借用概念时是照搬私法原义还是作出税法独立判断，要注意其可能对税法确定性和私法信赖利益的损害，从而运用调和法来作出更加合理的解释。① 税法并不是一味地完全承接借用概念的私法原义，也不是绝对的独立于私法解释，而是需要根据具体情形中的价值予以衡量，要考虑到税法解释内容可能对私域自治造成的影响。例如在我国《婚姻法司法解释（三）》出台后少数地方出现基于加名行为即赠与行为的判断征收契税的案例，引起社会广泛关注，最终国家税务总局两次通过发文的方式明确了"加名、减名、换名和变更共有份额"的房屋权属变更行为免征契税，② 这就意味着"加名"行为不再认定为赠与行为，从而平息了此次"加名税风波"。在"加名税"案例中之所以税务机关并未采取同私法一致的"加名即赠与"解释认定，正是考虑到征税权在面对婚姻家庭财产权处置方面应秉承尊重克制的姿态，③ 因而，国家税务总局又在第二次发文中增加了"加名"之外的其他几种夫妻间房屋权属变更方式，确保不因税法干预而对婚姻伦理道德和财产自由处置造成不当影响。

---

① 参见董梅《论税法借用概念的解释问题》，《新疆社会科学》2016 年第 2 期。
② 参见《财政部、国家税务总局关于房屋土地权属由夫妻一方所有变更为夫妻双方共有契税政策的通知》《财政部、国家税务总局关于夫妻之间房屋土地权属变更有关契税政策的通知》。
③ 参见张克《房产、婚姻与税权治理——基于"加名税"风波的评析》，《上海政法学院学报》2014 年第 1 期。

（二）价值性概念的解释适用

相较于税法中部分经验性概念的适用争议，价值性概念本身就比较模糊，必须结合个案事实具体判断是否达到税法规制的标准，因而，价值性概念也是不确定性税法概念的主要范围，同时构成了税法适用过程中概念解释的真正疑难所在。基于前述对我国税法文本中的不确定性税法概念整理，以及对我国不确定性税法概念适用的税案梳理可以发现，价值性概念，一方面表现为一些程度性评价概念与一般性经验概念的组合体，如"合理商业目的""正当理由""违法所得"等；另一方面表现得极为含糊、缺乏明确界定标准的表述，如"发展需要""公共利益""实际情况"等。无论哪一种类型的价值性概念，都需要法律适用者结合个案之具体事实进行价值判断，立足于具体税法规则之法条旨意，在正确认定案件事实的基础上评价组成法条之关键价值性概念的个案适用。价值性概念往往是构成原则性、概括性条款的基本元素，对一般性、概括性税法规则的理解主要就集中在对价值性概念的认识上。其中，在我国反避税一般条款构造中，价值性概念较为集中，随着反避税规则在各税种立法的铺开，带有"合理""正当""明显"等不确定性概念字样的反避税规则的规范谱系逐渐扩增（包括税收征管法、个人所得税、企业所得税、增值税、消费税、车辆购置税、土地增值税等税种立法），这是由反避税规则对开放性结构的需求和不确定法律概念本身的性质和功能所决定的。[①] 反避税立法既要以类型化的方式明确常规的避税交易情形，也要设计一般条款来兜底规制非常规避税安排。

正如上表案例⑥⑦⑧中，虽然分别涉及的法条不同，前两则税案系现行税收征管法第三十五条有关税收核定之兜底情形"计税依据明显偏低，且无正当理由"之认定，后一则税案是关于企业所得税法第四十七条有关特别纳税调整之一般条款"企业实施其他不具

[①] 参见董学智《论不确定法律概念与反避税规则——以"合理"一词为例》，《烟台大学学报》（哲学社会科学版）2017年第3期。

有合理商业目的的安排而减少其应纳税收入或者所得额"之认定，但二者的实质反避税功能均一致，只不过有关税收征管法第三十五条之规定，属于立法者将避税安排与税收核定的简单拼凑，其本意应为税基的"合理调整"而非反避税调整。① 基于此，在反避税规则中，如何认定其中的不确定性价值概念，关系到实质避税事实之认定，而价值性概念的评价适用，以及避税事实认定都有可能面临不确定性问题。例如，在广州德发税案中，司法机关在肯定拍卖行为有效的基础上，又肯定了税务机关的税收核定行为，只不过基于尊重行政专业判断回避了对税务机关采用的税收核定方法实施审查程序，但正是核定方法的选择、对比价的形成等直接关系到是否构成"计税价格明显偏低"之事实认定，本案中在缺乏相关的明确规范前提下，税务机关在核定方法和对比价的选择上具有较大的自由裁量权，可能导致避税事实认定的偏差，造成对纳税人财产权和民法意思自治原则的不法侵犯。② 另外，在新疆瑞成税案中，征纳双方围绕着瑞成房产公司以低于同期销售价格的20%向某投资发展公司离退休职工优惠售房是否属于"正当理由"产生争议，涉及个案适用中不确定性价值概念的正当评价问题，司法机关在对企业低价销售房屋的背景、意图、影响和比例等事实综合评判基础上，认定不构成"无正当理由"。可见在界定不确定性价值概念时，案件事实的查实、认定等十分重要，不仅要注重事实认定的核定方法或参照价格的合理选择，也要综合案件事实对行为人的真实交易意图予以避税目的排查。至于杭州儿童基金税案中涉及的"不合理商业目的"之认定，实质反映的是企业所得税一般反避税条款的适用问题，即实质重于形式原则的具体阐释和应用或者是避税构成要件认定问题，鉴于该问题的复杂性，笔者将在后续论述一般反避税条款时详加

---

① 参见汤洁茵《不可承受之重：税收核定的反避税功能之反思——以〈税收征管法〉第35条第（6）项为起点的探讨》，《中外法学》2017年第6期。

② 参见廖仕梅《从民法视角探析推定课税——基于"最高人民法院提审广州德发公司案例"分析》，《地方财政研究》2015年第10期。

阐述。

三　不确定性税法概念具化的分工实现

从不确定性税法概念具体化的路径而言，立法、行政与司法均在其中发挥着一定作用，概念由抽象性走向具体化离不开三者的分工配合，其中，立法机关在制造不确定性概念的同时，也在运用定义法和类型法等立法技术来减弱或消除概念的不确定性；行政机关在个案适用中对于不确定性税法概念有着使之具化的判断余地；司法机关则针对具体规则中的不确定性税法概念的立法设计和行政判断实施审查，从而确保税收立法的相对明确和行政行为的合法合理。

（一）不确定性税法概念具体化的立法技术

针对税收立法中的概念不确定性问题，立法者能够最先觉察一些概念的模糊性、歧义性，从而通过某些立法技术手段实现税法概念不确定性程度的弱化甚至消除。根据税收立法实践的一般操作，立法者主要采取以下方法对不确定性税法概念加以解释或具化，这些方法的使用能够起到缓和、稀释概念不确定性的作用，尽可能地创造出一个相对确定性的税法规范体系，为后续的税法适用先期提供大致的概念基本定义和内涵架构。

1. 概念定义法。立法者在一些税种法律中会使用定义条款来界定抽象性的专业术语、技术概念或普通概念等，例如，在专业术语方面，我国的个人所得税法、企业所得税法第一条关于纳税主体之"居民个人"和"非居民个人"，"居民企业"和"非居民企业"都有定义解释；在技术概念方面，资源税法第十六条专门对条文中所涉及的一些技术概念予以诠释定义；在普通概念方面，如消费税法（征求意见稿）第六条有关销售额的定义条款等。定义法是界定抽象概念含义或明确普通概念范围的首选方案，但从我国相关税收立法来看，税收法律中的定义条款十分稀少，大量的概念定义交由税收行政法规或部门规章进行规定，例如，企业所得税法实施条例基本上是由众多的概念定义性条款所组成，而消费税税目中的一些普通概念的定义注释，则交由国家税务总局在其发布的《消费税征收范围注释》中进行规定。在何种类型的规范文件中定义概念，看似无足轻重，但实际上可能隐藏着法律风险，特别与课税要素相关的概念界定，直接关系到现实主体能否被归为纳税主体、客观实物可否被纳入应税客体范畴、生活事实可否被评价为课税事实等，从而被依法纳入课征范畴或享受法定的税收减免资格。从这一意义上说，概念定义的明确程度和规范位置关系到课税要素明确与法定原则之贯彻，与课税要素相关的概念界定放入税收法律中进行规定，或由全国人大常委会专门制定相关概念或术语的注释范本更为妥实。

2. 类型观察法。为达到税法规范的简化和明确，税法上常用类型化方法将税法适用取决于一种典型、常态或平均的事实，以增加税务执法效率和减轻同类案件处理负担。① 由于税务行政的繁复性，运用类型化立法方法可以起到简化税法规范和简便税法适用之双重功用，该方法在立法上的运用有"类型情形"和"类型概念"之区分，二者的适用逻辑完全相反，前者系"以典型的、常态的事实判断取代个案的事实判断，以标准化的评价取代对个案的评价，从而将个案的特征排除在考量之外"，如各类税收减免情形的类型化立法，针对个案中的具体情形与类型化情形相比较，不契合法定类型的情形不在适用范围；后者则要求"法的适用者在进行评价的归属时，必须斟酌考量个案的所有特征，与透过类型概念所描述的整体图像去作评价性的比较"②，如一项日常概念能否被税法概念所涵摄归属，要将日常概念的全部特征与税法概念的中心意义和整体意旨相比较。总之，在立法上，经常运用类型化方法来罗列概念，形成类型概念，其中，就有一部分类型概念的产生是基于通过类型化方法来降低上位概念不确定性程度的立法考量，一些是针对一些经验

---

① 参见盛子龙《租税法上类型化立法与平等原则》，《中正财经法学》2011 年第 3 期。

② 参见盛子龙《租税法上类型化立法与平等原则》，《中正财经法学》2011 年第 3 期。

概念不需要解释其含义，但须明确其具体范围，如烟叶税法第二条关于烟叶的类型列举等；另一些是本身就十分抽象、难以定义或定义后反而不利于概念的完整，企业所得税上的"收入"概念、个人所得税上的"所得"概念正是此类，为此，以类型化方法形成子概念可以实现概念的相对明确化，例如个人所得税法上的九项所得——"工资薪金所得""劳务报酬所得""稿酬所得""特许权使用费所得""经营所得""利息、股息、红利所得""财产租赁所得""财产转让所得""偶然所得"。

当然，概念经过类型化之后所形成的子概念仍可能存在进一步明确的空间，此时，对子概念的再定义或再分类亦有必要，例如《个人所得税法实施条例》第六条就有对九项分所得概念的定义，其定义方法也采用了类型情形列举的方式。由此可见，定义法和类型法作为不确定性税法概念具体化的两种立法范式，并不是一次性使用的，常常处于不断地循环重复利用的状态，为了让抽象概念更加接近现实中的存在样态，立法者不得不通过定义和解构抽象概念的方式，使其更富生活图像。除此之外，立法者为精简立法，也不断地从类型事物中总结规律加以抽象化、提炼化，例如我国消费税法上的"应税消费品"，增值税法（征求意见稿）中的"应税交易"，资源税法上的"应税资源"等，这些不确定性税法概念不同于其他概念"先上位后下位"的生成逻辑，而是先基于下位类型概念或情形的复杂罗列弊端，为达到立法表述的简化目标，由立法者设计的统合概念，该类型概念的任务便在于统合下属的类型概念或情形，并未经过历史验证或理论考证，纯粹为统合而统合。

（二）不确定性税法概念具体化的行政判断

不确定性法律概念的解释适用通常属于司法审查的工作范畴，同时，在一些情形下，行政机关在实现不确定性法律概念的具化适用过程中也存在着一定的判断余地，从而不确定性法律概念的解释大体有可完全司法化的或有限程度司法化。① 判断余地理论最早由德国学者巴霍夫提出，其含义为行政机关在适用不确定法律概念过程中，享有不受司法审查的涵摄自由。② 之后学界对此理论予以了批判式继承或摒弃，认为不确定性法律概念的行政判断余地也要接受部分司法审查，甚至有部分学者提出可予废止判断余地理论，不确定性法律概念的解释适用必须接受全面司法审查。本书认为，判断余地理论的存在意义应当基于不同地域和法域的实际情况和需要综合判定，立足我国税法领域，司法审查功能的有限性，加上不确定性税法概念解释适用的专业性、复杂性、技术性等特点，"基于现实的情境，行政机关拥有更多的专业知识与经验。因为可理解或可预测的缺乏，以及涉及某判断对象的情况具有不可重现的特性，而无法进行司法审查，或难以进行司法审查"③，此时应当承认税务机关拥有不确定性税法概念具体化的判断余地。

判断余地理论在不确定性税法概念行政具体化上的运用，意味着在一些不确定性税法概念的解释适用问题上，税务机关拥有专业判断权，司法机关应尊重税务行政判断，主要集中在行政的自由形成，如税收优惠政策制定的"发展需要""调控需要""突发事件"的判定、税收试点改革的具体方案等，以及事务本质的技术性判断，如环境保护税应税污染物"当量值"的认定等，另外价值性概念因需要价值补充而应承认税务机关具备一定程度上的判断余地。当然，判断余地理论应用于不确定性税法概念解释适用过程，也并不意味着完全地排斥对税收行政判断行为本身的司

---

① 参见［德］卡尔-埃博哈特·海因《不确定法律概念和判断余地——一个教义学问题的法理思考》，曾韬译，《财经法学》2017年第1期。
② 刘鑫桢：《论裁量处分与不确定法律概念》，台北：五南图书出版公司2005年版，第99页。
③ Vgl. Hufen, VerwProzR, S. 474 – 475. 转引自刘鑫桢《论裁量处分与不确定法律概念》，台北：五南图书出版公司2005年版，第99页。

法审查，法官的监控能力是启动判断余地司法审查的考量因素之一，① 除此之外，还要区分事实问题与法律问题、结合具体行政行为等多重因素综合考虑。

（三）不确定性税法概念具体化的司法审查

法律概念的不确定性无可规避，甚至为立法客观所需。德国联邦宪法法院曾在系列判例中指出立法上并非绝然排斥不确定法律概念，"立法者故非不能使用不确定法律概念，但必须使一般受规范者可以理解，可以预见，始不违法律明确性原则"②。由此可见，不确定性税法概念实是税收立法中不容忽视的事实，同时，行政机关结合个案事实对于具体不确定性税法概念的解释适用也存在着可能的判断错误或权力违法等问题，此时，司法机关应在不确定性税法概念具体化中发挥审查作用。

首先，司法机关可针对个案中的纳税人就抽象行政行为展开附带审查，即对税收规范性文件制定中使用不确定性税法概念的合理性实施法律明确性审查，基于税法明确性原则要求，对于能够实现明确规定的规范中不当使用不确定性概念的税收立法，应认定该税收规范性文件缺乏合法性基础而无效。

其次，司法机关可针对个案中的不确定性税法概念具体的行政解释适用行为展开合法性与合理性审查。一是在经验性概念的司法审查方面，应对于税务机关采取的解释方法适合性、事实认定和税法适用的准确性等问题实施正当性审查；二是在价值性概念的司法审查方面，应就税务机关的价值补充、案件事实认定、税法适用等方面的合法性、合理性问题展开审查。

---

① 参见张福广《德国行政判断余地的司法审查》，《行政法学研究》2017 年第 1 期。
② 许宗力：《论法律明确性之审查：从司法院大法官相关解释谈起》，《台大法学论丛》第 41 卷第 4 期。

第二节　不确定性税法规则的填补具化

法条是法律规范的基本表现形式，在税法不确定性的现实情境下，税收立法中分布着诸多的不完备法条，这些内容不确定性的法条设计，背后潜藏着立法者以不确定性规范应对不确定性实践的内在考虑，却也构成了实现税法确定性目标的阻碍，需要填补其漏洞。正如有学者所言："当一个法条不能对其规范的对象单独地给予清楚的答案时，它便具有类似于法律漏洞意义下的不圆满性……为使该法条能发挥其规范功能，必须补充该漏洞"[①]。概括性条款、例示性规定和兜底性条款是常见的不确定性法律规则类型，税法中此类条款也比较多见，本部分在认知、梳理相关税法规则原理和分布情况的基础上，分别选取一般反避税条款、税收法定条款中的例示规定以及个人所得认定之兜底条款为分析样本，提出相应税法规则的确定化方案。

一　税法概括性条款的确定化：以一般反避税条款为例

"为了减少抽象概括立法体裁的缺点，立法者在法典中规定了一些'一般条款'，这些条款具有指令的特点，属于判断标准，其内容还需要加以填补。"[②] 立法者通过设置一般条款来表达其价值倾向，同时借助一般条款的内涵抽象性为后续法律适用留足裁量空间，本质上属于授权性自由裁量条款。一般条款，又称概括条款，通常是指把法律上的要件制定为抽象的、一般规定的条款，根据法官的灵

[①] 黄茂荣：《法学方法与现代民法》，法律出版社2007年版，第162页。
[②] ［德］卡尔·拉伦茨：《德国民法通论》（上册），王晓晔等译，法律出版社2003年版，第34页。

活适用以妥当适应社会情形的不断变化。① 它是表述一项法律原则的立法技术形式，也是法律适用中填补法律漏洞、创新法律制度的规范支点。② 该立法形式广泛见于我国法律规范体系中，一般条款是我国立法过程中常用的规则表述形式，既有原则提炼之法条抽象概括，也有类型归纳之前置条件限制，前者具备"法条形式的原则"之特质，③ 往往以独立的一般条款示众，以起到法律基本原则的指引适用功能；后者表现为"概括+列举"的规范组合形态，一般是对列举和兜底情形的高度概括，以此实现对特定法律问题的类型化梳理和一般化总结，确保法条所列举情形的大致范围确定。

概括性条款在我国税收立法中最为典型的就是一般反避税条款，它是避税交易形式层出不穷、复杂多变形势下，立法赋予税务机关反避税执法权限的一项概括性规定。在反避税立法实践中，除了对常规避税交易情形加以明确类型化立法以外，针对非常规交易可能发生的避税意图防控就需要一般反避税条款进行兜底式、概括性规定，以授予税务机关依据个案事实的反避税裁量权，特别反避税条款与一般反避税条款共同构成了反避税的立法体系。从概念界定层面，一般反避税条款是相对于特别反避税条款的一般性规定，并不针对某一特定的交易类型，而是试图以法律规定的形式，通过避税构成要件描述以涵盖违反立法意图的所有避税行为，以宣示对避税行为的否定与调整。④ 目前，我国的一般反避税条款主要存在于企业所得税法和个人所得税法中，分别为企业所得税法的第四十七条和个人所得税法的第八条。由于企业所得税法确立一般反避税条款较早，也形成了比较完善的一般反避税条款之补充立法体系，如《一

---

① ［日］我妻荣主编：《新法律学辞典》，董璠舆等译，中国政法大学出版社1991年版，第25页。

② 参见朱岩《民法典一般条款研究》，《月旦民商法杂志》2005年总第7期。

③ 参见［德］卡尔·拉伦茨《法学方法论》，陈爱娥译，商务印书馆2003年版，第353页。

④ 王宗涛：《一般反避税条款研究》，法律出版社2016年版，第25页。

般反避税管理办法（试行）》《特别纳税调整实施办法（试行）》等，相比之下，个人所得税法中的一般反避税条款设置较晚，相关的实施细则缺失，个人所得税法实施条例也并未对该条款进一步细化。此外，与域外部分国家和地区存在着适用于全体税种征管的一般反避税立法方式有所不同，我国的一般反避税条款仅规定在两部所得税法中，至于税收征管法第三十五条"计税依据明显偏低且无正当理由"，其实际具有一定的反避税功能，却被列为税收核定的兜底条款。① 因而，我国尚未建构起普遍适用的一般反避税条款，现有的一般反避税立法仍主要反映在企业所得税层面，个人所得税上的一般反避税规则尚处于新法适应期。

鉴于我国一般反避税立法之现状，学界有部分学者提出考虑到各类税种征收实践中所暴露出的频繁化、复杂化的避税趋势，暂时可通过修订税收征管法，增加适用于所有税种的一般反避税条款。在税收基本法、税收程序法等上面设置统一的一般反避税条款是目前许多国家和地区的立法惯例，如《德国租税通则》第二条之规定"税法不因滥用法律形成可能性而得规避其适用"。但根据我国此前发布的税收征管法修订草案（征求意见稿）之相关修订，仍未见确立一般反避税条款，而且从我国反避税执法实践来看，一般反避税条款规定地较为原则性、概括性，可操作性差，② 税务机关在解释适用一般反避税条款方面拥有较大的裁量权。鉴于此，如果我国在税收征管法上设置通用的一般反避税条款，则势必要解决其带来的税法不确定性风险，同时，在实质课税原则下，进一步细化一般反避税条款，规范税务机关在个案中解释适用一般反避税条款的纳税调整行为。

---

① 参见王宗涛《"计税依据明显偏低无正当理由"条款的法律逻辑》，载熊伟《税法解释与判例评注》（第七卷），法律出版社 2016 年版，第 250—262 页。

② 参见欧阳天健《比较法视域下的一般反避税规则再造》，《法律科学》2018 年第 1 期。

（一）一般反避税条款设置是否有违税法确定性原则？

一般反避税条款因其概括性规定样式的确给纳税人造成了反避税立法不确定性的困扰，也给税务部门开展反避税执法工作增添了成本与风险，设置该类型条款会增加反避税规则的不确定性，最终造成反避税权力的边界模糊。反之，如果因一般反避税条款可能带来的税法不确定性后果而否定其存在价值，也不免有以偏概全之嫌，毕竟一般反避税条款的不确定性并非不能克服，[①] 更何况其具有一定意义上的反避税宣示功能。总之，关于一般反避税条款的设置与否一直陷于"两难境地"，"如果立法者不制定一般反避税条款，而仅制定非常详细的特别反避税条款，最终我们将会有一个僵固的税法和法律人的文字游戏，外加庞大的避税产业。反之，如果立法者制定一个囊括一切避税行为的一般反避税条款，将会过于宽泛或模糊，而委任税务人员或法官过多不明确的裁量权，此毋宁给予纳税人带来不确定性，并且招致腐败和低效率"。[②] 为此，一般反避税条款具有事实上的不确定性，但并不因违背税法确定性原则而乏缺正当性，鉴于现代社会避税交易的复杂流变，欲以明确类型化的特别反避税条款实现避税行为规制目的，已然力有不逮，以制定一般反避税条款来威慑避税行为，涵盖已知和未知的避税交易类型，能够起到有效打击避税行动的作用。此外，也要正视一般反避税条款不确定性的客观存在和潜在危险，过于原则性的反避税立法会导致反避税执法权运行的不确定性，必须运用立法解释、行政解释等手段使之具化，构建完整严密的反避税规则体系。从这一辩证视角而言，一般反避税条款不仅具有原则性条款属性，更具有规则性条款属性，[③] 要

[①] 参见侯卓《法学视角下的一般反避税条款——以中国税法为切入点》，《商丘师范学院学报》2014年第4期。

[②] Yuri Grbich, Beyond Form Versus Subsatance: A Road Map for Chinese Tax Lawyers Serious about the Rules of Law, 载葛克昌、贾绍华、吴德丰《实质课税与纳税人权利保护》，台北：财团法人资诚教育基金会2012年版，第64—65页。

[③] 参见王宗涛《一般反避税条款研究》，法律出版社2016年版，第48—49页。

一分为二地看待一般反避税条款不确定性的利与弊，本着兴利除弊的立场，细化和规范一般反避税条款的规则体系和实施过程。

（二）一般反避税条款细化如何贯彻正当解释原则？

我国企业所得税和个人所得税的一般反避税条款之法条位置有所不同，前者为特别纳税调整一章下的单独法条设计，而后者则以具体纳税调整法条下的兜底条款列项形式存在，不过二者在法条构造形式上存在相似，共同拥有"合理商业目的"这一不确定性概念，另外个人所得税法的一般反避税条款中还有"不当税收利益"之不确定性概念，相比之下，企业所得税对此使用了更为明确的"减少应纳税收入或所得额"之情形表述，但无论如何，一般反避税条款都因价值性概念的存在而不确定性突显。为此，一般反避税条款的细化离不开"合理商业目的""不当税收利益"等价值性概念的解释判定，与此同时，以上不确定性概念毕竟处于一般反避税条款之中，要从一般反避税的立法意图来把握法条的整体含义，也要从已明确列举的特别反避税条款中总结同质规律，形成一般反避税条款的普遍适用性解释规定。此外，一般反避税条款适用于规制非常规避税交易，往往需要执法者或司法者植根于具体个案事实加以认定，因而，一般反避税条款的解释细化工作也离不开个案裁量或裁判的正义实现。总言之，一般反避税条款的内涵阐释系立法、行政和司法共同参与，围绕着构成概念的解释适用、概括立法的规范意涵、类型立法的同质推导等展开，以下笔者将从一般反避税条款的解释原则、解释方法和解释内容三方面一一论述。

1. 从解释原则上，一般反避税条款的正当解释应符合明晰性、合法性、合理性、可审查性等原则。（1）制定一般反避税条款的明晰性实施细则。"清晰的外貌是解释的效果"[1]，应就税收法律中的一般反避税条款制定更为详细具体的立法或行政补充解释，对一般

---

[1] ［美］安德雷·马默：《法律与解释——法哲学论文集》，张卓明、徐宗立等译，法律出版社2006年版，第56页。

反避税条款中的不确定性价值概念予以解释，或确立判断标准、方法，使之具体化，同时将税务实践中已经出现，但当初立法时未能类型化的避税交易类型进行再类型化。（2）规范一般反避税条款的裁量性行政过程。纵然一般反避税条款再如何解释细化，反避税规则也不可能达至完全确定的理想状态，现实生活中避税手段的花样翻新需要相对开放的反避税立法，再者，税务机关在将反避税规则适用于个案事实中时，也有相对自由的裁量判断权。基于一般反避税条款所造成的较为宽泛的税务行政裁量空间，应对税务机关行使反避税执法的行政裁量权进行限制，包括避税事实认定、特别纳税调整等行政行为的合法性、合理性，特别在适用一般反避税条款进行避税认定和纳税调整时，一定要在查明事实的基础上，结合案件事实、纳税人意图、交易所产生的避税后果等综合判断是否构成避税行为。（3）建立一般反避税条款立法和适用的司法审查机制。首先，就一般反避税条款的行政解释，司法机关有权在个案中根据当事人要求提起税收规范性文件附带审查。其次，对于具体税案中反避税裁量权的司法审查，一方面要从形式上审查税务机关的反避税裁量权行使过程是否遵照案件客观事实和契合合法性要件，又是否严格依照相关行政程序规范；另一方面要从实质上审查税务机关对于避税事实认定的合理性问题。最后，在具体制度方面，应当由最高人民法院结合税务司法实践中的典型案例，构建反避税司法裁判的案例指导制度，特别是应当强化司法在审查行政机关认定过程和结果的裁判说理能力，形成一般反避税适用的司法裁判准则。

2. 从解释方法上，采用概念文义解释、同质性解释与目的解释的进阶思路。首先，应对一般反避税条款中的不确定性概念加以文义解释，可在借鉴国际税收协定或域外税收立法中关于"合理商业目的""不当税收利益"等概念定义的基础上，结合我国实际，在一般反避税立法中增加对上述不确定性概念的定义。其次，应当运用类型同质的判断标准，类型列举的特别反避税条款与兜底或独立的一般反避税条款之间，既要有类型"同"的比对，更需要有行为属性"质"的观察,① 在避税事实可归入已知类型之外,不可涵摄时应更多探寻两者之间的同质规律。最后,当特别反避税条款的列举项仅有一项或类型太过于多元化,同质性解释规则便面临适用窘境,此时需要寻求目的解释方法之补充运用,② 应当基于主题规则的法条意图对一般反避税条款加以整体认知,进而对其构成要素之不确定法律概念加以标准衡定和价值评价。

3. 从解释内容上,实现个人所得税与企业所得税反避税规则的独立与衔接。个人所得税与企业所得税一般反避税条款的内容既有重合,亦有不同。一方面,可以借鉴企业所得税的相关反避税规则,实现规则嫁接;另一方面,更要关注到个人所得税领域当中反避税的特殊性和问题所在,例如,隐匿居民身份、所得类型转换等个税避税形式,确立起两项税种之间相互衔接且独立的一般反避税规则体系。通过上述解释机制的构建,一方面能够在整体上积极塑造个人所得税一般反避税条款裁量适用的基准;另一方面也尊重了税务机关在个案处理方面合乎比例原则的裁量余地。

(三) 一般反避税条款实施如何践行实质课税原则?

一般反避税条款是实质课税原则在税收立法上的具体反映,必须遵循实质课税原则的内在机理。实质课税原则最初起源于德国税法上的经济观察法,在美国税法上则具体反映为税务司法判例中形成的"实质课税原则",其具体含义为当法律形式、外观与经济实质不一致时,税务机关应当透过法律形式而按照经济实质加以课税。③ 不同于一般税收立法事项的规则型立法范式,它属于反避税之标准型立法范式,是解决税法形式与实质之间可能冲突的价值理念。当

---

① 李谦:《刑法规范中兜底条款的同质性判断标准——以全国首例"恶意刷单"案为切入点》,《法律适用》2017 年第 18 期。

② 参见李军《兜底条款中同质性解释规则的适用困境与目的解释之补足》,《法制与社会发展》2019 年第 4 期。

③ 贺燕:《实质课税原则的法理分析与立法研究——实质正义与税权横向配置》,中国政法大学出版社 2015 年版,第 5 页。

今社会，打着依规则统治之旗号的法律形式主义备受批判,[①] 税法亦然如此，虽然依靠精细全面的规则形式的确能够起到规范税权、保障人权的作用，但过度强调税法形式，忽略经济实质，则难免会发生税法无法规制丰富多样的避税交易安排之情形，造成避税泛滥，影响税收公平和国家财政收入。因而，通过确立实质课税原则，可以有效补齐形式上的确定性税法规范应对私域交易变化的短板，当避税安排的税法形式与经济实质发生偏差时，可根据应税事实的经济实质认定，实现对该类交易的法定课税。[②] 实质课税原则并不违反税收法定主义，某种程度上也是量能课税原则的需要，它是打击税法中可能的"义务逃逸"行为的必要手段，也是践行税法实质正义的必然要求。基于实质课税原则的法理正当性，立法者设计一般反避税条款就有充分的理论奠基，但实质课税原则也必须受到税收法定原则的严格规制，否则容易异化为不当侵犯公民财产权的切口。

至于如何让一般反避税条款的正确地实施，实际上就是如何在法治规范语境下有效践行实质课税原则和防控实质课税权异化。首先，在正向维度上，实质课税原则的依法适用要建立在事实认定正确的基础上，税务机关认定一项交易属于避税安排，应负举证责任，在此过程中，纳税人需要积极配合税务机关的稽查行为，提供相应的交易信息、资料等，也可针对税务机关的避税认定提供反驳证据。其次，在反向维度上，税务机关行使实质课税权仅限于针对可能避税的特殊情形，一般情况下，应当恪守诚实推定原则，保持税权的谦抑性和对大部分纳税人诚信守法的尊重与信任，不对遵照常规交易纳税的纳税人实施税务检查及纳税调整。一旦认定纳税人的某项交易实质符合避税构成要件，则税务机关应当依照反避税规则的有关规定依法予以纳税调整，税收核定的方法、计税价格的标准以及

---

① [美]理查德·A.波斯纳：《法理学问题》，苏力译，中国政法大学出版社2002年版，第76页。
② 参见叶姗《应税事实依据经济实质认定之稽征规则——基于台湾地区"税捐稽征法"第12条之1的研究》，《法学家》2010年第1期。

税收征管的过程一定要以合法性和合比例性为原则。如果一项交易并不符合税收构成要件或确实难以认定是否构成避税,则应依照税收法定和有利于纳税人的要求不予适用实质课税原则。

二 税法例示性规定的确定化:以税收法定条款为例

在立法实践中,例示性条款是十分常见但容易受到忽视的法条形式,它集合了法律确定性和适应性共存的规范诉求,形成针对特定主题的类型化列明与兜底式概括的法律规制模式。在税收立法领域,在税收实体和程序法律规范之中,集合了明确性与模糊性特点的例示性条款在税收立法中被频繁使用,通过类型化列举方法和概括性兜底技术,实现了"化繁为简、归类规范"的立法功效,已然成为税法中的主要法条构造形式,具有重要的立法技术价值。基于此,有必要在认识例示性条款的立法技术原理的基础上,对税法中的例示性条款分布规模、特点等情况进行实证分析,从税法语境出发观察和总结例示性条款的使用逻辑及其规律。

(一)例示性条款的立法技术原理

法条是法律文本的结构单元,也是成文法的内容体和外观标志,[①] 其表现为不同的构造形式,例示性条款是其中比较独特的一类。所谓例示,意指举例说明,而例示性条款是指对某些法条的词句以举例和展示的方式来加以解释说明的一类法条,根据例示范围的有限与无限,可分为纯正例示性条款和不纯正例示性条款,[②] 前者系将全部子类项目明确罗列,以确保法条精准适用的一类列举性规范,如《环境保护税法》第三条规定"本法所称应税污染物,是指本法所附《环境保护税目税额表》《应税污染物和当量值表》规定的大气污染物、水污染物、固体废物和噪声",其明确限定了应税

[①] 刘风景:《法条的功用与设置》,《法学》2018 年第 5 期。
[②] 参见郭恩伟《刑法典中例示类法条研究》,《黑龙江省政法管理干部学院学报》2008 年第 6 期。

污染物的种类，也由此实现了环境保护税的征税客体要素法定；后者则在列举部分典型子类项目的同时，以"等或其他＋主题概念"的表述方式进行兜底概括，避免因立法语言表述的客观缺陷而产生不容允许的法律漏洞，此类"列举＋兜底"的列示性规范亦十分多见，通常作为法律规范覆盖相对广阔时补充立法缺陷的重要技术手段，既包括抽象法律概念的类项具化，如原《个人所得税法》中的所得分类、《企业所得税法》中的收入分类等，也包括多样复杂情形的分类呈现，如各税种法律中的税收减免例示性条款等。

承上所述，由于纯正例示性条款系明确列举性规范，契合法律确定性精神，其一般能够得以准确适用，并无引致法条适用争议的可能，而无特别关注和研究之迫切。相较之下，以兼具明确性和开放性的不纯正例示性条款，因可能产生法律模糊性问题，引发法律漏洞下的权力滥用风险，因而需要给予重点关切。故本书所言之例示性条款，乃包含"等"或"其他"词语的不纯正例示性条款，它是"对一般条款适用情形的列举，符合一般条款的基本思想，并由此反映了一般条款的价值安排（彰显功能）"[1]，通过对于分类列举和兜底概括立法技术的综合运用，打造出一个集封闭与开放、安定与灵活、明确与模糊相调适的一般法律规则，既给纳税人用法守法提供了明确依据，也照顾到后续立法修订、行政执法和司法适用的客观需要。

从立法实践而言，基于不同的分类标准，例示性条款表现出不同的类项。一是从例示性条款的构成形式来看，大体表现为"例示事项＋（和、以及、或者）其他＋概括性用语"型（如《土地增值税暂行条例》第五条"纳税人转让房地产所取得的收入，包括货币收入、实物收入和其他收入"）、"例示事项＋等＋概括性用语"型〔如《契税法》第二条第三款"以作价投资（入股）、偿还债务、划

---

[1] ［希腊］［英国］海伦·赞塔基：《立法起草：规制规则的艺术与技术》，姜孝贤译，法律出版社2022年版，第421页。

转、奖励等方式转移土地、房屋权属的，应当依照本法规定征收契税"]、"例示事项+等"型（如《进出口关税条例》第三十八条"海关征收关税、滞纳金等，应当按人民币计征"）三种；① 二是从例示性条款的呈现形态来看，可分为单一例示性条款和复合例示性条款，前者一般表现为由单一法条所构成的横向式例示性条款，如《企业所得税法》第八条"企业实际发生的与取得收入有关的、合理的支出，包括成本、费用、税金、损失和其他支出，准予在计算应纳税所得额时扣除"，后者通常体现为由条、款、项所共同组成的竖向式例示性条款，如《车船税法》第三条"下列车船免征车船税：（一）捕捞、养殖渔船；……（五）依照法律规定应当予以免税的外国驻华使领馆、国际组织驻华代表机构及其有关人员的车船"等。

（二）税收法定条款中"等"字释义

众所周知，2015 年立法法修订时第八条第（六）项规定"税种的设立、税率的确定和税收征收管理等税收基本制度"只能制定法律，此所谓我国立法法上的税收法定条款。该条款在修订之前，只是将税收与基本经济制度，财政、海关、金融、外贸等基本制度放在一起做笼统规定，税收基本制度的具体内涵不明确导致税收法定条款虚设。2015 年在立法法修订过程中，二审稿中采取"税种、纳税人、征税对象、计税依据、税率和税收征收管理等税收基本制度只能制定法律"的表述范式，但在最终审议通过的法律文本中，则对明确范围加以限缩，最终限定在"税种设立、税率确定和税收征管制度"三方面。但该条款仍然采用"……等"形式的兜底条款表达方式，尽管明确的法定范围只有三个，但"等税收基本制度"中"等"字如何理解，其是否囊括纳税人、征税对象、计税依据等其他课税要素，仍不甚明晰。从税收法定原则的法理含义出发，包括纳税人、征税对象、税率、计税依据、税基等课税要素均应实现法定，

---

① 参见占善刚、施瑶《例示列举规范的正确表达——以现行〈民事诉讼法〉为文本的分析》，《河北法学》2021 年第 5 期。

且该法定的内涵应为立法机关立法保留事项之归属。然而，如果从纯粹理论层面理解该例示规定内容，则不免脱离该条款之最终立法本意。实际上，关于该条款之理解存在着与理论相悖的现实差异，一方面我国的税收法定依然要处理与税收调控之关系，税收立法中人大与行政的角色仍然存在着主辅地位的颠倒，因而，学界所提之"税收法定"实则为"税收法治"，其与税收法定主义在西方国家兴起和发展过程中的"税收契约精神""代表同意课税"等核心理念有所区分，这也是一些学者主张结合我国国情将"税收法定"中"法"的含义作扩大理解，税收行政法规等亦包含在内，只不过真正属于议会法定的事项十分有限；另一方面，在立法机关立法保留事项有限列举的基础上，现行立法法中税收法定条款之例示规定就不适宜于作为税收立法之可予扩张解释之依据，而系作为税收民主进步进程下税收法定条款中列举事项之后续补充。从这一角度而言，在税收法定理念的有限浸入下，很难扩张到其他未列明要素。

根据例示规定的内涵与特征，已列举的三个法定事项之外的"等"或"其他"所指代范围必须被"税收基本制度"这一上位概念容纳，且对于"等"字的解释必须受制于税收法定原则之严格内涵和程序约束。也即，从文义字面上，我国税收法定之当然范畴包括实体层面上的设立税种和确定税率以及程序层面上的税收征管，在此基础上，确立和调整之其他税收法定事项首先必须属于"税收基本制度"，具有事项的概念可归入属性。但目前由于我国税法中缺失关于"税收基本制度"的法条定义，因而税收法定的事项范围十分有限，以"等"字兜底只不过为后续法律补充修改留下了出口，一方面难以充分发挥税收法定原则的至高指导价值，另一方面也为税收法定一般条款的具体适用增添了障碍。因而有必要从宪法或税收基本法的角度对"税收基本制度"这一不确定性概念加以立法确定化，其内涵到底为何？有哪些类型？与一般税收制度的区别和边界在哪？只有明确了"税收基本制度"的法律语义和规范内涵，方才能为税收法定条款的准用解释提供支撑。事物本质和价值立场应是界定"税收基本制度"概念含义的两项基点，从字义上看，"税收基本制度"是税收制度中最为核心、基础的部分，而何谓"基本"，并无一致统一的界别标准。本书认为，应从税收制度的事物本质和税收法定原则的价值立场综合考量，纳税主体、征税对象、计税依据等核心课税要素均属于"税收基本制度"范畴，应当属于税收法定事项。进言之，立法法上的税收法定条款之范畴必须明确法定，建议随着我国深入践行税收法定主义，不再采取例示规定的形式，而将核心课税要素完整列明，以明示立法保留事项。

三 税法兜底性条款的确定化：以所得认定条款为例

兜底条款是立法上针对法条无法穷尽之情形，采用的带有"其他"或"等"字样的概括性规定，[①] 有"堵截条款""堵漏条款"之别称，它被视为一种"策略性模糊"的立法处理技术，[②] 广泛分布于各类法律规范之中，意在防止法条所列事项出现挂一漏万、覆盖有限之不利局面，以起到照顾周全、放眼长远的作用。我国一贯奉行"薄"（thin）法治理念，追求立法的宜粗不宜细，法律文本中兜底条款的使用频率较高，引致司法实践中条文适用的诸多争议，也是理论界大加挞伐的对象。作为一项常用立法技术，兜底条款在税法规范中亦不乏其身影，面临着与税收法定主义之明确性要求契合与否的争议，需要以辩证认识论和实证分析法来认识税法兜底条款功能局限及其类型分布。

（一）税收法定原则下兜底条款的理性认识

立法上将以"等"或"其他"这样的语词串联起类型化列举与

[①] 参见马东丽《我国刑法中兜底条款研究》，中国政法大学出版社 2019 年版，第 27 页。

[②] 立法语言的策略性模糊，相对于立法者有限理性而产生的技术性模糊，属于立法者的策略性逐利行为的有意识的模糊。参见丁建峰《立法语言的模糊性问题——来自语言经济分析的视角》，《政法论坛》2016 年第 2 期。

兜底性概括的法条构造形式，称之为"例示规定"，其具有抽象程度上的具体与概括、事项归属上的明确与模糊、调整范围上的封闭与开放以及时间延续上的稳定与变动之多重统一性。① 例示规定构成了我国各部门领域、各效力层级法律文本当中的一项普适性法条表述范式，税收立法中也十分常见。据不完全统计，在现行的 18 个税收实体法及其实施细则中，共有 171 个"等"，221 个"其他"，② 除规则体例相对简易单薄的烟叶税法没有以外，其余税种实体法与税收征管法均有分布，而在税收行政法规、地方性法规、部门规章以及其他税收规范性文件当中更为多见。当然，这些并非所有都归属于例示规定，有些不具有法条的一般特征，如车船税、消费税等税种的税目税率表中带有"等"字的词语，并不符合例示规定之法条表述形式；另外一些或属于"等内"的列举后煞尾，例如《个人所得税法》第十五条"……向税务机关提供纳税人子女教育、继续教育、大病医疗、住房贷款利息、住房租金、赡养老人等专项附加扣除信息"，由于现行个税法仅规定了上述六类专项附加扣除项目，因而属于"等内"字义结构；或属于"其他"的除外规定，例如《船舶吨税法》第三条中"其他应税船舶适用普通税率"、《企业所得税法》五十七条中"其他鼓励类企业"等便属于此类，"其他"一词特指已知范围所列情形之外。

具体来看，税法中例示规定的构造型态分为两类，一种为"一般性例示规定"，以示对某一项具体规则情形的防漏性说明，此类规定较为常见，数量最为可观，如《企业所得税法》第八条中规定准予税前扣除的支出范围，"成本、费用、税金、损失和其他支出"等；另一种为"特殊性例示规定"，即通常所言之兜底条款，其一般见之于"主题规则 + 类型规定 + 兜底条款"的列举性规范之中，如

---

① 参见刘风景《例示规定的法理与创制》，《中国社会科学》2009 年第 4 期。
② 参见覃韦英曌、胡丽娜《"等"字分内外，"其他"作何解?》，《中国税务报》2020 年 10 月 9 日第 5 版。

原个人所得税法第二条的所得分类条款，该法条构造形式依序为列明条文主旨——"下列各项个人所得，应纳个人所得税"，列举十项类型所得，设置兜底条款——"经国务院财政部门确定征税的其他所得"。此外，后一种情形有的也混合了前一种形式，例如现行《个人所得税法》第四条关于免征情形的表述，既有第（八）项中"其他人员"的一般例示规定，亦有第（十）项"国务院规定的其他免税所得"之兜底条款。由上可知，兜底条款属于例示规定规范构造的特殊类型，属于例示规定下的末项、最后兜底，通常体现为某一法条主题下已明确列举类型之外其他同类情形的兜底概括性规定。

"立法机关肩负从宏观整体视角确定高度概括准则之任务，而非面面俱到地沉溺于对所有可能发生的细小问题之规定"。[1] 兜底条款正是立法者在保留固定类型明确立法之外，轧开一道缺口给税收立法、行政和司法实践以补充发展和适应未来，是一项克服税法规范局限性的立法技术。在此基础上，兜底条款具有简化税收立法和税收授权立法之双重功用：一方面，简化立法是税法兜底条款的形式追求，税收立法语言的兜底概括表述迎合了现代复杂多变社会环境对于较低立法"规范密度"的要求，把列举例子与兜底条款结合在一起，"最能满足法治国家对确定性的需求，也适合法院在未来创制法律"；[2] 另一方面，授权立法是税法兜底条款的实质目标，法律文本中通过兜底条款的行政授权立法，能够增强立法回应复杂多变社会实践的适应能力。

作为税法建制的首要原则，税收法定原则与税法兜底条款技术既嵌合一致亦相互抵牾，问题归结于税法规范明确性与开放性、适

---

[1] ［德］K.茨威克特、H.克茨：《比较法总论》，潘汉典、米健、高鸿钧、贺卫方译，法律出版社2003年版，第139页。

[2] ［奥］恩斯特·A.克莱默：《法律方法论》，周万里译，法律出版社2019年版，第41—43页。

应性的价值融合和技术调适。① 而欲实现此目标，关键在于客观认识到税法规范不确定性利弊同构的两面性：一方面，模糊不确定、质量低劣的税收立法容易诱致税收不确定性，② 给纳税人权利保护蒙上一层阴影；另一方面，税法不确定性并非绝对的恶（Absolute evil），③ 税法调控和适用的灵活、复杂、多变需要立法留白处理，以作授权行政自主立法、补充立法之用。故而，应根据不同主题规范下兜底条款的具体功能指向，以科学理性的态度认真对待兜底条款技术在税收立法中的运用，并接受税收形式法定和实质法定的检验、评估。

（二）税收法律文本中兜底条款的类型分布

基于笔者对我国税收法律的实证观察和分析，兜底条款主要分布在税种实体法，④ 根据党的十八届三中全会以来落实税收法定进程，无论是已完成还是尚未实现税收法定的税种法律或暂行条例，除个别税种如车船税、烟叶税和消费税以外，大都可见兜底条款的身影。从兜底条款的法条功能出发，税收立法中的兜底条款大体可分为税目分类型、裁量适用型和法条授权型三种（见下表4-2），分别旨在建构课税对象类型化的开放结构，传达税务行政执法中的裁量权限和授权行政机关进行适应性补充立法。

---

① 参见周少华《法律之道：在确定性与灵活性之间》，《法律科学》2011年第4期。

② 参见杨洪《税收的不确定性及其法律应对》，《法商研究》2019年第2期。

③ See Alexander V. Demin, Certainty and Uncertainty in Tax Law: Do Opposites Attract? Laws, Vol. 9, No. 4, December 2020, p. 30.

④ 在税收程序法方面，我国现行《税收征收管理法》当中并无符合兜底条款外在形式的法律条文，唯一可能构成实质意义上的兜底条款的是第三十五条第（六）项"纳税人申报的计税依据明显偏低，又无正当理由的"，有学者提出该条款既可作为反涉税信息缺失的税收核定兜底条款，亦有可能异化为反避税的兜底条款，主张改进该条款表述为类似"其他违反税收协力义务"之税收核定兜底条款，同时将一般反避税条款引入到税收征管法当中。参见王宗涛《"计税依据明显偏低无正当理由"条款的法律逻辑》，载熊伟《税法解释与判例评注》（第七卷），法律出版社2016年版，第250—262页。

表4-2   我国现行税法文本中兜底条款的类型化分布

类型	法条主题	具体法条
税目分类型	所得（收入）类型	《企业所得税法》第六条第（九）项
裁量适用型	一般反避税调整	《个人所得税法》第八条第（三）项
		《企业所得税法》第四十七条
	应税事实认定	《契税法》第二条第（三）款
法条授权型	税收优惠	《个人所得税法》第四条第（十）项，第五条第二款；《企业所得税法》第七条第（三）项；《增值税暂行条例》第十五条第二款；《车辆购置税法》第九条第二款；《船舶吨税法》第九条第（十）项，第十三条；《耕地占用税法》第七条；《城市建设维护税法》第六条；《城镇土地使用税暂行条例》第六条第（七）项；《房产税暂行条例》第五条之（五）；《印花税法》第十二条第二款；《耕地占用税法》第七条第五款；《环境保护税法》第十二条第（五）项；《企业所得税法》第七条第（三）项等
	允许（禁止）扣除项目	《企业所得税法》第十条第（八）项，第十一条第（七）项，第十二条第（四）项，第十三条第（四）项；《土地增值税暂行条例》第六条第（五）项；《增值税暂行条例》第十条第（四）项等
	纳税申报	《个人所得税法》第十条第（七）项"国务院规定的其他情形"
	税率适用	《增值税暂行条例》第二条第（二）款之5

1. 税目分类型兜底条款

所谓税目，是指课税对象的具体项目或品种，它是课税对象在质的方面的具体化，明示税种的课征范围及广度。[①] 税目条款设计是税种立法中课税对象要素规范的重要面向，而单一税种的税目内部构造十分复杂，"为能以简御繁，统一公平课税"[②]，立法者一般会

[①] 参见叶金育、顾德瑞《消费税法上的"应税消费"——兼论消费税立法中的税目体系构造》，《地方立法研究》2019年第5期。

[②] 陈清秀：《现代财税法原理》，厦门大学出版社2017年版，第70页。

运用类型化立法技术，形成应税项目中的类型概念，以使"社会成员广泛地有能力将特定行为、事物和情况涵摄到法条文字所做的一般化分类中"①。在部分税种的税目类型化列举条款中，立法者往往出于堵截未知漏洞的需要，在已列举税目类型之后附加兜底条款列项。基于此类兜底条款所处的法条位置和独特功能，可归并为"税目分类型兜底条款"予以观察。

一般而言，税目分类型兜底条款分布于税基宽泛、普遍课征的税种立法中，目前此类兜底条款仅见于《企业所得税法》第六条第（九）项"其他收入"之规定，在落实税收法定以前，原《个人所得税法》第二条第（十一）项"经国务院财政部门确定征税的其他所得"，原《印花税暂行条例》第二条第（五）项"经财政部确定征税的其他凭证"，亦属于此类兜底条款。② 由于税目分类型兜底条款之授权性与模糊性背离了税收法定主义之课税要素法定、明确旨意，废除之声早已尘嚣日上，最终反映到我国落实税收法定原则的立法实践中。然而，值得反思的是，兜底条款作为一项中立性立法技术，关键问题并不在于法定主义限制兜底条款之形式设计，而在于兜底条款的内涵释义如何贯彻法定主义要旨。

2. 裁量适用型兜底条款

该类型兜底条款是在已知列举情形之外留有一定程度的行政裁量适用权限，以回应复杂多样税务行政的需要，主要见之于一般反避税的纳税调整、应税事实认定等税务行政执法事项规定中。从条款形式设计来看，既有单一法条内列举情形的最后兜底样式，如现《个人所得税法》第八条第（三）项的一般反避税条款，也有同一主题章节内列举情形之外的一般立法例，如《企业所得税法》第四

---

① 参见［英］哈特《法律的概念》，许家馨、李冠宜译，法律出版社 2011 年版，第 113 页。

② 在落实税收法定过程中，拟制型税目分类中也不乏兜底条款的使用，如已公布的《增值税法（征求意见稿）》第十一条第（四）项关于视同应税交易"其他情形"之规定。

十七条的一般反避税条款，还有以"……等"形式呈现，如《契税法》第二条第三款转移土地、房屋权属的应税行为事实认定。

"裁量是当规则不能满足需要的时候的必要补充"①，立法者所设计的明确规则并不能完全覆盖反避税调整或应税事实认定的全部情形，最后附以兜底条款可为税务机关根据个案事实裁量判断提供规范依据，避免出现"法律所不容许的漏洞"，最终酿成国家税收流失与国民纳税不公之后果。与此同时，兜底条款之裁量适用也绝非无远弗届，相反，其通常受到规则内容和立法意图的双重规制，"无论有无明文规定，行政机关都有义务依据法的宗旨和目的行使其裁量权"。② 裁量适用型兜底条款之设置意图和适用逻辑理应体现于此。

3. 法条授权型兜底条款

税法中还普遍存在另一类兜底条款，其功能为授权行政主体后续补充立法，主要集中在税收优惠、扣除范围、纳税申报、税率适用等税收立法事项上。首先，在税收优惠制定方面，针对税收减免、暂予免征、排除课税等税收优惠事项，在列举部分法定类型的基础上，授权相关行政主体可就其他情形进行补充规定，兜底条款由此成为授权行政机关立法的法条依据，这一类数量最多。其次，在扣除范围确定方面，包括允许扣除和禁止扣除项目范围，除了税法明文规定的以外，还授权行政机关可以确定其他扣除项目，例如《土地增值税暂行条例》第六条第（五）项"财政部规定的其他扣除项目"，《增值税暂行条例》第十条第（四）项"下列项目的进项税额不得从销项税额中抵扣：……国务院规定的其他项目"等。最后，部分税种的特定事项如纳税申报、税率适用等亦有分布。

法条授权型兜底条款体现了税收立法过程中依托兜底条款形式

---

① ［美］肯尼斯·卡尔普·戴维斯：《裁量正义》，毕洪海译，商务印书馆2009年版，第20页。

② ［日］田村悦一：《自由裁量及其界限》，李哲范译，中国政法大学出版社2016年版，第40页。

体实现法条授权功能的思路，能够在税收法治逻辑下实现控权与赋能的双赢局面。一方面，法条授权型兜底条款之授权并非毫无限制，而是有着明确的事项范围，受到同类立法事项内在隐含规律的约束，税收优惠方面的授权立法还要接受授权主体乃至上级机关的程序性备案审查；另一方面，法条授权型兜底条款迎合了政府运用税收政策适时调控的现实需要，基于二元功能同构原理下的税收调控功能不容置否，①该类兜底条款给行政机关预留进行补充、适应立法的空间。总之，兜底条款作为一种精妙的立法技术，较好地取得了刚性税收法定之控权要旨与弹性税收调控之授权需要的平衡。

以上是建立在我国税法规范中兜底条款分布样态的基础上，根据兜底条款的法条功能不同予以的大致类型化剖析，此三种兜底条款类型或有彼此重合之处，如我国原个人所得税法、印花税暂行条例中税目分类型兜底条款存在法条授权，另如一般反避税规定等裁量适用型兜底条款也暗含间接授权行政立法的旨意。尽管如此，本书仍就认为三类税法兜底条款的功能导向各异，税收法定约束的严苛程度、兜底条款关涉的主题焦点亦有差别，分别对应课税要素明确性原则下税目分类型兜底条款的形式合理设计问题，税务裁量限缩理论下裁量适用型兜底条款的实质正当解释问题，税收相机调控需求下法条授权型兜底条款的补充立法规制问题，故宜当逐一检视其规范设计与适用的正当逻辑。

（三）个人所得分类兜底条款的存废之争

2013年党的十八届三中全会提出"全面落实税收法定原则"，基于此背景，2018年修订通过的个人所得税法针对所得分类条款进行了较大幅度的修改，其中个人所得分类兜底条款的删除意义重大，解决了"其他所得"兜底条款一直以来存在的行政授权和认定非规范性问题，在此之后的印花税法也照此逻辑，不再保留"其他凭证"之兜底规定。学界通常认为此举乃税收法定理念植入

---

① 参见侯卓《论税法分配功能的二元结构》，《法学》2018年第1期。

中国语境之结果，① 产生了个人所得税与印花税税目类型法定之期待效果，但从法教义学和比较法学视角而言，税收法定原则并非排除税目型兜底条款设计与适用的绝对理由，而是暗含禁止与排除行政授权之精神。以个人所得税为例，综合所得税制的现代转型要求相对宽泛的所得范围，国外所得税的立法实践也印证了所得分类兜底条款可以实现形式设计合理性与实质适用合法性的合一。

"立法无需论"和"适用困境说"确实反映个人所得分类兜底条款设计一定程度上背离了税收法定理念，但罪不在"其他所得"这一兜底条款本身，而在于原个人所得税法"经国务院财政部门确定征税"之行政授权模式，② 通过直接删除所得分类兜底条款将授权前置要件与兜底本体功能一概废止，实属曲解了税收法定主义之课税要素明确性要求，在将罪刑法定奉为圭臬的刑法领域，通常也认为"兜底条款的设置不会威胁人们对刑法明确性的追求"③，关键在于如何在税目类型法定基础上构建兜底条款的明确化机制，防范因税目分类兜底条款的行政授权造成课税要素非法定性和不确定性。

观之域外，尤其是一贯将税收法定原则奉为金科玉律的西方发达国家，也并非完全排斥税目分类型兜底条款。以所得税法为例，由于所得的概念如同一团迷雾，抽象地令人难以理解，立法者通常采用所得项目的正向列举或反向排除方法来界定，由此形成所得的增值概念与来源概念，④ 并且兜底条款与类型化立法方法几乎形影不离。正因此，"其他所得"在不同国家的法律中会指称完全不同的事

---

① 参见刘剑文、胡翔《〈个人所得税法〉修改的变迁评介与当代进路》，《法学》2018年第9期。

② 例如有学者就指出"经国务院财政部门确定征税"实为授权条款，而非一般理解的兜底条款。参见叶姗《个人所得纳税义务的法律建构》，《中国法学》2020年第1期。

③ 张建军：《论刑法中兜底条款的明确性》，《法律科学》2014年第2期。

④ 参见李乔彧《个人所得认定治理路径的转型》，《行政法学研究》2020年第1期。

物，这取决于所得概念界定的法律传统，① 在分别采取增值所得概念与来源所得概念的国家中，"其他所得"的兜底适用逻辑也不一样：前者建立在增值所得的概念定义和非税所得的除外范畴基础上，一般由立法机关通过"所得释义＋反向排除"的方式明确，如美国《国内收入法典》第六十一、一百四十条关于应税所得的一般定义与非税所得的兜底规定；后者则牵涉法定列举所得类型之外其他来源所得的个别化、应税性评价，通常体现为所得"分类项罗列＋兜底项概括"的立法形式，例如英国1918年《所得税法》第三百六十条之规定，② 德国《个人所得税法》第二十二条第3目之"来自其他行为的收入所得"，③ 日本的"杂项所得"④ 等。

　　此外，上述实行分类应税或非税所得列举规范的国家和地区，针对所得分类兜底条款的明确化问题，更多采行"司法正当审查＋立法补充解释"的明确化机制，司法机关有权针对所得分类兜底条款启动法律明确性审查，议会机构仍然承担着所得分类兜底条款释义明确的立法任务，例如德国所得税法虽有其他所得（sonstige Einkunfte）之规定，但其他所得在德国税法上仅以同法第二十二条所列举之项目为限，并非采用概括性条款。⑤ 同样地，1950年日本所得税法修改受到"肖普劝告"的影响，设定了"杂项所得"，不同于一般意义上的所得兜底条款，"杂项所得"的范围并非无边界

---

① ［美］维克多·瑟仁伊：《比较税法》，丁一译，北京大学出版社2006年版，第236页。

② 该条文内容为"凡一切每年发生之赢利或所得，既不属于前述任何项目，又不属于任何一类所得征收者"。参见朱偰《所得税发达史》，商务印书馆2020年版，第124页。

③ 参见［德］迪特尔·比尔克《德国税法教科书》，徐妍译，北京大学出版社2018年版，第267—269页。

④ 参见［日］金子宏《日本税法》，战宪斌、郑林根等译，法律出版社2004年版，第183—185页。

⑤ 参见柯格钟《论所得税法上的所得概念》，《台大法学论丛》2008年第3期。

的，而是被进一步细分为公共养老金或抚恤金等。① 相比较而言，我国原先采取"其他所得"界定的行政授权模式，行政机关垄断了所得分类兜底条款的解释权，税收司法的法律文本解释、行政行为审查、争议解决权能还很薄弱，人大主导税收立法的制度设计和实然状况之间存在着较大差距，② 未见司法机关就行政机关所作的其他所得认定开展规范性文件审查，也未见人大层面相应的法律条文跟进修改与明文解释。

由上可知，有着深厚税收法定主义土壤的西方发达国家，对于税目类型化立法中的兜底条款设计也并非持完全否定态度。"一项模糊的法律并不必然代表着某个法治的欠缺"③，兜底条款作为一种有意识的模糊性立法技术，具有价值中立性，不能将其妖魔化。诚然，由于不同税种的课税对象范围宽窄有别，不能一概以税收法定原则来排除税目分类型兜底条款。

（四）个人所得分类兜底条款的改进路径

针对税目分类是否应当设置兜底条款，应根据具体税种的征税机理，从税目类型法定的现实价值和长远意义加以综合研判。现实中，依据税种的课征广度，可划分为有限税目型税种与宽泛税目型税种，前者属绝大多数，一般应禁止税目分类中兜底条款之设计，或尤可适用，但必须本着兜底条款的简约立法而非模糊立法的功能指向，后附具体内容的明确罗列，故印花税法删除"其他应税凭证"理所应当，与此同时，由于税法拟制性规范有扩张税基的效果，宜尽量少用概括主义的表述方式，④ 故《增值税法（征求意见稿）》第

---

① 参见［日］中里实等《日本税法概论》，郑林根译，法律出版社2014年版，第144页。
② 参见封丽霞《人大主导立法的可能及其限度》，《法学评论》2017年第5期。
③ ［英］蒂莫西·A.O.恩迪科特：《法律中的模糊性》，程朝阳译，北京大学出版社2010年版，第241页。
④ 叶金育：《回归法律之治：税法拟制性规范研究》，《法商研究》2016年第1期。

十一条第（四）项关于"视同应税交易"分类的兜底条款也应删除或改造；反之，后者以所得税为代表，在所得（收入）分类列举立法中应允许使用兜底条款，以兼顾法的封闭性与开放性、确定性与适应性之要求，也与应税所得的广义属性相匹配。立足十四五规划发展期，"健全直接税体系、提高直接税比重"的税制改革方向已然明晰，其中，个人所得税制度处于关键改革领域，朝向综合所得税制演进的趋势不可逆转。因此，未来应进一步优化调整个人所得分类项目，恢复"其他所得"之兜底规定，以使税法更加周延，[①] 但前提必须解决如下问题：

其一，"应税所得"的概念具化。尽管理论界关于所得的定义存在争议，但勿论各国采取哪一种所得界定学说，起码能够构成所得定义的理论支撑，从而避免因概念本体模糊而过分依赖类型化方法，也能够为其他所得界定提供源头指引。我国理论界认识到所得定义的多样性现实，但鲜有学者尝试总结现行所得分类规律，提出所得定义应当立足的学说所在。笔者认为，在间接税和分类所得税制双主导现实以及减税降负的时代背景下，"源泉说"较为契合我国综合与分类所得税制的内律，也构成了所得分类正向列举式立法的依据所在，它主张"只有得自某一来源的收益才是所得"[②]。当然，"源泉说"下的所得概念依旧存在一定的模糊性，其只是揭示所得概念的类型化生成逻辑，面对丰富多样的各类源泉所得，立法者只选择具有经常性的源泉所得进行课税，尽管偶然所得的个体偶发性特质与之冲突，但从社会整体层面上偶然所得的交易常态性仍符合"源泉说"。因而，依据"源泉说"定义所得概念的过程，乃对不同来源的所得加以应税性和可税性判断，其判断标准为"社会整体层面的经常性"，随后对这些经常性应税所得进行类型化立法。

---

① 参见邢会强《个人所得的分类规制与综合规制》，《华东政法大学学报》2019年第1期。

② ［美］维克多·瑟任伊：《比较税法》，丁一译，北京大学出版社2006年版，第237页。

其二,"所得分类"的内洽和开放。"各类所得的分类并非纯粹的逻辑问题,而是渗透着立法者的价值考量"①,在实行分类所得例示型立法模式的国家和地区,都有着基于不同价值判断和分类基准的所得分类范式,颇具本土特色。在我国,所得类型的划分基准主要奉行"行为导向",并且考虑到不同收入群体的身份性。"所得类型化的根本原则一在于稳定,二在于简便"②,分类所得项目应当保持相对的安定性和简洁性,以此来增加税法的可信赖性和可接受性。当然,这也绝非意味着所得类型的僵化不变,一方面,各分类所得有可能存在类型化逻辑不自洽等问题,可予以简并或调整;另一方面,面对社会经济活动形式的变化发展,有可能出现新型所得形式,或者税法新纳入规制范畴的应税所得,此时,应当借助兜底条款保持所得分类的开放性,使得税法能够与时俱进地做出相应调整,只不过所得类型的扩张应当基于基本生存权保障和量能课税原则的原理,应税所得范围的扩增应当与个人所得的综合化程度以及抵扣减免力度相一致。

其三,"其他所得"的解释与适用。"租税法定原则所要求者,不仅为'法律保留',且根本为'保留'"。③ 正因为税目分类型兜底条款的抽象概括性,立法机关更应丰富其内容。为此,我国未来"其他所得"兜底条款回归后,应当摒弃一贯的概括式立法模式,而应从立法上明确"其他所得"的具体范围,禁止授权给行政机关予以规定,至于"其他所得"具体内涵的明确化路径应从行政专业判断和司法中立裁判两方面协同推进,针对争议性和新兴所得类型纳入"其他所得"进行兜底性征收,行政机关应当首先遵照穷尽原则,

---

① 张守文:《改革开放、收入分配与个税立法的完善》,《华东政法大学学报》2019年第1期。

② 罗亚苍:《个人所得税构成要件的国际比较与我国立法完善》,《国际税收》2017年第9期。

③ Vgl. Kruse, Steuerrecht, S, 58; Tipke/Lang, Steuerrecht[14], §4Rdnr. 159. 转引自陈敏《税法总论》,台北:新学林出版有限公司2019年版,第39页。

根据量能课税原则与技术理性思维进行应税所得类型的归属判断。此外，应构建"其他所得"行政认定适用的司法终极审查机制，坚持明确性、合理性、合法性的审查标准，即关于其他所得的解释与适用必须明确，避免再模糊化，也应当契合所得税法上应税所得的基本内涵界定，并满足所得类型归属的例外要件，以防止行政权恣意独断。

第三节　不确定性税法适用的因素控制

税法确定性原则的终极目标落在法治语境下的税收确定性实现之上，基于"文本中的法"与"行动中的法"之区分，税法表现为静态规范层面和动态适用层面之确定性要求，反之，也存在着"文本法"与"活动法"上的不确定性问题。以上两节主要就税法文本中典型概念、规则的不确定性特征进行了观省，实际上，现实中税法适用过程中也潜藏着大量的不确定性因素，根据税法适用逻辑的向度，主要包括推理解释、课税事实和税收行为方面的不确定性。基于对税法适用不确定性的三大因素分析，分别提出控制三方面不确定性肆意蔓延的解决方案，实是保障税法运行确定性的有益思路。

一　税法适用不确定性的因素解析

"良法"与"善治"是税收法治的全部理想，一方面，税收善治格局需要明确详尽的税法规范作为规范依据；另一方面，税收良法制定也需要不断在税收治理实践中提炼新规则、改进旧规则，致力于使税法规范与适用之间存在彼此依赖、相互促进的逻辑关系。税法适用是税务部门或司法机关根据个案事实，将税法规定适用于具体税案之过程，包括适用前提、适用过程和适用结果的确定性，也分别在此三方面呈现出不确定性可能，其中，适用前提之税法规范不确定性以及适用结果之税收不确定性问题已有讨论，不再赘述，本部分主要解析税法适用过程的不确定性因素。

(一) 税法适用确定性的正当逻辑

税法适用是指由行政和司法机关将制定的税法规范在具体个案中加以适用的税务行政执法或司法审判活动。确定性是税法适用的一般要求和目的所在，也是维系税法适用"生命力"的灵魂，遵循的是税法适用的价值论意义，在科学的税法适用实践论与方法论指引下实现税法适用的最终价值——确保税收正义和保障纳税人权利。所谓税法适用的确定性，就是指通过在既有明确规范下保证税法规范准确适用于个案征收或纠纷解决，以及在缺乏明确规定情形下，通过税法解释、漏洞填补、类推适用、利益衡量等方法对个案进行裁量认定，从而实现税法适用的实质正义，其目的在于严格依照税法明确规定，以及跨越税收规范本身的相对确定性障碍，实现税收的确定征纳，减少可能发生的税务争议，进而保护纳税人的基本权利。

其一，税法适用的确定性是税收法定主义的应然要求。"税收法定主义不仅约束税收立法和税收执法，而且还对税法实践的各个方面产生了深刻的影响。"[①] 例如对已有规定的税法解释、对税法漏洞的填补以及对个别税案的裁定适用等都必须符合税收法定主义的要求，因为对税法的准确适用关乎着课税要素的明确与法定，而这正是税收法定主义的内在要义。税收法定主义不仅意味着对征税前事宜的实体性法定，更要求在整个税收征纳过程中的程序性法定。政府在开征税收之前必须以法律形式对相关课税要素进行明确化和固定化，这是实体方面的税收法定。另外，还必须对如何正确适用税法规范进行法定，这体现的是程序方面的税收法定。日本著名财税法学者北野弘久曾言："在既定税法秩序下，以税法规定本身不违宪为前提，贯穿于我们解释和适用税法的最基本原理就是租税法律主义原则（地方税为租税条例主义原则）。进一步而言，具体地解释和

[①] 刘剑文、熊伟：《财政税收法》（第六版），法律出版社 2014 年版，第 185 页。

适用税法的问题实际上是在另案件中追究何谓租税法律主义的问题"。① 适用税法的过程其实就是在具体税案中落实税收法定原则，在遵循实体法定对于课税权的公民权利约束基础上实现程序法定对于税收征管权和司法裁判权的权力约束。以权利制约权力，以程序规范权力，是税收法定主义在实体和程序两方面的重要体现。

其二，税法适用的确定性与税收的确定性有着天然的联系。税收确定性系税收法治语境下依法课税之事后确定状态，其目标实现离不开两个方面：一是在适用前提之立法层次，立法机关在各自立法权限范围内分别进行立法规范，不得越权立法甚至无权立法，"有直接民主正当性之税捐立法者，不得滥用立法之形成自由；而无直接民主正当性之税捐行政机关，更不得滥用或逾越来自法律授权之行政立法权"②，确保制定的税法规则必须明确具体，这是课税事宜事先确定立法的必然要求，是一种事前的确定。二是在适用过程之税务执法或司法层次，适用税法于税收个案时务必有明确法律依据或者本着保护纳税人权益的目的，税法适用的确定性就是在税收法律实施过程中的合法性与合理性，最终实现税收执法与司法在公平法治氛围中达到效果最佳，是一种事中的确定。税法规范事前确定和税法适用事中确定是实现税收确定性的两个基本要件，只有在确定性立法、执法、司法与守法的共同作用下才能达成确定性课税与法治化课税的融合。

（二）税法适用不确定性的主要因素

税法规范、案件事实和个体行为构成了税法适用的主要元素，从税法适用过程而言，以上三方面均存在着不确定性可能，税法规范的模糊性、复杂性和易变性，案件事实发生和认定的不确定性，个体行为的主客观不确定性等都会造成税法适用过程的不确定性，

---

① ［日］北野弘久：《税法学原论》（第4版），陈刚等译，中国检察出版社2001年版，第81页。

② 黄俊杰：《纳税人权利之保护》，北京大学出版社2004年版，第5页。

最终导致税法适用结果之税收不确定性问题。此外，税法适用过程本身反映的是逻辑推理和解释适用的过程，该思维方法运用之过程也经常面临方法论上的技术不确定性。上述税法适用中的不确定性因素，既有法内因素，如法律思维、法律规范、法律运行等，也有法外因素，如事实和行为的不可预测性等，从每个维度的不确定性问题出发，找准问题所在，并提出解决方案，让税法运行得更加确定化，是继从立法层面增进税法规范确定性之后，实现税收确定性目的的又一大改进方向。

二 推导解释不确定性的优化路径

在确定性规范和事实前提下，行政和司法适用税法之过程就是运用三段论逻辑将税法规则演绎推理适用于具体案件事实，这属于税法适用的通常情形。但在税务实践中，税务部门和司法机关经常面临不确定性税法规范和课税事实的解释和认定任务，很多时候由于规范的抽象性、事实的复杂性，很难实现"明确规则＋明确事实"的简单适用，此时，首先需要运用推导解释等手段来实现规则和事实的确定化。推导解释的技术运用涉及法学方法论问题，包括税法解释、类推适用、漏洞填补等，这些方法论的运用需要规范，才能使税法适用的逻辑思路沿着正确方向展开，不偏离预定轨道。

第一，事务本质是推导解释确定性的出发点。无论是采用哪一种适用方法，都必须坚持事务本质的立场，要追溯至具体法条之立法意图、课税事实之经济实质等，以事务本质为出发点来解释税法规范和认定课税事实，反映了以事物的客观规律为分析方向的思考逻辑，查明不确定性税法规范的实际所指，探究复杂性交易事实背后的实质意图，其提供了一种基于真实性、客观性的思维方式。

第二，价值补充是推导解释确定性的延伸点。个案之税法解释适用还应隐含一定的价值补充，从倾向性上，我国税务实践中所作出的税法解释经常不利于纳税人，是一种国库主义立场下的行政主导型税法解释，因而，我国应确立起税法解释的纳税人主义立场,①弱化国库中心主义和宏观调控主义在税法解释场域中的存在感，真正基于保障纳税人财产权的宪法任务，突出对税法解释中裁量权的有效控制，也倒逼税收立法、执法和司法更加符合公平正义和民主法治理念。

第三，利益衡量是推导解释确定性的方法论。在税法解释适用过程中，可能存在两种不同解释方法的冲突竞合问题，此时，应在衡量国家利益和个人利益的基础上，判断哪种解释更加契合利益平衡的要求，有时甚至需要考量相关第三方利益。当然，利益衡量必须要以保障纳税人基本权为前提，当纳税人不存在损害国家利益或第三方利益的情形时，应当注重对纳税人个体正当利益的保护。

三 课税事实不确定性的改进方向

课税事实与税法规范构成了税法适用的主要依据，作为一种法律事实，课税事实是主客观结合的事实，其来源于又不同于私法上的事实，一方面，课税事实的生成是私法上主体行为的结果，民商事领域的生活事实、交易事实等构成了课税事实的源泉，另一方面，应税事实判断并非完全照搬私法事实认定，其发现与判断过程离不开法律适用者基于税法规定的解释性评价。② 因而，课税事实面临着客观生成的不确定性问题和主观认定的不确定性问题。在前一方面，在私法领域意思自治原则下，纵然私法事实生成的过程再不确定，也属于私法调整的范畴，税法也无法提前介入，只有当私法事实发生，符合相关税收构成要件，纳税义务成立以后，自始进入税法规范系统。鉴于此，从税法角度，可予改善的课税事实不确定性问题主要限于税法适用中的事实认定方面，而非私法范畴的基础交易事

---

① 参见叶金育《税法解释中纳税人主义立场的证成——以谦抑理念为观测中心》，载李帅《人大法律评论》，法律出版社2017年版，第3—36页。

② 参见闫海《课税事实认定的法理建构与制度创新》，辽宁大学出版社2018年版，第9页。

实发生方面，后者属于私法自治领域不容税法干预。

从课税事实认定确定性的基本要素来看，个案中课税事实认定的确定实现需要确定性的事实信息供给和事实认定行为，但由于主要的交易信息由纳税人一方所掌握，税务机关存在着信息不对称劣势，需要纳税人履行相应的纳税协力义务，以向税务机关如实提供有关的真正交易事实信息。另外，在税法行政适用和司法适用中，税务机关与司法机关就课税事实和案件事实的认定也可能存在方法、依据、结果等方面的错误，导致课税事实认定的不确定性。为此，应从纳税协力义务履行和课税事实认定准确两方面予以改善。其一，纳税协力义务是为解决征纳双方对于纳税信息不对称状态和税款正常征缴的需求而加诸纳税人的配合义务，"协力义务之成立，部分基于税法规定，部分基于稽征机关依据税法规定之协力要求"①，其实这正是纳税协力义务在税法适用中的依据所在，税法有明确规定某些协助义务，例如我国税收征管法中的自主申报纳税义务、税务登记义务、信息披露义务等。纳税人协力义务其实本身就是帮助税务机关了解和收集涉税事实信息，为税法的具体适用提供确定性的个案事实。其二，在纳税人提供的事实信息基础之上，税务机关可根据税法明确规定，将私法事实经税法评价转换为课税事实，如果纳税人没有履行或未能充分履行法定的纳税协力义务，则税务机关可依照有关的方法核定计税。经过交易事实提供与课税事实认定过程，一般能够确保最终税法适用于个体税案中的事实信息较为真实准确，事实认定的正确和确定也将有助于税法适用的确定。总之，纳税人的协助义务对于税法适用过程中的事实认定尤为重要，而事实认定的正确与否也攸关整体税法适用的确定性效果，而税法的确定适用也将在一定程度上积极回应保护纳税人权利的基本立场。

---

① 陈清秀：《税法总论》，台北：元照出版社2012年版，第485页。

四 税收行为不确定性的法律规制

法律行为理论是法理学的重要范畴，具体到税收法律行为而言，具有广义和狭义之理解，即广义上是指税收活动中的立法、行政、司法、守法等行为类型，狭义上仅指税收征纳过程中的征税法律行为和纳税法律行为。① 站在税法适用的行为不确定性角度，应从税收法律行为的广义论出发，同时区别于税法规范之立法不确定性，将税收立法行为剔除出去，基于此，税法适用不确定性在行为层面的表现主要体现在税收行政行为、税收司法行为和税收遵从行为上，受到行为主体的主观原因和行为条件的客观制约等影响，上述税收行为有时变得十分捉摸不定，难以预测，为此，从税法层面对税收行为的不确定性因素予以规制，方才有利于恪守税法适用中各法律主体集体行动确定化逻辑。

首先，在税收行政行为层面，基于税务机关的行政行为类型划分，大致分为抽象行政行为和具体行政行为，税收行政行为的不确定性问题也体现于此。

其一，基于税法解释和补充的立法需要以及税法调控的政策需要，存在着行政性立法行为和政策性调控行为，二者都可能存在税法解释行为的不确定性和税收调控行为的不确定性问题，均受到政策法令制定者主观认知局限的影响，其中在税收调控行为方面，涉及决策者对国家宏观经济社会运行的信息整合和情势判断，而且税收调控行为的实际运行效果有时也难言乐观，往往过多的政府干预会影响市场的自发调节，税收调控行为应当以何种方式、程度展开无法明晰。因而，调控的时机、尺度、效果、方式等充满着诸多不确定性，鉴于调控的相机灵活性，很难为决策者建立完全明确的税收调控指南，否则无疑将对税收适时调控的应变能力造成掣肘，但这并不意味着税收调控行为的完全自由化，需要建构基本的法制框

---

① 参见李刚《税收法律行为初论》，《当代法学》2004年第3期。

架或提供基本的行动准则,防范税收调控过于不确定性给市场增添不安定性因素。

其二,税务机关开展各类税务行政行为,也会发生因税务人员的主观故意或过失、法条解释适用的含糊、执法口径的不统一而导致的税务行政裁量的相对灵活等情形,这些或可通过一定的价值指向或制度设计予以规范,如财税领域的反腐倡廉、税收规则的明确制定、税务执法的标准统一和税务裁量的基准建立等,通过制度化、规范化、统一化和基准化的行政法治建设,以期规范具体税务行政行为,减少主客观层面上的不确定性因素干预。此外,税收行政行为实施也要符合确定性要义和可改正性,一是税务行政行为的内容和法律效果应当明确,① 包括事实认定、适用依据、行政决定等都要以明确的方式向纳税人准确告知;二是税务行政行为要具有公信力和确定力,税务行政行为之作出对纳税人而言具备公信力和确定力,除特殊原因外,禁止随意更改税务行政决定,特别是要规避作出更不利于纳税人的税务行政行为;三是税务行政行为过程中难免会发现错误,征纳双方就其结果也会发生争议,应当允许税务机关在一定范围内的自查改正,如文书笔误的修改等,还要构建公平、有效的税务争议纠纷解决机制,纠正不合法或不合理的税务行政行为。

其次,在税收司法行为层面,正是由于税务行政行为可能存在的不确定性所引发的个案争议,使得税务行政内部复议之外发挥司法裁判的作用也十分重要。然而,在我国,受到税务司法救济权行使的条件约束以及税务司法专业能力不足等方面的原因,不仅能够进入到法院受理审判的税收案件较少以外,法院在处理重大疑难税案上也面临着司法权的现实体制拘束,缺乏处理税务案件的专门法院组织,地区之间的司法审判能力和条件等存在较大差异,法官群体的税法专业素质整体不高、参差不齐,知识结构不全面,特别是缺乏税收、会计等专业知识,导致裁判文书的说理不充分、裁判理

---

① 参见王留一《论行政行为的明确性》,《法商研究》2019 年第 4 期。

性不够、有所偏离法院居中审判的角色。正如此，在我国税收立法不确定性问题突出的现实情境下，行政主导式立法和裁量宽泛型执法会经常制造出税务争议案件，与此同时，以税务行政复议制度为代表的行政内部处理机制也面临着争议解决公平性之拷问。为此，构建更加开放、专业的税务司法机制，能够更加公平、专业地解决税法适用中的可能争议。

最后，在税收遵从行为层面，税法适用的确定性还离不开纳税人的确定性守法遵从，只有纳税人诚实且依法履行纳税协力、缴纳税款等义务，税务机关从纳税人那里获取的资料信息才更充分，其课税事实认定和税收规则适用才能更加确定，最终也才能在缴税义务的圆满完成中实现税收确定性。但纳税人在实际行动中有时会拒绝或不充分履行相关纳税义务，甚至钻税法漏洞的空子故意实施避税交易安排，税收遵从行为的不确定性使得必须采取惩戒和激励的手段，增加税收不遵从行为的法律成本，提升税收遵从行为的奖励力度，助推纳税人诚信守法、依法纳税。

第 五 章

增进我国税法确定性的基本策略

自改革开放以来,尤其是党的十八届三中全会提出"落实税收法定原则"以来,我国税收立法数量和质量有所提升,但税法规范和适用的不确定性问题仍然客观存在,需要认真审思当前我国立法、执法、司法以及守法的不确定性问题所在,并给出可行应对策略。"税收法治是构建法治社会的突破口"[1],确定性的税法规范和适用是实现国家财税治理现代化、法治化的基本要义。基于此,有必要从立法规范和法律适用维度,提出税法规范构造、生成和调整的方法路径,以及建立健全税收执法、司法和守法的制度体系,为增进我国税法确定性探索出一条科学制度方案。

第一节 税法不确定性问题的中国语境

不确定性既是税法无法规避的客观规律,也是世界各国税法的通病所在,只不过每一国家和地区所面临的税法不确定性程度不一、表现各异、原因不同。立足中国语境,无论在静态层面上的税法规

---

[1] 刘剑文:《追寻财税法的真谛——刘剑文教授访谈录》,法律出版社2009年版,第25页。

范还是动态层面上的税法适用,都显露出较高程度的不明确性和不稳定性,不确定性税法困境的出现既有客观现实因素的制约,也有主观行为因素的考虑,虽然相对模糊、简化、开放、灵活的税法规范与适用确实为税制改革期内国家税收法治迈向成熟提供试错窗口和经验积累,但其在推动国家治理有效性的同时也面临着合法性乃至合宪性的拷问,严重的税法不确定性问题给纳税人私有财产权的法律保障注入了不安定性因素,违背了税收法治原则,已然成为引致税收不确定性的主要因素。

一 我国税法不确定性的表现与因应

税法确定性原则应体现在静态立法规范与动态法律适用两方面,如此,税法的不确定性问题也集结于此,即表现在税法规范的不确定性与税法适用的不确定性两个层次。在此基础上,分别从静态和动态的视角来观察我国税收立法的确定性质量与税法运行的确定性状态,结合我国本土的国情环境、独特的立法模式以及现实的法治格局等,可以观察到我国与国外发达税法国家的税法确定性程度确实存在着一定的差距,有着不同于其他国家税法不确定性的特点。同时,我国税法规范不确定性也有着自身的现实考虑,在一定程度上也助力于国家各项体制改革的向前推进,特别是对于我国这样一个社会主义发展中的大国,不论是税制设计还是税法构建都处于相对独特的体制环境和面临前所未有的时代挑战,为获得一个与我国基本国情大抵相适应的现代税法体系,也要留给税收立法一定范围和程度上的不确定性规范技术,以作授权行政机关灵活回应社会发展与实践之需要。不过,为达到税法之确定性适用效果,应在丰富税务实践的作用下不断解释税法之含混、填补税法之漏洞和发展税法之未来。

(一) 税法规范不确定性的实证分析

回溯历史,新中国成立至今已迈入七十年关口,前三十年由于受到国内政治环境不稳定性的影响,国家各方面的法制建设相对滞缓，法治环境也不尽乐观，税收领域亦是如此，税收法制建设相对落后，税收法治氛围比较淡薄，在税收立法方面，这一时期我国处于税制设计的探索期和税收法制的初创期，主要由行政机关颁布一些税种（如契税、房地产税、屠宰税、利息所得税、文化娱乐税等）的暂行条例，鲜见人大实施税收立法权，仅有1958年第一届全国人大常委会会议通过的《农业税条例》。[①] 1978年党的十一届三中全会上作出实施改革开放政策的重大历史决定，也在此次会上确立了社会主义法制建设的十六字方针，我国由此开始逐步恢复社会主义法治，其中首要任务就是全面开启国家各项领域的立法工作，实现"有法可依"，特别是1997年党的十五大上明确提出"要到2010年形成有中国特色社会主义法律体系的立法工作目标"，为此，自改革开放之后由全国人大及其常委会多次修订宪法，制定通过的基本法律不断攀升且仍在持续增加，2011年时任全国人大常务委员会委员长吴邦国宣告我国已基本建立起具有中国特色社会主义法律体系，因而，以税法规范的基本税制范畴而言，改革开放至今逾四十年的税制改革期和法治建设期是我国现代税制逐渐变革、定型与转型时期，也是税收立法的真正起步、发展和转型时期。四十年的税制改革与税收立法相伴而生，税法的每一次立、改、废都与当时国家布局的税制改革战略切实相关，故根据我国四十逾年税制改革中大致以十年为重大改革周期，截至目前主要存在着四大税改时点，即1984年税改、1994年税改、2004年税改以及2014年税改，每一次税改中既有税制结构的优化升级，也有税法制度的不断调整和完善，从我国的税制变迁史也可大体管窥我国税收立法的历史进程。

立足当下，继党的十八届三中全会以来，我国一方面以结构性和普惠性减税为改革方向，继续深化税收制度改革，促成整体税制向着绿色生态化、社会公平性和税负减轻化转型，新设税种环境保

---

① 参见邓辉、王新有《走向税收法治：我国税收立法的回顾与展望》，《税务研究》2019年第7期。

护税的立法实施、个人所得税法的系统修订、全面营改增后增值税税率的持续调整等皆体现于此；另一方面以全面落实税收法定原则为中心任务，截至落笔之时，已完成了烟叶税、船舶吨税、耕地占用税、资源税由条例升为法律，目前正积极推进契税、印花税、土地增值税、增值税、消费税等税种于 2020 年前实现税收法定目标，逐步推动房地产税法的出台。在深化税制改革和落实税收法定的时下，与中国特色社会主义市场经济相适应的税制结构基本成形，虽然有部分已有税种之间的替代（营业税改征增值税）和新设税种的加入（环境保护税、房地产税），总体上我国现有税种数量未有较大改动（环境保护税的加入和营业税的退出刚好互抵，而房地产税的设立还未成现实），税制改革主要聚焦于税种体系微调后的各税种内部结构调整，这其中既有一部分税种（如烟叶税、船舶吨税等）秉承"税制平移"理念而鲜有内容调整，也有一部分税种（主要系环境保护税法）承接"税负平移"理念而进行内部设计，还有一些税种（如增值税、消费税、资源税、耕地占用税等）立足"深化改革"理念而实施程度不一的内部改造。以上对我国现阶段税制改革和税收法治的大体梳理，可以看到建基于税制设计基础之上的税法体系结构发生了不同维度的变化，一是在落实税收法定进程中，主要税种的立法类型由过去的"暂行条例主导式"逐步过渡至"税收法律主导式"，最终实现全部税种的法律化；二是在落实税收法定过程中，主要税种的立法内容变动存在着程度差异化状况，基本可归类为：小税种因税制平移而基本照搬立法，大税种因税制改革而改动较大，新设税种因税制创新而初涉立法。总体改革方向为每个税种由人大主导制定一部基本法律，同时国务院制定各税种法律的实施条例或实施办法，形成"一税一法一条例"附加一部税收征管法再附加数量极为众多的其他税收规范性文件的税法体系，由于目前一些税种的税收法定还在进行当中，因而还有部分税种仍以暂行条例的立法方式存在。

我国在税收立法权中央集中体制下，税种设立只能由中央统一立法确定，不像一些赋予地方一定税收立法权的国家和地区，税种体系有中央税和地方税层次之分。① 因而，我国的税制结构虽然构成税种较多，但不如其他地方自治国家税制结构层次的复杂性，相比较而言，我国单一制国家形态下税权的高度集中制确保了税制结构更为地单一化和统一化。故在简单统一的税制结构基础上，如果把数目较多的诸税种分支立法比作"税法林园"中的一棵棵参差不齐、粗细有别的林木，那么立法机关就是负责给林木栽植、修理和培育的"园丁"。② 其中，绝大多数的"园丁工作"都系由中央统一开展的，地方参与的机会和空间十分有限，这种中央集中行使的立法体制也确保了全国范围内税收制度的一致性。另外，在税收立法的中央集中体制下，也存在着另一种不同于其他国家的立法样态，即行政主导式税收立法模式，在落实税收法定原则之前绝大多数的税种立法都是以暂行条例的形式存在的，是历史上两次概括授权的结果使然。鉴于税收立法的中央高度集中制和行政主导格局下所暴露出的地方自主能力不足和立法民主不畅的问题，我国的税法体系相比其他国家和地区具有不同的特点，即中央集中式和行政主导式，为克服这一税收立法体制弊端，我国一方面通过全面落实税收法定原则逐步确立人大主导税收立法的新格局，另一方面借助法条授权形式扩张地方在部分课税要素确定和调整方面的自主立法权，这两种改进方式确立了人大税收立法权的主导权能，释放了地方税收立法权的参与权能，为重塑我国税法体系的形式与内容起到重要意义。

经过上述税收立法的两大方向性改革，我国的税法体系正发生着历史性变革。从税收立法的文本实证观察来看，从形式上，税种的法律化已成定势，暂行条例主导的税法结构时代将一去不复还，人大组织负责构建税法规范系统的基本框架，行政机关负责其中更

---

① 尽管我国也有中央税、地方税、中央和地方共享税之分，但是其是在中央立法确立的税种体系中，根据税种收入归属而进行的划分，是一种地方共享税收收入的权力，而不能等同于其他国家的地方税收立法权。

② 刘志鑫：《税法的困境及其宪法出路》，《中国法律评论》2019年第1期。

为细节的规范文本填充，总体上，相较于其他一些国家，我国由相关立法机构搭建的各税种法律/条例框架（包括尚未完成税收法定的税种由国务院授权制定的暂行条例）比较粗疏，总体法条数量为370条，再加上现行税收征管法共6章94条之规定，构成了税收实体法和程序法之全部框架；从内容上，税制改革与税收立法相伴而行，不同税种的税制设计和税收征管有着简单与复杂之别，因而根据各税种的不同改革力度和难易特性，表现为小型税种立法的简易化和稳定性（如烟叶税、船舶吨税等）、中型税种的相对复杂和灵活（如消费税等），大型税种的复杂性和易变性（如增值税、企业所得、个人所得税等），如此我国也在落实税收法定原则中根据税制改革计划和税种征管难度实施区别化税收法定路径，另外，作为税收程序法之税收征管法也扮演着龙头法的角色，自1992年制定实施以来，历经2001年、2013年、2015年三次修订，现如今正处于全面修订期，可以预见，随着科技化程度的不断加深，税收征管的工作内容和方式将愈加复杂化、技术化，税收征管法的修订必须回应理念跃迁、制度创新和技术革命等现代命题。[①] 基于以上阐述，可以发现，在改革与法治齐头并进的当下，我国的税法建制仍存在以下不确定性因素。

1. 改革立法的附随性和冲突性。与其他领域有所不同的是，我国经济领域立法与经济体制改革的相伴互动尤为显著，特别是随着近年来深化财税体制改革任务的积极推进，财税领域的改革与立法频繁发生，正经历着一场重大的制度转型。一方面，改革与立法是国家各项制度确立与发展的基本方式，国家税制改革需要在税收法治逻辑下推行，也助推税法回应社会发展的能力提升；但另一方面，改革与立法在实际运作中也难免产生冲突，改革所需要的突破力、创新力和灵活力难免有时会与法律的明确性、保守性和稳定性不相

---

① 参见黎江虹、黄家强《中国税收征管法修订新动向：理念跃迁、制度创新与技术革命》，《广西大学学报》（哲学社会科学版）2016年第1期。

兼容，特别是在我国这样一个"摸索中前进"的试验型法治国家，为改革试错提供宽松的立法框架有着一定的现实基础。故而，从改革与立法的互动向度上，我国在税收法定过程中采取了三种处理范式，第一种是涉及税制创新的税种法定遵循"税收法定"逻辑，一律采取由全国人大及其常委会制定法律的形式，不再授权国务院制定暂行条例；一种是不涉及税制改革的税种法定秉承"税制平移"原则，逐步稳妥推进条例上升为法律的立法工作；第三种是涉及税制改革的税种法定依据"先改革后立法"的思路，确保税收立法的科学性。① 为此，我国当前的税法建制相较税收法定之前的阶段，一部分具有较为完整的延续性和契合性，一部分发生着比较大的变动性和表现为比较广的模糊性，另外一部分属于税法创新延展的新领域。

2. 税法体系的残缺性和碎片化。众所周知，目前我国的税法体系主要由税种实体法和税收程序法两方面所构成，缺少价值引领税收立法的税收基本法或税收通则法，而且领域基本法在整个财税领域甚至经济领域都是缺位的，鉴于此，近年来经济法学界一些学者主张制定经济法通则、财政基本法等经济领域基本法。② 税收基本法对于税法体系的统合和延伸切实重要，其在整个税种实体法和税收程序法的制定过程中起到仅次于宪法约束和立法法约束的领域基本法约束效力，有助于厘清税法建制之基本立场、价值和原则，也可为税法走向更高层级的法典化时代奠定总则基础。税法体系中税收基本法之构成并非理论假想，而系现实客观存在，特别以大陆法系国家的德国和日本为代表，1976 年颁布的德国税法通则以其宏大规模、复杂结构、严密逻辑、科学体例和专业措辞堪称税收基本法之

---

① 国务院网站：《全国人大常委会法工委负责人就〈贯彻落实税收法定原则的实施意见〉答问》，http：//www. gov. cn/xinwen/2015 - 03/25/content_ 2838356. htm，2019 年 10 月 23 日。

② 参见程信和《经济法通则原论》，《地方立法研究》2019 年第 1 期；刘剑文《财税法治呼唤制定财政基本法》，《中国社会科学报》2015 年 1 月 28 日第 A8 版。

立法典范，① 另外日本也有专门的《国税通则法》，在规范的细致性、条文的严谨性和制度设计的科学性上不逊于前者。② 我国大陆地区受大陆法系立法体制影响较深，但直到现在也未出台专门的税收基本法或税收通则法，我国曾经在国家层面积极推进税收基本法专家稿的草拟和研讨工作，③ 不过遗憾的是最终未能列入国家立法计划，只是税收立法的长期规划立项，在税收基本法缺失的情形下，我国的税法体系残缺不全，碎片严重，各税种法律自成一体，个性十足，共性难寻，而且在以税种实体法和税收程序法为双层架构的税法体系下，整体表现出"强税收征管、弱权利保护"的倾斜性价值取向，因而，无论从税法体系的完整性还是从税法价值的平衡性目标出发，税收基本法于税法体系建构而言自然不可或缺。

3. 议行立法的倾斜性和反向化。尽管我国目前逐步实现了税收法定，人大主导税收立法的权力得以确立和行使，但受到我国一贯的"宜粗不宜细"立法思想的影响，人大主导税收立法的能力并未得到明显提升，从已完成税收法定的税种立法来看，税法规范得仍旧相对粗糙，法条构造形式未有较大变化，大部分税收立法都是直接以"条、款、项"依序排列的方式进行，仅有税收征管法、环境保护税法、企业所得税法和进出口关税条例以"章、条、款、项"的方式列明，而且相比其他法域，法条数量较少、立法质量也较低，不确定性的法律概念、例示规定、兜底条款、一般条款等比比皆是，税法主干法律内容稀少且含糊，大量的细节性立法事宜交由行政机关予以解释补充。从规范的规模性和确定性层面上，行政主导的

---

① 参见刘剑文、汤洁茵《试析〈德国税法通则〉对我国当前立法的借鉴意义》，《河北法学》2007年第4期。
② 参见刘剑文、汤洁茵《日本〈国税通则法〉的主要内容及其对我国的借鉴意义》，《涉外税务》2006年第12期。
③ 参见中华会计网校《税收基本法专家稿本月提交人大，保障公民财产权》，http://www.chinaacc.com/new/184/187/2006/12/xu3955191756132160026441-0.htm，2019年10月23日。

"补丁法"远超人大主导的"主干法",①"主干法"的严重不确定性问题造就了税法的政策化或经济法化现状,常常因"国库主义"与"干预主义"的行政权力思维而侵犯到公民合法财产权和市场自由活动权,最终行政主导型税收立法的格局难以有效扭转,数量繁多、碎片割裂与复杂流变的"税收红头文件"反客为主,"文件治国"的实际运作样态遮掩了"依法治国"的理想治理模式。当然,"宜粗不宜细"的立法思想是在我国特定历史时期和特定立法条件下所采取的立法方法,为税制改革的持续深入推进腾出了空间,但"粗法"也带来了诸多弊端,相比"细法"而言,其抽象性和原则性的特征使之实用和安定性能大为削弱,法律条文的弹性较大,税务机关的自由裁量权也便过大,一旦被滥用,将会对公民的合法财产利益造成不法侵害,② 因而,从人大主导税收立法权的角色回归角度来说,我国税收立法应到了由"粗制法"向"精细法"之高级阶段转型时期,以迈向更高质量、更加精确的税法规范目标。

4. 立法实施的集中性与封闭性。集中性是我国税收立法实施的基本特征,表现在横向上人大与政府之间向行政机关集中,纵向上中央与地方之间向中央集中,③ 行政与中央双向集中式立法模式与强大的中央集权政府所对应,有助于构建一个简单统一的税制结构,但却不利于税收民主实践与地方自主治理之展开。特别在纵向上的中央集权式立法模式下,考虑到一些税种存在区域差异化和治理多样性,如果一味地将税收立法权集中由中央统一行使,不免将地方简单理解为中央派设的税收代征机构,而实际上,随着税收在地方公共事务治理当中的价值愈加重要,赋予地方一定程度的税收立法

---

① 参见叶金育《税收构成要件理论的反思与再造》,《法学研究》2018年第6期。

② 参见张学博《改革与立法关系研究——从税制改革切入》,中国社会科学出版社2017年版,第63—64页。

③ 参见张学博《中国税收立法的历史观察(1977—2015)——从集权角度切入》,《兰州学刊》2018年第4期。

权，以根据本地区赋课对象之实际情形与治理需要，自主制定与地区相一致的课税方案，更加契合税收治理功能之现代语境。基于此，为增强我国税收立法之民主实践与治理功能，应在横向上强化人大主导立法权能和纵向上授权地方适当立法空间着手，以祛除双向集中式税收立法之弊端，目前我国的税制改革与税收立法也围绕着这两个目标展开了积极行动，但离最为理想的人大主导和地方参与的立法模式仍有一定距离。再者，我国税收立法实施过程中专家、民众的参与和表意也受到一定条件限制，表现出立法参与的相对封闭状态，尽管近年来我国逐步推进税收立法中草案制定的专家参与、研讨，法案征求意见稿的社会公开、讨论，但总体上参与广度、深度和向度都有提升的空间，参与的渠道也并非十分畅通便捷，缺乏相应的事前立法工作宣传教育、事中的立法参与信息公开以及事后的立法实施评估反馈机制等，此外，对专家意见和社会建议的吸纳也十分有限，导致税收立法在科学性和民主性方面仍有进一步增进的必要性和可能性。

5. 立法技术的滞后性与简约性。我国税收立法技术相较于其他税法发达国家而言，表现出滞后性与简约性之外观。首先，税收立法表述不规范问题。主要表现为法律法规文件的多样命名，如我国在各税种法律（暂行条例）之下级行政法规方面，有采用"实施条例""实施细则""管理办法"等，法律语词的混淆使用，如个人所得税上经常混淆使用"起征点""免征额""基本费用扣除标准"等术语，① 烟叶增值税有关"买价""购买金额""购买价款"三类不同术语之定义与处理等，标点符号、词语使用不当，多词少字等现象经常存在，每次立法修订都多少涉及对立法表述精确性之检验与修正。② 其次，税收立法表述不确定问题。主要表现在税法规范之模

---

① 参见纪益成、吴思婷、李亚东《"免征额"与"起征点"：概念的混淆、扭曲和误用》，《现代财经》2018年第1期。

② 参见朱为群、缑长艳《我国税收立法存在的问题及改革建议》，《税收经济研究》2015年第3期。

糊性与易变性突出，为留待后续税务实践之灵活展开和税收立法之发展扩容，我国税收法律法规中分布着大量的一般性和模糊性条款，税法框架搭建的过于散乱简单，以至于税务机关不得不花费大量功夫去解释税法，填补漏洞百出的税法架构，其造法功能远超出其执法职能。同时，由于税法设计的简约化，其只能通过频繁的修订来回应复杂社会的变化，一些修订涉及数字的简单调整，如我国个人所得税法的历次修订中多次涉及基本费用扣除标准的提高；一些修订存在纠葛反复的问题，如我国对于个人储蓄存款利息所得要不要征收个人所得税数次调整策略。最后，税收立法推进的保守性问题。无论是立法民主化的加固增进工程，还是税法品质的优化提升工程，都体现为一定的保守性，粗制型立法思想禁锢深入，人大代表、民间社会在税收立法中的参与意识还不够强烈，税收领域的好的政策性规定很难形成我国独特的制度经验，进而被提炼入法，保守的立法推进策略使得我国税法难以获得更好的发展。

（二）税法适用不确定性的实践观察

不确定的法律规范必然导致不确定的法律适用，税法规范静态层面的不确定性也使得税法在丰富具体的实践过程中面临动态适用的不确定性困境。从广义上的法律适用理论出发，税法适用之不确定性集中体现在税务执法、司法与守法阶段，大量模糊性、复杂性和易变性的税法条文常常让税务机关、司法部门和纳税人陷入麻烦之地，也是造成现阶段税务纠纷争议不断攀升的主要原因之一。随着我国复杂社会环境的发展演进和多样涉税交易安排的层出不穷，特别是纳税人钻税法空子所产生的与法律形式不相一致的交易活动越来越多，越来越复杂，围绕着某一税法条文或概念如何理解，正变得愈来愈频繁和复杂，如何合法且合理地把握法条与概念之实际含义，依法行使税务执法权，客观公正地居中裁判，诚实完整地履行纳税义务，实是践行税收法治之必然要求，但实践中却往往反其道而行之。

其一,税务执法的不确定性问题显著。在立法授权基础上,税务行政部门享有一定的决策权、征管权、解释权和裁量权,但在税权实际运作过程中,难免会发生权力偏离法治轨道,执法过程中税权行使不确定性问题尤为突出。一是在地方税收决策方面,特别在税收优惠政策制定上弊端显露,"改革开放以来,我国一直面临税收优惠政策尤其是区域优惠政策内容过滥、形式过多、种类过杂、政出多门等混乱局面"①,税收执法的统一性与稳定性被大为破坏。二是在税务部门解释权实施方面,面临着解释滞后、解释冲突、解释过滥等问题,"认定税收客体互相矛盾、改变实收要素或扩大征税客体、增加程序义务损害纳税人权益、设定税收优惠损害税收法定"等屡屡出现,② 经常发生税法解释在税法与私法、专业与大众、征纳双方的冲突。③ 三是在税务机关裁量权行使方面,以税收行政处罚裁量权为例,面临着处罚基准制定、处罚方式选择、处罚金额确定、跨法处罚衔接等问题,尽管我国国家税务总局于2016年发布了《税务行政处罚裁量权行使规则》,试图解决上述问题,但在征管实务中仍面临着处罚裁量标准化、统一化和科学化的难题。以2018年"范冰冰逃税案"为例,该案中税务部门对范冰冰及其名下公司的4类逃避纳税行为分别处以0.5倍至4倍罚款,其处罚倍数之确定仍有进一步解释说明之空间,同时,逃税行为所衍生的行政处罚与刑事处罚之间的转化界限和阻却事由仍有可兹讨论的余地。

其二,税务司法的不确定性问题突出。简单粗糙的税法规范模式在指引税收征管工作方面的作用十分有限,在此情形下,"纳税人

---

① 熊伟:《法治视野下清理规范税收优惠政策研究》,《中国法学》2014年第6期。

② 滕祥志:《税法行政解释的中国实践与法律规制——开放税收司法的逻辑证成》,《北方法学》2017年第6期。

③ 刘郁葱、周俊琪:《税法解释冲突处理原则的探讨——基于三起高新技术企业认定的实例分析》,《税务研究》2016年第7期。

可能大多处在'半守法'状态"①，抽象的课税要件判断依据法律要求而定，属于一般性规定，普遍适用而争议较少，而具体的征管细节甄别须依照税务部门的要求而行，其依据的税收规范性文件集结了详细性规范，因而现实中大量的税务争议往往聚焦于此。然而，我国税收规范性文件之司法适用现状不甚乐观，税务机关凭借其"专业优势"垄断了税法解释权，立法与司法部门参与严重不足，在行政独断的税法解释局面下，存在着诸如解释主体泛化、解释文本冲突和解释行为无序等问题，② 继而司法机关在发展税法、居中裁判和规范审查方面的功能受到严格限制，受到解释权行政性配置和司法专业化落后的条件制约，司法机关在税法解释方面存在着角色缺位和失灵等问题，司法机关在填补税法漏洞方面发挥的作用十分有限，很多时候不得不尊让于行政机关的决定，不能够在裁判文书上基于中立者身份做出较为详细的法条释义工作。

其三，税务守法的不确定性问题严重。从行为人主观因素出发，税务守法也存在着不确定性风险，表现为纳税义务人在进行依法纳税和脱法避税行为选择之间受到多种不确定性因素的影响，这其中既有税收规则的明确性程度，纳税遵从的普遍性程度，税务检查频率和法律奖惩力度，也有公民个人的教育程度、价值观等。税法的模糊性和复杂性加剧了纳税人对税法认知的不确定性，进而危害到民众的纳税遵从确定性程度，③ 面对复杂的税法还可向税务专家寻求解决，但模糊不清的税法却常常让纳税人不知何去何处。在我国税法不确定性的现实法治环境下，由于税法规定得十分简单、模糊，"纳税人是否'正确地'遵守了税法的规定主要由税务机关认定，

---

① 参见崔威《中国税务行政诉讼实证研究》，《清华法学》2015年第3期。
② 参见刘珊《税法解释的实践样态与规范表达——以近40年税收规范性文件司法适用为对象》，载陈金钊、谢晖《法律方法》（第25卷），中国法制出版社2018年版，第365—385页。
③ See Jung, Woon-oh, "Tax Litigation, Tax Reporting Game, and Social Costs", *The Journal of the American Taxation Association*, Vol. 17, No. 2, September 1995, p. 1.

而税务机关对避税行为的判断标准及适用范围等问题的认识并不一致"①，此时，由于税收责任不确定，一旦税务机关的稽核广度和力度跟不上，则纳税人往往会选择冒险的避税甚或逃税行动，因而，在主要依赖税务机关执法政策强制纳税人遵从的模式下，我国税法不确定性环境不利于纳税人积极地遵从纳税。此外，从纳税人主观心理状态层面的自愿遵从模式来看，税收规则的明确清晰会有助于纳税遵从的整体氛围形成，② 进而抑制个人的非理性选择，而我国在自愿且广泛遵从纳税方面表现得并不乐观，尤其是在反避税立法不完善和纳税意识不强烈的当下，各类脱法避税、违法逃税事件以及税收犯罪活动并不鲜见，从20世纪末令人震惊的"三大税案"到近期演艺界明星避税案，再到社会上运用各种新式手段避税或逃税，虚开增值税发票犯罪的日渐猖獗等，无不揭示出我国现阶段税收守法的消极侧面。

二 我国税法不确定性的危害与整治

不确定性的税法规范与适用直接导致的结果是税收的不确定性，它使得征纳机关借助确定性的税法获得可预见性的应纳税额、确定性的征管程序和安定性的税收政策的能力大为减弱，税法的不确定性问题产生税收的不确定性危害，这直接关系到一个国家对纳税人私有财产权的保障力度，也关涉到一个国家内市场经济营商环境之优劣状况。我国一直以来的税法不确定性问题给公民财产权保障和营商环境优化两方面确实造成了不利影响，一方面，在公民财产权保障层面，简略性的税收法律法规和复杂化的税收政策规定之失衡规范样态，造成我国税收法定的刚性约束力十分软弱，过于弹性的下位法规定常常曲解甚至违背上位法的立法原旨；另一方面，在营

---

① 刘为民：《法律不确定性与反企业避税》，西南交通大学出版社2015年版，第76页。

② 参见刘为民《法律不确定性与反企业避税》，西南交通大学出版社2015年版，第79—87页。

商环境优化方面，繁简两极、碎片割裂、变动频繁的税法规范让税收规则的可预见性大大降低，民众将疲于花费精力去理解及应对税法条文之详细意涵与频频修改，不得不在数量繁多且经常修订的税收政策海洋中去找寻法条之真正旨意，如同"大海捞针"一般。此外，重复设计、内在冲突的税制结构加重了市场主体的税收负担，繁琐沉重、门槛繁多的税政环境也增加了纳税人不必要的行政成本。因而，税法不确定性是税收不确定性问题之重要原因，现阶段无论是世界潮流还是中国语境，找出本国税制、税法与税政当中的不确定性因素，并辨证施治，正成为提升税收确定性之应然要义。

2016年9月，二十国集团（G20）领导人杭州峰会公报提出，"我们强调税收政策工具在开展供给侧结构性改革、促进创新驱动和包容性增长方面的有效性，以及税收确定性对于促进投资和贸易的益处，并要求经济合作与发展组织和国际货币基金组织继续就促进增长的税收政策和税收确定性开展工作。"为了回应公报中所发出的共同呼吁，2017年经济合作与发展组织（OECD）秘书处和国际货币基金组织（IMF）联合发布了《关于税收确定性的报告》，[1]翌年发布了该报告的更新版（Update on Tax Certainty）。[2] 2017年3月17日至3月18日，在德国城市巴登巴登举行的二十国集团财长和央行行长会议上，我国时任财政部部长肖捷明确指出，"二十国集团应鼓励更多国家签署多边税收协议，互换涉税信息，提高信息透明度；

---

[1] OECD/IMF：On Tax Certainty：IMF/OECD Report for the G20 Finance Ministers March 2017，http：//www.oecd.org/tax/tax – policy/tax – certainty – report – oecd – imf – report – g20 – finance – ministers – march – 2017.pdf，2019年3月23日。

[2] OECD/IMF：Update on Tax Certainty：IMF/OECD Report for the G20 Finance Ministers and Central Bank Governors July 2018，http：//www.oecd.org/ctp/tax – policy/tax – certainty – update – oecd – imf – report – g20 – finance – ministers – july – 2018.pdf，2019年3月23日。

采取措施防止税收恶性竞争，增强税收确定性"。① 2018 年 5 月 16 日，在哈萨克斯坦首都阿斯塔纳召开的"一带一路"税收合作会议上发布的《阿斯塔纳"一带一路"税收合作倡议》中，号召"一带一路"沿线国家着力提升税收争端解决效率和执行力，增强税收确定性，推动营商环境优化，增进投资者信心。② 至此，税收确定性正成为全球税收治理的中心课题。

进入新世纪以来，随着中国市场经济体制的确立完善和国内经济实力的飞速发展，中国面临着来自本土税制变革与经济贸易多元化双重作用下的税收不确定性问题。此外，中国加入世界贸易组织以及经济贸易全球化的发展趋势，也让更多的中国企业走出国门，参与跨国贸易投资，但受到税收国家主权性和地区税制多样性的影响，中国个人和企业面临着国际层面之税收不确定性问题。税收不确定性已然成为本土税制与国际税制之共同关注焦点，为纾缓国内与国际双向层面之税收不确定性程度，我国在政策指示、立法策略和国际合作中展开了系列行动，将破解国内税制与国际税制的不确定性作为深化税制改革、税收科学立法、税务行政优化及推进国际税收合作的基本立足点。

首先，在政策指示层面，保障税收确定性不仅是我国一贯的政策主张，也是税务部门提供税收征管服务的工作内容和加强税收风险管理的工作要求，还被确立为一项基本税收原则。2018 年国家税务总局开展的"便民办税春风行动"中，提出从"增强政策确定性、管理规范性、系统稳定性、办税便利性、环境友好性"方向塑造税务部门新风貌。国家税务机关将确保税收确定性作为税收征管

---

① 参见新浪网《肖捷：G20 应防止税收恶性竞争，增强税收确定性》，http://finance.sina.com.cn/china/gncj/2017-03-20/doc-ifycnpvh5093094.shtml，2019 年 3 月 23 日。

② 参见经济参考网《〈阿斯塔纳"一带一路"税收合作倡议〉达成："一带一路"税收合作开启新篇章》，http://www.jjckb.cn/2018-05/17/c_137185491.htm，2019 年 3 月 23 日。

过程中的一项便民化和个性化服务内容，2011年国家税务总局制定的《大企业税收服务和管理规程（试行）》中，税务机关向大企业提供的税收政策服务就包括"保证税法适用的确定性和统一性，引导企业的税收遵从"。2013年国家税务总局《关于进一步加强大企业个性化纳税服务工作的意见》中指出，试行大企业涉税事项事先裁定制度，增强税法适用的透明度和确定性。2015年国家税务总局印发《深化大企业税收服务与管理改革实施方案》，将提供大企业税收政策确定性服务作为税务部门主要工作任务，要求税务部门为大企业提供现有税收政策的专业解读、税收政策制定听取大企业意见以及构建大企业税收事先裁定制度。为了实现税收政策的确定性制定、解读与适用，我国还提出建立专门的税收政策确定性管理制度。2014年国家税务总局《关于加强税收风险管理工作的意见》中，提出"要加强税务审计的后续管理，建立自下而上的风险报告备案和自上而下的风险推送整改制度，增强税收政策的确定性和税法执行的统一性"。2016年国家税务总局《关于深化行政审批制度改革切实加强事中事后管理的指导意见》中提出："把法治理念落实到税收政策的立、改、废、释之中，建立规范化、程序化政策动态调整长效机制，完善政策解读机制，建立税收政策确定性管理制度，切实增强税收政策的统一性、权威性、确定性和可操作性；健全政策协调机制，增强同一税种政策调整的前后衔接，增强不同税种政策调整的相互协调，以利于纳税人和税务机关准确理解、正确适用"。[1] 税收政策的确定性目标已然被列入我国的政策文件之中，对于我国这样一个政策繁多、法律稀缺的税收法治国家十分必要。

其次，在立法策略方面，无论是立法法的宏观指引还是税收立

---

[1] 国家税务总局网站：《国家税务总局关于深化行政审批制度改革切实加强事中事后管理的指导意见》（税总发〔2016〕28号），http://www.chinatax.gov.cn/n810341/n810755/c2026885/content.html，2019年3月12日。

法的微观导向与实践操作，确定性和实用性都被视作科学立法的基准要求。作为国家和地方法律法规制定总纲领的《立法法》，在2015年修订通过的新法律文本中，在原第六条立法科学思路的基础上增加了立法确定性原则之规定，要求"做到法律规范明确、具体，具有可执行性和可操作性"，法的确定性与实用性被作为科学立法的原则基点。具体到税收立法领域，早在2002年制定实施的《税务部门规章制定实施办法》中，税收规则制定的确定性原则就被写入其中，规定"税务规章用语应当准确、简洁，内容应当具体、具有可操作性"，后于2018年新修订后的法规文本当中，该条款予以了保留。另外，针对各类税收规范性文件的制定问题，2017年国家税务总局公布实施《税收规范性文件制定管理办法》，规定了税收规范性文件的制定规则、制定程序、备案审查和文件清理等相关事项，特别在第二章的制定规则中，对税收规范性文件的起名规则、规范内容、基本原则、表达形式、解释机制、溯及既往、实施日期等予以了明确，其中第九条规定"制定税收规范性文件，应当做到内容具体、明确，内在逻辑严密，语言规范、简洁、准确，避免产生歧义，具有可操作性"，确立了税收规范性文件制定的确定性原则。因而，在立法法的最高立法指导原则和各类税收法规文件的具体立法指引规则中，确定性和实用性是规范制定的基本立足点，也是科学立法的价值标准和技术要点。

最后，在国际合作上，中国与世界多数国家和地区签订了多边或双边税收公约、协定及安排，从而增进中国税制与他国、地区或多国税制的协调，提升跨国投资交易的税收确定性。其一，为了堵塞国际税收规则漏洞，中国积极推进国际税制协调工作，并加入多边税收公约。2013年在俄罗斯圣彼得堡召开的G20领导人第八次峰会上，共同发布了关于税收问题的共同声明，声明强调当前工作的重点在于税收信息透明度和自动交换方面，呼吁尽快建立税收信息自动交换的国际新标准，并号召世界各国积极落实以有效解决当前困扰各国的税基侵蚀和利润转移问题。① OECD 陆续于 2014 年和 2015 年发布 BEPS 项目的全部 15 项产出成果，② 并得到 G20 国家的背书肯认。在此国际合作背景和研究成果基础上，2017 年中国与法国、德国、英国等 60 多个国家和地区共同签署了《实施税收协定相关措施以防止税基侵蚀和利润转移（BEPS）的多边公约》（以下简称《公约》），并于 2018 年 7 月 1 日起生效，《公约》为减少双重征税和打击国际逃避税乱象等提供了合作基础与操作范本，也为改善因国家之间或国家与地区之间税制差异而造成的国际贸易税收不确定性局面提供了可能。此外，中国还分别于 2013 年和 2015 年批准加入《多边税收征管互助公约》以及《金融账户涉税信息自动交换多边主管当局间协议》，前项公约已于 2016 年 2 月 1 日生效，并于 2017 年 1 月 1 日起执行。多边国际税收公约范本的拟定和加入，都有中国的贡献和参与，也给中国企业走出去带来了有利影响，特别是近年来"一带一路"战略的实施以及中国对外投资贸易规模的扩增，中国与其他国家和地区的税制协调以及投资目标国的税制透明度，在企业投资决策中正显得愈加重要。其二，在双边税收协定和安排方面，中国已与世界上 107 个国家和地区签订了避免双重征税协定，与 10 个国家和地区（巴哈马、英属维尔京、马恩岛、根西、泽西、百慕大、阿根廷、开曼、圣马力诺、列支敦士登）签订了税收情报交换协定，此外，中国大陆地区与港澳台地区也分别签署了避免双重征税安排及协议。③ 双边税收协议及安排的签订达成，有利于中国与其他国家和地区，大陆地区与港澳台地区的双边税制协调与税制明确

---

① 黄立新、陈琍、孙红梅：《G20 圣彼得堡峰会，税收问题声明的内容和特点》，《中国税务报》2013 年 10 月 9 日第 B1 版。
② OECD. BEPS 2015 Final Reports, http://www.oecd.org/tax/beps-2015-final-reports.htm, 2019 年 3 月 30 日。该报告的中文版参见国家税务总局官网：国家税务总局发布 OECD/G20 税基侵蚀和利润转移项目 2015 年最终报告中文版，http://www.chinatax.gov.cn/n810219/n810724/c1836574/content.html, 2019 年 3 月 30 日。
③ 参见国家税务总局官网：税收政策/税收条约，http://www.chinatax.gov.cn/n810341/n810770/index.html, 2019 年 3 月 30 日。

化，避免双方重复征税，减轻企业对外贸易投资的税收负担，减少税制不协调甚至冲突问题，为企业提供确定税收指引，方便其进行国际税收筹划和经济贸易安排，从而引导双方贸易正常化发展。

第二节 增进税法规范确定性的立法策略

"良法善治，立法先行"。鉴于我国税法规范不确定性之现状与危害，从本土立法论角度，提出增进税法规范确定性的中国方案，实是我国当前及未来推进财税法治建设的首要任务。步入新时代以来，党的十八届四中全会提出了"法治中国"的战略目标，其中明确指出立法在整个法治建设中的引领和推动作用，并提出要"抓住提高立法质量这个关键"，[1] 党的十九届四中全会就"国家治理现代化"命题则进一步阐述了立法在中国特色社会主义法治体系中的重要意义，强调要"立改废释并举，不断提高立法质量和效率"，"加强重要领域立法"等。[2] 财税制度作为当前的重要改革与立法领域，其立法质量和效率的提升便显得尤为迫切，而确定性无疑是考量某一领域立法质量优劣的关键指标，因而，我国应首先从立法层面着手，建立健全税收立法体制，确保依法立法、科学立法和民主立法，以确定性为内容要义，以公平正义为实质要求，不断增强我国税收立法的品质。

一 税法规范结构的体系塑造

从税法规范的系统论视角出发，税法是由不同分支、不同层级的法律文本所构成的规范共同体，因而，税法规范的确定性应首

---

[1] 参见《中共中央关于全面推进依法治国若干重大问题的决定》。
[2] 参见《中共中央关于坚持和完善中国特色社会主义制度、推进国家治理体系和治理能力现代化若干重大问题的决定》。

体现在整体系统的体系完整性和统合性。但我国的税法规范系统不仅缺少税收基本法的支撑，而且各个分支税种规范相互独立，未能实现法域规范的统合规整，这导致税法的体系化只停留于理论研究层面，而未能变成立法现实。为此，我国应从"基本法补位""分支法列明"和"体系法统合"三个方向逐步实现税法规范结构的基础性定位、层次化厘清和体系化塑造。

第一，税法规范的总则补位。在整个税法系统中，我国独缺税收基本法，前一历史时期出于"先分支再总括"的立法策略，考虑到税收立法刚刚起步，许多问题并未达成价值共识，其既有一定的现实合理性，但也对后续的税收立法工作开展制造了困惑，未来的税收立法要实现更高质量的发展，关键在于对前一阶段的立法经验进行阶段性提炼，形成各分支税种实体法和税收程序法之共性规范，进而制定专门的税收基本法。税收基本法的补位加入，应是我国完成税法体系化的第一步，有助于确立和规范我国税法领域之根本原则与基本事项，居于税收法律体系中的龙头法或"小宪法"的重要位置。长期以来，我国税法学界许多学者都将税收基本法或税收通则法的制定作为完善税收立法的必经之路，并且对税收基本法的法条设计、结构体例等都进行了比较详细的阐述，[①] 故在此不再赘述有关税收基本法制定之必要性与技术性问题，而具体探讨我国税收基本法制定之规范内容和来源问题。

首先，税收基本法的规范内容毫无疑问应是仅次于宪法税条款而高于一般税收实体法或程序法之上，因而，宪法保留的立法事项不应由税收基本法规范，各税收分支法所规范的具体性、个性化的事项也不宜归入税收基本法范畴，只能是上述诸法分支的共性规范。具体而言，应当至少包括以下方面的基本立法事项：基本原则、税收管辖权、税收管理体制、税务机构及其权利和义务、纳税人及其

[①] 参见涂龙力、王鸿貌《税收基本法研究》，东北财经大学出版社1998年版；王鸿貌《税收基本法立法问题研究》，中国税务出版社2009年版。

权利和义务、税收立法、税收行政执法、税务行政争议等方面。[①] 而且税收基本法有关上述事项之规定不能过细，一般只能就最核心、最基础、最共通的部分进行规范，因而避免不了使用原则性或宣示性的法条表述，以发挥其原则指引和价值引领作用，当然，税收基本法也不宜规范得太过简略，以至于遗漏部分重要基本立法事项。

其次，在我国缺乏相关立法先例的情形下，税收基本法的规范来源需要依赖域外借鉴、法际参考和规则提炼三种途径，其一，应在梳理有关域外国家和地区的税收基本法立法模式的基础上，结合我国国情实际和立法实践，学习借鉴域外立法的有益经验，同为大陆法系的德国和日本在此方面表现卓著，可为我国吸收借鉴。其二，刑法与民法以其严密的逻辑体系而著称于世，其"总—分"的立法结构可为税收基本法的制定提供参考，民法与税法都有分支法，而刑法分则由不同罪名所构成。通观我国刑法体系化历程，其制定之初就以"总则—分则"的立法体例为法律构造形式，各罪名与刑罚统合于刑法分则之中；纵观我国民法体系化历程，以《民法通则》的制定为起点，再陆续实现各分支立法，近期我国正推进的民法典编纂工作，也延续了从总则制定到分编统合的立法思路。反观我国税法体系化历程，由于缺乏像刑法与民法那般环环相扣的逻辑体系，因而显示出先分后总的反向进路。从分则内容来看，民法典下属各分编（物权编、合同编、人格权编、婚姻家庭编、继承编、侵权责任编）之间则是基于民事法律关系的一般维度而划分的，通常具有分编结构的稳定性和一致性，实际上，税法中各税种之间的联系更贴近刑法中各罪名之间的关联，它们均表现出内容结构的选择性与不确定性，但区别于刑法制定之初的体系法典化思维，税法体系化进程更接近于民法，体现出"先分散再统合"的渐进法典化思路。其三，在先分后总的税法体系化进程中，税收基本法的制定离不开

[①] 参见王鸿貌《税收基本法立法问题研究》，中国税务出版社2009年版，第88—110页。

"提取公因式"立法技术之运用，通过将共性法律规范抽象出来，使其与具体性规范在逻辑上相互呼应，从而使法律形成完整严密的逻辑体系。① 当然，"提取公因式"的税收基本法立法实现离不开各分支税种实体法和税收程序法等成熟立法实践，因而需要对税法分支进行全面梳理和发展，从而找出各税种法之共性规则或上位规范，形成税收基本法的立法范畴。

第二，税法规范的分支列明。理论上税法规范系统税收基本法与税收分支法所组成，后者内容具体包括税种实体法、税收程序法、税收处罚法和税收救济法等。从立法权配置的纵横维度而言，包括纵向上的中央与地方税收立法，横向上的人大与行政税收立法。从具体的法源构造来看，包括宪法、税收法律、税收行政法规、部门规章、地方性法规规章以及其他税收规范性文件等。基于此，税法规范系统之树是由不同粗细的树干与枝节所组成，在税收分立立法的现实情形下要想厘清枝节繁多的主次分支，应以理论上的分类为立足点，从纵横维度和层级规范的角度勾画出税法之树的土壤、主干与分支错节，其中，宪法中的税条款为栽培税法之树的土壤，税收基本法为主干，各理论分支法为主要的分支，纵横维度和等级差序的诸多规范则为细枝末节，那些数量繁多的法条则组成了茂密繁盛的规则树叶。观之域外，税法之树的枝节分明、生长茂盛，但在我国，不仅枝节零碎杂乱，"法条之叶"稀缺，更为严重的是宪法税条款的土壤贫瘠与税收基本法的主干缺位，导致我国未能立起"税法之树"。因而，我国当前提高税收立法质量的关键就在于逐步推进宪法土壤改良、基本法主干树立、分支规范枝节整合以及法条之叶的扩充提质，培育起一棵适应于本土的税法之树，并对其精心管理，使其不断与时俱进、精密完美。

第三，税法规范的体系统合。经过上述立法步骤之逐步实现，

---

① 参见李建华、何松威、麻锐《论"民法典"提取公因式的立法技术》，《河南社会科学》2015年第9期。

待税收立法质量达到一定高度时，可向税收法典化时代迈进。众所周知，新中国成立以后，特别自改革开放全面恢复国家法治秩序以来，部门法乃至领域法的法典化一直被学界视为国家立法集大成者之标志，其间以民法典编纂为代表，一直历经坎坷，直至2014年党的十八届四中全会的召开，中国民法典迎来新曙光，会上通过的《关于全面推进依法治国若干重大问题的决定》正式作出了"编纂民法典"的部署，此后民法典编纂沿着"两步走"的工作思路，先后稳步推进总则和各分编的立法事宜，将力争于2020年完成民法典的统合编纂。步入新时代后，国家掀起的新一轮民法法典化运动，不仅于民法部门而言具有开创性的历史意义，更给其他部门法和新兴领域法带来启发与契机，其能否带动刑法、行政法、经济法等部门法，以及环境法、劳动法、金融法、税法等领域法的法典化运动，值得深思。虽然从环境、时机、条件等综合因素客观而言，我国当前税收立法质量比较堪忧的状况与税收法典化目标实现仍存在较大距离，但法典化以其统合立法之高超技术特点，确实具有诸多意义，税收法典是航标灯，释放税收法治信号，更是教化民众的识字课本，唤醒民众的税收法律意识，[1]"如同一把钢铁铸造的梳子，透过它就可以全面地厘清许多问题"[2]，长远来看，我国应以税收法典化为税收立法之最高品质标准和未来蓝图设想，借鉴域外税法典编纂之技术，植根于中国实际。

从当前的紧要任务出发，关键在于实现税收立法的"补位""提质"与"整合"，所谓"补位"即完成宪法税条款中税收法定原则之增入、税收基本法之制定，从而奠定我国税收立法之"元规则"；"提质"就是提高现行税收法令及政策法规的规范质量，以开放性立法思维吸纳各方意见，以精细化立法态度对待税收立法问题，平衡好立法效率与立法品质之间的关系；"整合"即是在简化税制与

---

[1] 汉青父：《从增值税到税收法典》，中国税务出版社2009年版，第174页。
[2] 汉青父：《从增值税到税收法典》，中国税务出版社2009年版，第170页。

法规清理基础上，将一些与现行规范冲突或已无实际适用意义的规范进行全面清理后，依照理论分类、税种类别、法源类型等将碎片化的现行税法规范统一化、合逻辑地列明，考虑到我国现行税收立法变动频繁以及电子信息时代的来临，可行的列明方式可由国税总局在其官网上设置专门的税收法律法规及规范性文件分类，待全面税收法定完成以后，可通过法律汇编的方式汇整全部税种实体法与税收程序法，以便纳税人查找学习。

二 税法规范生成的思路展开

税法规范确定性之实现呼应高质量的税收立法，而欲达成此目的，离不开税法规范生成机制的优化改进，在"依法立法""科学立法"和"民主立法"的基本思路下，我国的税收立法应走向一条权力有效治理、技术精准高超和社会共同参与之路，减少并规范税收授权立法，提升人大税收立法的质量，吸纳专家学者、行业协会、社会公众等提出的意见建议，改变"宜粗不宜细"的立法理念，以精细化、民主化、法治化的思维推动税法规范走向更高品质台阶。

（一）依法立法：税法生成的权力治理

理论上定义立法有着不同学说，从"活动说"的角度，立法活动一分为二，包括"作为立法的活动"和"关于立法的活动",[①] 前者即作为立法活动本身的法令制定、修改、废止行为，后者则是与立法活动相关的其他权力配置、监督等行为。从权力属性而言，立法权是法治国家中资源配置的关键权力，作为立法的活动与关于立法的活动过程就体现为立法权的配置、立法权实施和立法权监督三个层面，立法权的法律治理维度与之对应。在特定的国家机关就税收所进行的立法活动中，确保税法生成的确定性，首先就需要作为以及关于税收立法的活动本身遵从合法性原则，即税法生成的权力

---

① 参见裴洪辉《合规律性与合目的性：科学立法原则的法理基础》,《政治与法律》2018 年第 10 期。

行使合法性命题，其包括税收立法权的配置、实施、监督等方面。将作为以及关于税收立法活动的相关权力纳入法治语境，实现税法生成过程的规范有序，是保证税法生成确定性的第一步。

1. 税收立法权配置。科学合理的税收立法权配置是立法行动展开的前提，衡量一个国家的立法权配置合理与否既要符合共性规律，也要顾及国情实际。根据税收立法权配置之维度而言，主要包括横向与纵向上的区分，即横向上全国人大及其常委会与国务院及其所属部门，纵向上的中央政府与地方政府。从共性规律上，根据税收法定原则之核心精神，经由代议制机构审批同意的税收立法方才具有合宪正当性，故而，我国应恪守税收立法的民主诉求，从横向上积极塑造人大主导型税收立法权配置格局。从国情实际来看，我国是一个单一制国家，捍卫中央权威领导地位是维护大一统国家秩序之需要，其中税权是关系财力获得之关键，因而，保持税权的中央集中亦是维护权威统治的需要。然而，在全面落实税收法定原则的当下，我国的税收立法权配置呈现出"横向授权多一些，纵向授权少一些"的现象，导致税收立法的议会民主控制较弱、地方参与有限。鉴于此，应在横向上减少基本课税要素调整（如税率、纳税主体）的授权立法，维持课税要素的法定与明确，为改革腾出空间或交由行政补充细节而不得不进行横向授权时，必须基于人大的明确性授权规定且经过正当的备案审查程序；纵向上给地方适当下放一定范围的税收立法权，包括应税客体、税率、税基等要素的自主确定和调整权，但地方享有的税收立法权应是基于明确授权而产生的，且应由税法限定其自主空间和规范其行权过程。

2. 税收立法权实施。立法实施过程大体包括事前准备阶段、事中立法阶段与事后评估阶段，事前准备阶段包括立法论证、立法规划和立法计划等，事中立法阶段包括拟定草案、征求意见、专家论证、提交审议、表决通过、签字公布等环节，事后评估阶段包括立法实施评估、法规文件清理等。税收立法权实施之上述全流程均应依照立法法以及相关税收规范性文件制定办法之规定，依法依规进行，既要反对税收立法的"冒进主义"，也要反对税收立法的"保守主义"，而应经过充分的调研与论证，搜集可靠精准的立法信息，同时，保持对税法实施效果的跟进观察，及时地修改或废止低质量的税收立法。塑造人大主导型税收立法格局，关键在于人大实施税收立法权的合法性与能动性问题，经过全面落实税收法定原则，我国逐步解决了人大主导税收立法权的合法性问题，但在能动性方面仍然相对欠缺，未来我国应在强化人大主导税收立法能力方面继续努力，以提升人大立法质量为核心任务，可由全国人大常委会法律工作委员会牵头成立"人大立法提质工作小组"，下设立法提质专家咨询委员会、立法提质部门协作委员会、立法提质社会参与委员会等机构，在人大税收立法层面开展"提质运动"，要确保人大税收立法的规范性与灵活性、精细化与简约性等品质的最佳适配。

3. 税收立法权监督。立法权实施必须获得有效监督，但我国的税收立法监督机制尚不健全，主要体现在人大税收立法的宪法监督缺失、民主监督不畅，行政税收立法的人大监督不力、司法监督有限等方面。为此，一方面，我国应针对人大税收立法建立起合宪性审查机制，对有违宪法规定的税收立法，全国人大代表、有关组织团体或公民有权请求启动违宪审查程序，同时专家学者、普通民众也可就税收立法中的瑕疵、错误或模糊性规定向全国人大常委会提出修改或释义建议。另一方面，针对行政税收立法部分，我国也要强化人大监督作用和增强司法监督角色，在人大监督行政立法方面，完善税收规范性文件备案审查机制，增加重大税收行政决策立法的人大审批程序等；在司法审查行政立法层面，应当允许就行政机关所制定的税收规范性文件专门提起司法审查，司法机关对税收行政立法的合法性与合理性行使形式与实质审查权。

(二) 科学立法：税法生成的技术要领

立法是一项主观认识与客观实践相结合的活动，欲实现税收立法的确定性和正确性目标，务必坚持科学立法的思路，提高税收立法的技术性。我国一直以来奉行"宜粗不宜细"的立法理念，由人大制定的税收法律内容简单粗糙，税务行政机关担负着大量的实施性、解释性和细节性立法工作，立法分工本末倒置，立法技术十分粗劣。反之，税收立法技术最为精细的英美法系国家，在权力控制和税收公平等价值理念下，议会履行税收立法职责更为频繁、充分，尽管税务部门的立法体量也相当浩瀚，但相比于我国人大立法的过于简单，其拥有着无法比肩的税法体量，但也导致了税法的过于复杂，为此，简化一直是税收规则精细型国家的改革焦点。我国立法模式更倾向于大陆法系国家，纵然如此，相比于德国、日本等国家的税收议会立法，规范仍然过于简略，授权立法颇多，而且税法体系残缺不全，税法起草和设计的结构逻辑、形式规范、专业表述方面都较为滞后。基于此，面对英美法系国家的精细化立法思维和大陆法系国家的严密性立法思维，我国应在吸纳二者立法技术好的品质基础上，结合本国国情实际，走向一条专业化表达与简明性特质相融合，精细化规则与概括性标准相结合，分则枝干法与总则基本法相统合税收立法之路：

（1）专业化表达与简明性特质相融合的税收立法。立法语言不同于日常生活语言，其具有表述专业性、逻辑性、技术性等要求，当税法以过于注重表达的规范性时，过多的专业术语、复杂的逻辑结构和冗杂的表述范式便可能使其完全脱离了日常用语体系。为确保人大所制定的税法符合简明性，通俗易懂，能够为普通民众所理解，就不宜掺入过多的专业化表达，包括大量使用专业术语、结构安排混乱等，"一部优秀法案的标准为易懂、结构合理、有效性和整体性"[1]，税法语言系统既要与日常语言系统接连起来，也要保持与其他分支法律语言系统的统一性。

（2）精细化规则与概括性标准相结合的税收立法。"法律不能

---

[1] ［美］V.图若尼：《税法的起草与设计》（第一卷），国际货币基金组织、国家税务总局政策法规司译，中国税务出版社2004年版，第77页。

忽略细节，否则就形同虚设"①，精确性的立法语言、规则构成是践行税收实质法定的必然要求。② 考虑到我国当下人大税收立法的过于粗放，应根据行政税收立法中的解释或补充规定，将原有不确定性概念或条文直接在税法中予以明确化，不再由行政机关负责立法明确，同时，对于新增的税法概念或条款，则根据其涉及事项的法律保留层级，核心课税要素由人大立法确定，将可授权立法事项或行政职权立法事项交由行政机关立法确定。基于此，在人大的税收立法文本中既应包括精细化规则，更应包含概括性标准，前者可为纳税人提供直接的税法可预见性，后者可通过税收政策确定性的增加和更清晰的表达，消除因糟糕的起草行为而致使法案复杂难懂的情形，③ 二者必须并用而行。

（3）分则枝干法与总则基本法相统合的税收立法。从税收立法的体系化技术而言，我国应在完成全部税种法律化的基础上，进一步制定税收基本法，形成税收基本法、税种实体法、税收征管法、税收处罚法、税收救济法等"一主干多分枝"的税法体系，最终在单体税法规则发展成熟，整体税法体系层次分明、内部自洽的基础上向着税收法典化未来迈进。

（三）民主立法：税法生成的公众参与

税法的制定和调整直接关切到每个公民的切身利益，让民意在税收立法中得到充分表达是实现税法正义的民主要求。早在税收法定主义思想兴起之初，其核心要义就在于立法的民主性，只有经过代表民意的议会组织审议通过的征税法案才具有正当性，民主参与可谓税收立法的根本原则，与此同时，从立法的合法性和科学性维

---

① 邢会强：《经济法立法如何精细化——精细化的立法技术初探》，载张守文《经济法研究》（第十七卷），北京大学出版社2016年版，第17—23页。

② 参见邢会强《论精确的法律语言与税收实质法定原则》，《税务研究》2011年第3期。

③ [美] V.图若尼：《税法的起草与设计》（第一卷），国际货币基金组织、国家税务总局政策法规司译，中国税务出版社2004年版，第78页。

度而言，强调税收立法的民主机制也有助于保障社会有效监督立法活动，增加税收立法信息搜集的广域度和科学性，增强税法社会可接受性。总之，民主立法具有民意表达与汇集，国家和社会沟通与妥协，立法导向与宣传等多项功能，① 自应在税法生成中得到重视。

近年来我国在税收立法上日益注重建立和完善民主参与机制，针对一些社会影响广泛深刻的税法修改，我国向社会公开征求意见甚至召开立法听证会，获得了社会的积极参与，例如2005年个人所得税法修订时全国人大就曾专门召开立法听证会，2011年个人所得税法修订时，向社会征求到的意见数创下了彼时全国人大及其常委会立法征求意见数之最，在全面落实税收法定原则的当下，每一个税种立法都应向社会公开征求意见稿或草案，向社会各界征求意见。应当肯定，我国已认识到强化税收民主立法的重要性，但在实践中仍存在税收立法的民意表达状况堪忧，民意吸纳机制缺失和民意回应工作不足等问题。针对于此，我国未来应从以下方面提高税收立法的民主能力。（1）提升公民的税收立法参与意愿和表达能力。目前普通民众对于税收立法的关注存在差异、理解有失偏颇和参与意愿不强，主要关注直接税的相关立法动向，大都也存在误读现象，如媒体大众口中普遍提及的"起征点"并非专业术语，同时，公众参与税收立法的意愿还是不够强烈。为此，应注重各个年龄段的税法知识教育，目前我国已在进行的税法知识读本编写、"税法进校园"等正体现于此，利用媒体、互联网等手段公开税收立法信息，向社会宣讲解读税收立法草案或征求意见稿，还要以纳税人权利保护为中心，营造对诚信纳税人友好的征管环境。（2）建立规范性的民意吸纳机制。立法机关应对民主立法的民意吸纳要求、程序、内容等进行规范，② 要特别注重吸纳专家学者和实务部门的立法建议，

---

① 参见尹中卿《民主立法的功能和实现形式——民主立法问题研究之一》，《新疆人大》2007年第5期。

② 参见刘剑文、侯卓《税收立法民意吸纳机制的重构——一个可能的分析进路》，《江淮论坛》2012年第3期。

可召开专门的立法听证会、专家论证会、新闻发布会等，设立专门的立法建议网络平台等。（3）加强税收立法的民意回应。立法机关在搜集、汇整民间社会所提交的税收立法建议后，应当归纳出其中比较集中且争议较多的修法建议，在税法修订过程中召开专门论证会、听证会等集中加以解决，并及时向社会传达与解释，建立税法修订说明理由制度，阐述法律修订或不修订，此种修订或彼种修订背后的依据和考量。

三 税法规范调整的规制路径

税收立法是一项伴随着认识深入、实践发展和事物差异的动态过程，避免不了税法规范的因人、因时、因物调整，税收规则的制定、修改与废止构成了税收立法之主要行为范式。当前正值我国的税制改革期和税收法定期，新的各类税收法规、规章、政策等规范性文件纷纷涌出，呈现出税收规则的"增量式生长态势"，与此同时，原有的税收规范也在落实税收法定任务下进行程度不一的修订，有的税种立法在税制平移原则下保持与旧法规范的大体一致性，鲜有实质性立法变动；有的税种立法在税制改革作用下既有全新规则的增入，亦有陈旧规则的删减，总体保持着规则体量扩增的趋势；还有一些税收规范由于试行立法的结束、生效期间截止、与修订后的法律规定相冲突等原因面临失效或废止。在激变的现实社会中，我国的税制改革和税收立法仍有较大变化空间，税法规范调整处于较高频率，在税收规则膨胀发展、频繁修订、更新迅速的税法变革期，税法的变革需求与稳定原则相冲突，因而有必要对税法调整行为予以规制，在满足税法框架稳定的基础上促进内部自省和回应外部变化，规范税收立法活动之立、改、废行为。从具体的规制路径来看，主要涉及税法规范的调整频率、时机与幅度，调整条件、方法和原则，调整规范化、程序化、责任化等。

（1）在税法调整的频率、时机与幅度方面，税法的修改要根据客观情势，把握好修改的频率和时机，克服"税收立法的时差问题"，税法既不能朝令夕改，修改得过于频繁，也不能陷入"修改恐惧症"而不敢动用调整权。[①] 立法者在进行修改时机判断时，一定要建立在对现实情形客观变化的真实了解和全面论证基础上，明确税收立法修订的指向意图、具体范围以及实施可行性等，不可妄断而行。另外，对于调整幅度之把握，应放宽税收立法瑕疵之调整行为，对于内外察明税法规则之形式瑕疵问题，如语词使用不当、句式表达不规范、法条设计形式不妥当等，立法者可根据搜集的税收立法勘误建议定期或不定期地集中加以修正；适当控制税收立法内容之调整行为，该部分税法调整最为常见，涉及立法内容之调整，无论系规则增加、删减或改进，都应受到立法事实、立法意图以及立法实施等方面的约束，要突出必要性、可行性、实用性；慎重实施税收立法框架之调整行为，对于涉及税种法之新增或废止，以及单个税种法之立法风格整体改变，则应慎重而行。

（2）在税法调整的条件、方法和原则方面，其一，税法调整必须以具备正当性条件支持，包括当具体税法规范所赖以存续的社会情势发生变化，则税法应当回应性地予以修改；当新的经济交易方式或规范情形出现时，而现行税法缺乏相应规范依据，则应根据规范之必要性、可行性与紧迫性而考虑是否增加新的税收规则；当原有的税法规则之事实依据不复存在或发生重大变化以至于不再具有规范可能性，以及被新的税法规范所取代时，则应考虑废止相应的税法规定。其二，税法调整也不是无章可循的，一方面，在层级性立法规范理论下，通过空白立法、弹性立法、授权立法等方式将税法调整密度转移至行政立法层面，以保持税收法律基本框架的稳定性，同时增强税法的回应能力与补强能力；另一方面，在税法变动之稳序转换原理下，运用一定的立法理念或技术确保新旧税法规定之间平稳对接，保障纳税人的信赖利益，包括旨在规范税法溯及既往的"祖父条款"、有利溯及既往原则，旨在保持税法更新发展的

[①] 参见郭道辉《法律修改方略述评》，《中国法学》1989年第6期。

"日落条款",① 旨在舒缓新旧税法平稳衔接的过渡条款等。其三，税法调整应遵从合法性、合比例性、信赖利益保护等原则，严格遵照法定的立、改、废实体要求和程序规定，税法修改应当合乎比例，不宜过于频繁，要特别防范税收行政立法层面上税务部门基于税收相机调控权之运用而频频肆意地修改规范，也要注重税法修订时维护纳税人的合法信赖利益，捍卫税法的稳定性、明确性。

（3）在税法调整的规范性、程序性与责任性方面，应当理顺改革与法治的关系，将税制改革与税收法治接连起来，借鉴域外做法，以人大制定通过"税制改革法案"的形式作为税制改革和税法调整的依据，建立健全税法调整的实体和程序规范机制，对违反税法调整原则的立、改、废行为实施立法监督，明确并追究立法者的相关政治或法律责任。

第三节　增进税法适用确定性的制度策略

一　优化税收执法的制度方略

在我国，税法适用不确定性问题在税收执法过程中表现得最为显著，也是治理税法适用不确定性的重中之重，从税收行政执法权规范的策略上，主要包括原则约束和制度建设，前者如行政法上的合法原则、合理原则、比例原则、信赖保护原则等价值遵循，后者则从制度构建方面，提出优化税收执法、克服税法适用不确定性的有效手段。基于我国现实语境下的相关制度创设、发展与改进，主

---

① 所谓"祖父条款"是指这样一类条款，它允许在旧有的制度或环境下已经存在的事物乃至做法在新的法规通过后可以不受新规则拘束，这是一种在现有的规则体系下的特例，通俗言之，就是"老人老办法，新人新办法"。此外，所谓"日落条款"是指在法律中明确规定有效期，定期对法律进行评估清理，将过时的、阻碍经济社会发展的规范予以修改或废止。参见杨洪《税收的不确定性及其法律应对》，《法商研究》2019 年第 2 期；吴黎静《引入"日落条款"》，《人民论坛》2011 年第 1 期。

要体现在税务事先裁定制度引入、执法说明理由制度完善以及税务行政复议制度的改良，分别为税务执法的事前、事中与事后阶段之制度举措，引入事先裁定制度有利于为拟计划交易的纳税人提供获取确定性税法的渠道，完善执法说明理由制度有助于增强税务机关与纳税人之间的沟通联络和提高执法说服力，改良税务行政复议制度目的在于优化和畅通纳税人的行政救济机制与诉讼救济通道。

（一）事前阶段：税务事先裁定制度

为保证纳税人税收确定权得以顺利实现，我国建立了多种税收规则明确化服务制度，包括纳税咨询制度、个案批复制度、预约定价制度、事前询复制度、海关行政裁定制度等，但缺少针对计划交易的税法疑难解惑之事前服务制度。环伺域外，世界上许多国家为解决税法适用于纳税人未来交易之特定事项的不确定性问题，专门建立了税务事先裁定制度，它是纳税人向税务机关获得拟定交易税收后果确定性的一种行政程序。[1] 借鉴于此，2015年1月5日我国公布的《税收征收管理法修订草案（征求意见稿）》（以下简称《征求意见稿》）中首次引入了税收事先裁定制度，[2] 它通过纳税人向行政机关求助，将他们关于未来复杂交易税法适用的不确定性稀释，获得一个相对确定性的纳税安排，在此基础上消解纳税人的犹豫不决和怀疑惧怕心理。[3] 以税法适用确定性为目标的事先裁定制度创设，反映了我国在提升税收确定性工作方面的全新尝试和与国际先进税收制度接轨学习的开放姿态。

---

[1] See Yehonatan Givati, "Resolving Legal Uncertainty: The Fulfilled Promise of Advance Tax Rulings", *Virginia Tax Review*, Vol. 29, No. 1, Summer 2009, pp. 137–175.

[2] 《中华人民共和国税收征收管理法修订草案（征求意见稿）》第四十六条规定："税务机关应当建立纳税人适用税法的预约裁定制度。纳税人对其预期未来发生、有重要经济利益关系的特定复杂事项，难以直接适用税法制度进行核算和计税时，可以申请预约裁定。省以上税务机关可以在法定权限内对纳税人适用税法问题作出书面预约裁定。纳税人遵从预约裁定而出现未缴或少缴税款的，免除缴纳责任。"

[3] 黄家强：《税务事先裁定的理论阐释与省思》，载熊伟《税法解释与判例评注》（第八卷），法律出版社2017年版，第249—270页。

事先裁定制度拟入法掀起了税法学界对其密集关注，主流研究认为事先裁定在克服税法适用不确定性方面发挥着积极作用，我国应当借鉴域外实践尽快构建与我国国情相适应的事先裁定制度。但也有少部分学者认为事先裁定制度在运行过程中可能会出现销蚀税收法定原则的情形，从运行效果上主要国家事先裁定数量逐步降低，消除税法适用不确定性的制度功能大为削弱，最终沦为税收筹划的工具，进而主张冷静对待事先裁定制度入法。[①] 不容否认，事先裁定的制度定性与运行实践确实存在着争议，仅对于其性质为何，目前学界的观点就见解多样，[②] 但理论争议并不构成否定事先裁定制度价值的当然理由，防范事先裁定制度与税收法定原则可能发生碰撞，关键还是在于区别其准行政行为特性，以示与立法上法定之区分。至于事先裁定制度在域外运行中所出现的使用率较低等问题，与其国内制度设计以及税政服务环境不无关系，也不宜作为排斥事先裁定制度本土建构的原因。当然，对于事先裁定制度建构，必然需要理性对待，在此基础上，进行完整详细的规则设计，目前从《征求意见稿》中的相关法条设计来看，第四十六条之规定无疑过于粗糙，存在着规范不尽合理、含混残缺等问题，如何准确定位事先裁定制度，进一步细化完善该项税收制度的实体与程序框架是未来入法之时必须同步考虑的关键问题所在。

（二）事中阶段：执法说明理由制度

行政行为说明理由制度是规范行政执法、增进双方沟通和便于司法审查之公法制度设计，税收行政行为作为一项独具技术性和复

[①] 参见郭昌盛《事先裁定制度入法的冷思考》，《国际商务》2018 年第 6 期。

[②] 关于事先裁定制度的性质，大体有"个性化纳税服务说""税法解释工具说""准行政行为说""行政预备行为说""助成性行政指导行为"等多种观点。参见朱大旗、姜姿含《税收事先裁定制度的理论基础与本土构建》，《法学家》2016 年第 6 期；董学智《税收事先裁定是一种行政行为类型吗？——兼论税法与行政法的关系》，《税务与经济》2018 年第 1 期；黄家强《税务事先裁定制度的性质判定与效力审思》，《税务与经济》2018 年第 2 期；周密《税收事先裁定行为的法律属性》，载谢进杰《中山大学法律评论》（第 15 卷），中国民主法制出版社 2018 年版，第 91—104 页。

杂性的行政行为类型，建构执法说明理由制度大有必要。在税务执法事中阶段，税务机关所作出的涉及纳税人权益的税收行政行为时，应当向纳税人说明作出该行为的事实依据、法律依据以及裁量依据等，即税务机关负有向纳税人说明税收执法行为理由的义务，其目的在于让纳税人了解税务执法依据及理由，增进征纳双方之间的沟通，避免纳税人产生误解。[①] 目前，我国尚未制定有关税务执法说明理由制度的专门规范性文件，只零散分布在一些税务执法规范和指导意见中，主要集中在执法程序方面，如《税务稽查工作规程》中有关税务稽查报告之内容规定，2012年国家税务总局《关于规范税务行政裁量权工作的指导意见》中将"完善说明理由制度"作为健全税务行政裁量权行使程序的制度之一，2013年国家税务局《关于加强纳税人权益保护工作的若干意见》中提出要"完善税收执法过程中有关告知、回避、调查取证、听证、说明理由等程序制度"，2015年国家税务总局《关于全面推进依法治税的指导意见》中明确指出要"稳步推行重大税务执法行为说明理由制度"。综上，我国正逐步建立起税务执法说明理由制度，但该制度并未覆盖全部税收行政行为，且缺乏统一规范，为此，未来应推进该制度的确定性立法规范。

具体到税务执法说明理由制度之完善角度来说，应从说明理由之范围、内容、要求、程序、责任等方面展开。（1）在范围上，税务执法说明理由制度既可针对抽象税收行政行为也可针对具体税收行政行为，前者如税务机关制定出的税收规范性文件应以公告形式向社会发布，附以对政策制定的背景描述、实施目的以及内容解读等，保证政策制定得公开透明，确保公众对于税收公共政策的知情权；后者如税收许可、税收征管、税收处罚、税收稽查等行政决定应当由税务机关向纳税人以出具纸质或电子文书以及口头方式向纳

[①] 参见李亚松《税务执法说明理由制度的现状与构建》，《税务研究》2019年第8期。

税人说明行政理由,增进纳税人对税务行政执法的理解和认同,让其知悉其合法权益是否得到有效保护,以便后续寻求权利救济。(2)在内容上,税务机关主要向纳税人说明税务执法的合理性与合法性依据,包括应税事实认定和适用税法规定的合法性问题,以及根据个案实情、政策法规、公共利益、税法价值等因素进行税务自由裁量时的合理性问题。(3)在要求方面,税务机关关于税务行政执法的说理应当符合事理、法理与情理逻辑,而且说理必须充分、明确、通俗易懂,真正让纳税人详细清晰地理解税务机关的行政处理方案。(4)在程序方面,包括税务执法说明理由的期限、方式以及纳税人对行政说理的陈述、申辩程序,应当详细规范。(5)在责任方面,应当规定税务机关未能依照法定程序要求履行理由说明义务时,纳税人可申请撤销该行政行为,并且追究存在故意或重大过失的行政人员的相关政治与法律责任。

(三)事后阶段:税务行政复议制度

税务执法过程中征纳双方难免会产生争议,由此引发税法适用确定性之疑虑,此时,事后阶段的救济机制便显得尤为重要。当前,我国主要包括以行政复议制度为主体的行政救济机制,以及以行政诉讼制度为主体的司法救济机制,前者以"专业税收问题交由专业性税务机构"内部处理的模式能够以专业思维化解税务争议,但行政内部处理方式也常常让救济效果大打折扣;后者以司法机关的中立角色与思维解决涉税争议,能够避免行政内部处理的国库主义立场偏向,但我国司法机关处理涉税案件的专业能力仍然有限。因而,无论从权利救济的自由选择角度还是从行政内部处理与司法外部处理的利弊权衡来看,都应赋予纳税人自由选择行政赋予或行政诉讼救济方式的基本权利。

然而,根据我国现行税收征管法第八十八条第一款规定,税务救济制度设置"复议清税前置"和"诉讼复议前置"之程序规定,即纳税人提起税务行政复议必须以缴纳税款及滞纳金或提供相应担保为前提,纳税人提起税务行政诉讼必须先提起行政复议,这种

"双重前置"的要求给纳税人救济权行使制造了重重阻碍，均不符合行政法上的比例原则。① 鉴于此，我国应废除税收征管法上的"双重前置"规定，依照《征求意见稿》的相关修改建议，目前只计划删除"复议清税前置"的规定，仍然保留"诉讼复议前置"的要求，同时增加"诉讼清税前置"的规定，实际上仍是存在"双重前置"问题。② 因而未来最终的税收征管法修订应当一步到位，完全废除两个前置，彻底搬除纳税人救济道路上的两大"拦路石"，由纳税人自由选择行政复议或诉讼，并且无须附加清税条件。在此基础上，应当进一步地完善税务行政复议制度，设立专门的税务行政复议委员会，提高税务行政复议的科学性、公平性和透明性，尽可能地节约司法成本。

二 开放税收司法的制度举措

我国司法机关在税法规范解释与适用过程中受到权力和能力之双重限制，导致行政独断税法解释权下的国库主义价值偏向，以及税务司法审判专业不足下的裁决不确定性、不公平性和非有效性等问题，一方面司法机关对于税法不确定性规范存在解释权受限问题，一般只有规则审查权；另一方面司法机关对于应税事实和处理结果的认定通常在双方所提交的客观证据基础上尊重行政机关的专业判断，缺乏税收方面的专业知识和税务案件的专业审判说理能力。为此，我国应从释法权力分享、行政判断尊重与专业能力提升三方面寻求突破，实现税务审判领域中开放司法、尊让司法和专业司法的

---

① 参见付大学《比例原则视角下税务诉讼"双重前置"之审视》，《政治与法律》2016年第1期。
② 《中华人民共和国税收征收管理法修订草案（征求意见稿）》第一百二十六条第一款规定："纳税人、扣缴义务人、纳税担保人同税务机关在纳税上和直接涉及税款的行政处罚上发生争议时，可以依法申请行政复议；对行政复议决定不服的，应当先依照复议机关的纳税决定缴纳、解缴税款或者提供相应的担保，然后可以依法向人民法院起诉。"

形象汇合。

（一）开放型税务司法：税法解释权共享制度

由于我国立法、执法与司法体制分工以及专业化能力差异方面的原因，税法规范与适用层面均体现出行政话语垄断之现象，从现实必要性而言，鉴于我国税收法治处于起步发展阶段，由专业能力更高的税务行政部门承担大量的解释性或授权性立法工作有其现实合理性；但行政主导式税收立法和行政垄断式税法解释模式也很容易造成国库主义价值观的立场先入，更会增加税收行政权恣意性、扩张化运行风险。因而，尽管税收立法与税法适用不同于其他行政领域，但征税权的行政公权力本质不变，在此基础上，依托立法权和司法权制衡行政权无序化与膨胀化，正是当下我国将税收行政权限制在法定范围内的改进方向。为此，构建更加民主的税收立法格局和更加开放的税务司法体制于我国而言尤为必要，一方面，在税收立法方面，应逐步向人大主导型税收立法模式转变，确保税法制定得更加精细具体，防止过于空洞的税法规范给行政机关留下大量的创设性立法空间；另一方面，在税法适用方面，税法解释权不应由行政机关一家独享，而应在立法、行政与司法之间合理分配，改变现有的由行政机关负责解释，立法与司法机关分别负责规范制定和适用阶段审查事宜的做法，也可由最高立法与司法机关发布一些针对税法不确定性规定的解释性文件，目前我国全国人大常委会、最高人民法院都曾发布有关刑法、民法、公司法等法律的解释性规定，但在税法方面却鲜有出台解释，仅出台过几个有关涉税犯罪的司法解释。反观域外，普通法系国家将司法判例作为重要的法源，法院关于税法的理解与适用具有普遍约束力，大陆法系国家司法机关也经常发布税法解释，许多国家还建有专门的税务法院或税务法庭，以确保税务司法解释的专业性。

基于我国现有税法解释权行政独断的本土弊病以及开放司法的世界潮流，我国应在税务司法审判领域构建司法机关参与税法抽象解释和适用解释的机制,[①] 具体从制度确立层面而言:(1) 在抽象解释层面,应当激活最高人民法院的税法解释职权,对于司法实践中一直存在争议的不确定性税法规范,可通过发布司法解释文件的形式予以明确。最高人民法院作出的税法解释规定应建立在丰富税务司法实践基础上,鉴于同类案件中的同一不确定性税法问题的多发性及其解释的不明确性、多样性等,可由最高人民法院作出专门统一的司法解释,确保公平正义和同案同判。当然,需要区分立法解释、行政解释与司法解释之位序,司法解释只能针对现有的抽象税法规定,赋予其更为详细的价值内涵,或提出可行的解决方案,不可逾越现有的立法规定和解释,同时,司法解释也应区别行政解释,后者一般侧重于专业性的细节规定,而前者更偏向于提供价值指引、裁判方法。(2) 在适用解释层面,应当建立税收案例指导制度和裁判说理制度,每年遴选发布一些典型税收司法案例裁判,提高具体税案中的法官裁判说理能力,从而优化个案中的税法解释适用质量,增加税务司法裁判的公信力和准确性。

(二) 尊让型税务司法:尊重行政之判断制度

开放型税务司法的确立是改变税收领域行政权独揽之现状,通过制度设计构建更加开放积极的税务司法运行机制,但这并不意味着司法机关可以主动介入个案争议,或者质疑全部的税务行政行为,而应遵循"不告不理"原则,除了可以主动发布抽象司法解释以外,个案的解释适用行为需建立在当事人的诉讼事实基础上,也要秉承对税务行政判断之基本尊重,特别在当前我国税务司法专业化能力不高的情况下,一般对行政机关所作的专业认定和处理结果保持基本的尊重。同时,在尊重行政专业判断的基础上,法院有查明事实和行为审查的义务,只不过应合理界清尊重与查明、尊重与审查之间的边界。首先,在查明事实方面,法院应根据证据法和诉讼程序

[①] 参见孙建波《税法解释研究:以利益平衡为中心》,法律出版社 2007 年版,第 263 页。

的相关规定，核实征纳双方提交证据的真实性、合法性、关联性，进而依据完整证据链条查明案件事实，这其中，法院应当尊重税务机关依法对于纳税人私法交易事实的应税专业认定。其次，在行为审查方面，包括抽象行政行为审查和具体行政行为审查两方面，一是在抽象行政行为司法审查上，主要体现为税收规范性文件的司法审查，此时法院审查主要针对的是与案件争议相关的税收规范性文件，重点审查有无违反宪法上的基本权利保障理念，有无与上位法相抵触之情形，有无制定程序上的瑕疵等；二是在具体行政行为司法审查上，主要表现在税务行政机关的税收征管以及违法处理等具体行政行为方面，重点审查行为实施的合法性与合理性问题，税务机关所作之具体行政行为是否依照现行税法规定，是否考量了个案之具体情形等。尊让型司法之塑造，意在捍卫司法机关定纷止争之正义形象，毕竟税收行政不同于一般行政事务，其更加专业化、复杂性和技术性的特点使得法院需要不断提高法官的专业化知识储备，以及整体的专业化水平，在此之前，法院的审查功能相对有限，因而，在保持必要尊重的前提下，通过司法权能不断的优化提升，可真正起到居中裁判、化解矛盾纠纷、维护公平正义的积极作用。

（三）专业型税务司法：税务司法专门化制度

专业能力不强是体制分工受限之外的另一大制约税务司法能动性的因素，故而，通过各种路径来推动税务司法专门化建设，促成专业型的税务司法格局，已然成为开放税收司法的必然选择。从具体推进措施而言，专业型税务司法之目标实现需要多项条件，包括司法机关的外部专业化与内部专业化，其中司法机关的内部专业化提升主要涉及机构层面、机构内审判组织以及机构内人员的专业化，[①] 这也是当前学术界提出税务司法专门化的主要建议所在。

首先，在司法机构专门化方面，目前停留于理论探讨层面，税

---

① 参见邓伟《论我国税务司法专业化》，载李帅《人大法律评论》（2017年卷第1辑），法律出版社2017年版，第336—360页。

法学界对此认知也经历了一定变化，初步达成实现税务司法专门化的共识，但仍有一些问题存在较大争议。① 早期有学者考虑到彼时税务案件较少，认为不适宜设立税务法庭或税务法院，以防人浮于事和财政浪费，应根据税务司法未来发展之变化而视情况逐步设立，有学者对此提出了反驳，认为不应受时局影响，可先尝试逐步设立税务法院。② 近年来随着我国相继成立知识产权法院、金融法院以及互联网法院等专门法院，尤其是典型税务诉讼案例广受社会关注，为此，学界有诸多学者主张稳步推进税务司法专门化，基于"两步走"或"三步走"的策略最终建立跨区域税务法院，③ 以更好地解决税务实践中日益复杂多发的涉税纠纷争议。从国家顶层设计来看，也采取稳妥推进税务司法专门化的策略，近期最高院关于设立税务审判法庭的提案的批复中，就指出目前"设立专门的税务法院时机尚不成熟，由专业的合议庭或审判人员来审理涉税行政案件，逐步推进涉税行政审判的专业化工作，属于当前阶段的合理选择"④，因而，我国应从税务审判队伍专业化、税务审判组织专业化和税务审判机构专业化三方面逐步实现税务司法专门化。

其次，在司法人员专业化方面，根据《深化国税、地税征管体

---

① 这些争议包括税案数量相对较少是推进涉税审判专业化的障碍吗？涉税审判专业化在组织形式上应采用税务合议庭、税务法庭还是税务法院？如果成立专门的税务法庭或税务法院，那么其审理案件范围包括哪些？以及司法机关在涉税审判专业化过程中是只能起到形式审查还是可以拓展到实质审查层面。参见李光超《税务与司法对话：如何推进涉税案件审判队伍专业化》，《中国税务报》2018 年 5 月 25 日。

② 参见熊伟《中国大陆有必要建立税务法院吗？》，《月旦财经法杂志》2006 年第 5 期；朱大旗、何遐祥《中国大陆应该设立税务法院——对熊伟博士观点的回应》，《月旦财经法杂志》2006 年第 7 期。

③ 参见李大庆、侯卓《我国税务司法专门化之路径取向——兼论税务法院之设立》，《云南社会科学》2015 年第 3 期；廖仕梅《设立税务法院的必要性和可行性》，《地方财政研究》2017 年第 4 期；滕娟《刘剑文：税务法院的设立可分三步走》，《财会信报》2015 年 6 月 22 日第 A6 版。

④ 参见《最高人民法院关于政协十三届全国委员会第一次会议第 3699 号（政治法律类 367 号）提案的答复》。

制改革方案》中关于健全税收司法保障机制的要求，近年来我国积极推进涉税案件审判专业化队伍建设，由相对固定的审判人员合议庭审理涉税案件，推行法律顾问和公职律师制度等。未来我国还要进一步加强法官税法知识和涉税审判技能培训，建立税务审判资深法官库以及税法咨询专家库，将税务、会计、审计等从业人员吸纳到人民陪审员队伍中，并增强人民陪审员制度在审理涉税案件中的作用，加强税法宣传普及教育，特别是强化法律职业资格教育中的税法体系学习和考核力度。

三　提高税收遵从的制度创设

确定性的税法适用结果离不开纳税人守法遵从的意识和行动，不仅因为应税事实认定之确定性需要纳税人积极配合，提供完整准确的涉税事实信息，从而确保税额计算的确定性与正确性，而且确定性课税之实现最终依赖于纳税人主动且诚信地履行法定纳税义务。为此，有必要从制度建构层面来提高纳税人对于税法的认同感和遵从度，具体应从政府主导下的强制威慑与引导助推方向上，建立健全税收失信惩戒和守信激励制度，实现纳税遵从的硬法与软法兼治，另外，还可以从市场介入层面，创新性地开展税法责任保险制度的试点与普及工作，为处于税法不确定性风险境地的纳税人保驾护航，平息其对交易过程中税收不确定性和税法惩罚后果的内心隐忧。

（一）强制威慑：税收失信惩戒制度

近年来，随着现代社会人际信任与互动的新型关系模式确立，基于信用的非人格化治理方式丰富拓展了法律责任类型，[1] 失信惩戒举措被社会治理者运用得愈加频繁，信用责任正成长为继刑事责任、民事责任和行政责任之后的第四大法律责任，被学者形象地唤作

---

[1]　参见王若磊《信用、法治与现代经济增长的制度基础》，《中国法学》2019 年第 2 期。

"法律的第四颗牙齿"①。目前，我国出台了有关社会诚信建设的专门指导意见，提出要对涉及"严重危害人民群众身体健康和生命安全的行为、严重破坏市场公平竞争秩序和社会正常秩序的行为、拒不履行法定义务，严重影响司法机关、行政机关公信力的行为以及拒不履行国防义务行为"等四大重点领域建立失信惩戒制度。② 纳税义务作为一项法定义务，拒不履行税收缴纳义务且严重影响到税务机关公信力的行为自应纳入失信惩戒范畴。早在 2014 年国家税务总局就制定了《纳税信用管理办法（试行）》，力图从纳税信用管理的角度改善纳税遵从环境，并且出台了《重大税收违法案件信息公布办法（试行）》，初步建立起重大税收违法行为的"黑名单"制度，将达到一定涉案金额的偷税，逃避追缴欠税，骗取国家出口退税，以暴力、威胁方法拒不缴税，虚开增值税专用发票，虚开普通发票，非法伪造发票，走逃（失联）企业以及其他违法情节严重有较大社会影响的税收违法行为列入税收违法"黑名单"，对纳入税收黑名单的纳税人依法采取阻止出境、通报违法信息、限制履职、限制高消费等措施。后经 2016 年、2018 年两次修订，明确将走逃（失联）企业纳入税收违法"黑名单"，大大降低纳入公布的欠税金额起点，将重大税收违法失信案件信息的公布时限由 2 年延长为 3 年，采取信息共享和联合惩戒举措等。2018 年个人所得税法增加反避税条款以后，我国也逐步建立起个人所得税纳税信用管理机制，2019 年国家发改委、税务总局办公厅联合印发《关于加强个人所得税纳税信用建设的通知》，对个人所得税严重失信当事人实施联合惩戒，成为惩治个人所得税重大税收违法失信行为的重要砝码。

失信惩戒制度在税收违法失信行为治理方面起到明显的强制威

---

① 参见刘俊海《信用责任：正在生长中的第四大法律责任》，《法学论坛》2019 年第 6 期；刘俊海《信用责任：法律的第四颗牙齿》，《检察日报》2019 年 9 月 4 日第 7 版。

② 参见《国务院关于建立完善守信联合激励和失信联合惩戒制度加快推进社会诚信建设的指导意见》（国发〔2016〕33 号）。

慑作用，相比于纳税义务强制执行、行政罚款、滞纳金惩罚乃至刑事处罚等传统强制威慑手段覆盖广域和惩治效果的有限性，税收违法行为的失信惩戒措施则立足于个人或组织的信用资源与其正常生产生活秩序之间的紧密联系基础上，通过信用惩戒手段可以起到强制纳税人履行纳税义务、滞缴义务等，也能够以其强大的威慑力给其他纳税人以警示，最终强推整个社会形成守法遵从纳税的良好氛围。目前，我国针对单位和个人纳税主体主要采用税收黑名单制度和失信联合惩戒制度，前者为后者之适用划定了对象范围。首先，在税收黑名单制度方面，2018 年国家税务总局发布的《重大税收违法失信案件信息公布办法》（以下简称《办法》），对被纳入黑名单的重大税收违法失信行为进行了列举，与我国的纳税信用评级保持基本一致，对违法信息的公布范围和应当适用的惩戒举措进行了明确；其次在失信联合惩戒制度层面，2014 年部分单位联合发布《关于对重大税收违法案件当事人实施联合惩戒措施的合作备忘录》，规定了二十八项联合惩戒措施，惩戒力度实属空前。在上述两项制度的实施推动下，我国重大税收违法失信信息公开和联合惩戒均取得了一定的工作成效，① 展现出税收黑名单制度和失信联合惩戒的强大制约力和威慑力，社会诚信守律、守法纳税的氛围逐渐营造起来。

失信信息公开和联合惩戒既可成为强制约束纳税人不法行为、督促其遵从纳税的可靠手段，也可能沦为侵犯纳税人隐私、剥夺其基本

---

① 根据国家税务总局 2019 年上半年的工作总结，全国税务机关累计公布税收违法"黑名单"案件 7282 件，同比增长 161.85%，自 2014 年 10 月税收违法"黑名单"制度实施以来，全国税务机关累计公布案件数量已达到 2.39 万件。另外，从 2015 年启动至 2019 年 6 月，全国税务机关累计推送多部门联合惩戒 31.49 万户次，其中公安部门配合阻止出境 5773 人次；1.98 万名"黑名单"当事人被市场监督管理部门限制担任企业的法定代表人、董事、监事及经理职务；2.03 万户次当事人被金融机构限制融资授信；另外，还有 26.89 万户次当事人在政府供应土地、检验检疫监督管理等方面被有关部门采取限制性管理措施。参见国家税务总局网站《国家税务总局 2019 年上半年新闻发布会实录》，http://www.chinatax.gov.cn/n810219/n810724/c4539744/content.html，2019 年 10 月 25 日。

生产生活权利的"当头大棒",因而信用惩戒举措的使用应当恪守适当原则和基本底线,而且惩戒只是规劝和教育纳税人守法遵从的手段之一,并不是最终目的,一旦纳税人纠正自身违法行为,主动纠正错误,补缴税款及滞纳金,接受和履行税务机关对其所作的行政处罚,并且能够在后续税收征管过程中诚实纳税,则应当对纳税人的信用状况重新评价,实现纳税信用的动态管理,并且允许纳税人通过一定的补救方式对纳税信用进行修复。总之,失信信息公开和联合惩戒只是起到督促、强制和震慑的作用,其最终目的还是在于指引失信纳税人迷途知返,停止违法行为、完成法定纳税义务以及接受法律制裁,需要处理好税收失信惩戒权的法律治理问题,也需要完善相应的纳税信用调整和修复机制,从而起到"惩前毖后、治病救人"的效果。

1. 税收失信曝光惩戒权的法律治理。国家有关机关对重大税收违法失信行为行使信息曝光和联合惩戒权时,不能够恣意而行,毫无边界,应当符合行政法治之基本原则。

第一,在失信曝光权方面,主要应从案件认定、信息范围、救济路径等方面予以规范。首先,税务机关应在现有部门规章规定下依法认定案件是否属于失信信息曝光的范围,《办法》第五条已对"重大税收违法失信案件"的界定标准进行了类型化明确列举,但九项情形中的最后一项兜底条款以"其他违法情节严重、有较大社会影响的"比较概括模糊的法条表述,无疑增加了税务机关的裁量余地,应当对该兜底条款进行更加明确具体的限定,防止其异化为失信信息公开制度扩大化适用的源头。其次,税务机关依法曝光的重大税收违法失信案件的信息内容也应有明确的法律界限,《办法》第七条对此予以了明确具体的规范,应当注意的是,在实际操作中,应当注意到涉税信息管理权与保护权之间的冲突与平衡问题,[①] 区分涉税信息中的隐私部分与曝光部分,一方面不能够曝光与违法失信

[①] 参见闫晴《税务信息管理权与保护权的冲突与平衡》,《北京理工大学学报》(社会科学版) 2018 年第 4 期。

行为无关的个人隐私信息，另一方面仅限于曝光纳税人单位或个人的相关信息，不应扩大至与其存在合作关系或亲属关系的其他单位或个人的信息，但与其存在共同违法事实的主体除外。最后，被列入税收黑名单的纳税人应当具有救济权，《办法》第十七条仅规定："被公布的当事人对公布内容提出异议的，由实施检查的税务机关负责受理、复核和处理"，不仅相关的异议处理机制语焉不详，而且并未规定对于该类行政行为是否可提起行政诉讼。对此，应首先健全税收黑名单异议行政处理机制，细化实体和程序要素，以行政内部自查自纠为主要救济方式，同时，无论列入黑名单的纳税人有无被采取失信惩戒措施，纳税人均可向法院提起诉讼，[1] 但为防范纳税人利用司法救济达到拖滞惩戒的目的，可视情况严重程度采取先予执行措施。

第二，在失信惩戒权方面，主要从联合惩戒配合、惩戒力度适当、惩戒救济机制三方面展开。一是联合惩戒措施的顺利实施离不开不同职能部门之间的信息共享和合作互通，以法定性、关联性、合比例性之实体原则和明确的程序控制实施税收失信联合惩戒权；[2] 二是惩戒力度应当适当，且具有关联性和期限性，不可触及纳税人基本的生产生活权利，惩戒范围限制在不必要的高消费、转移财产或走逃可能性方面，有明确的惩戒期限和停止要件；三是受惩戒人有权对行政联合惩戒实施过程中的合法性与合理性问题提出异议，进而向有关行政机关或法院提起行政复议或诉讼救济，此时，需要区分受惩戒人是针对哪部分的惩戒措施提出异议，如果是对行政联合惩戒的整体决定存在异议，应以作出具体决定的税务机关为复议或诉讼对象，如果是对部分惩戒措施的运用存在异议，则应指向实施具体惩戒权的部门。

2. 纳税信用调整和修复的机制完善。信用并不是永恒不变的，

---

[1] 参见汪成红《如何妥善化解"黑名单"争议》，《中国税务报》2019 年 5 月 7 日第 6 版。

[2] 参见沈毅龙《论失信的行政联合惩戒及其法律控制》，《法学家》2019 年第 4 期。

也不是不可修复的，税务部门对纳税人的信用状况变化享有法定的管理调整职权，纳税人也可通过信用修复完成补救。众所周知，我国早在2002年颁布的《税收征收管理法实施细则》中就提出"税务机关负责纳税人纳税信誉等级评定工作"，2003年国家税务总局专门发布《纳税信用等级评定管理试行办法》，将办理税务登记的企业纳税人信用分为A、B、C、D四档，2018年在B档和C档中间新增M级，① 每一档的纳税人都享受着不同层级的奖励优惠或惩戒追责，而纳税信用等级的评定是一项动态税务管理活动。2014年颁布的《纳税信用管理办法（试行）》第二十五条规定了税务机关对纳税信用级别实行动态调整，然而，在实际运行过程中，面临着权力主体单一、修复条件不合理、管理非强制性、结果公开不力、监督机制缺失等问题，② 为此，我国应当进一步完善和改进纳税信用动态调整机制，规范权力运行过程，确保信用调整建立在权力合法性、事实真实性和评价科学性的基础之上。除此以外，纳税信用动态管理之关键在于促进良好信用的保持和改善，因而，通过信用修复方式让信用管理制度更具有弹性和适应性十分必要。③ 纳税信用修复是指进入税收黑名单的纳税人通过采取按期补缴税款、滞纳金以及罚款等补救措施修复其纳税信用的制度，目前根据相关规定，我国主要在三种情形下适用纳税信用修复，④ 适用范围有限，同时在法律体系、

---

① 参见《国家税务总局关于纳税信用评价有关事项的公告》（国家税务总局公告2018年第8号）。

② 参见闫晴《纳税信用动态调整的税制困境与理想构造》，载熊伟《税法解释与判例评注》（第八卷），法律出版社2017年版，第236—248页。

③ 王桦宇、李想《纳税信用修复的制度逻辑：一个惩前毖后的法理视角》，澎湃新闻网，https：//www.thepaper.cn/newsDetail_ forward_ 5054944，2019年11月26日。

④ 根据《国家税务总局关于纳税信用修复有关事项的公告》（国家税务总局公告2019年第37号）的规定："纳入纳税信用管理的企业纳税人，符合下列条件之一的，可在规定期限内向主管税务机关申请纳税信用修复。（一）纳税人发生未按法定期限办理纳税申报、税款缴纳、资料备案等事项且已补办的。（二）未按税务机关处理结论缴纳或者足额缴纳税款、滞纳金和罚款，未构成犯罪，纳税信用级别被直接判为D级的纳税人，在税务机关处理结论明确的期限期满后60日内足额缴纳、补缴的。（三）纳税人履行相应法律义务并由税务机关依法解除非正常户状态的。"

申请机制、处理机制、公示机制和监督机制等方面均存在一些问题。① 为此，我国应在继续健全纳税信用修复制度的基础上，推进该制度更好地发挥"自我纠错功能"。纳税信用修复作为纳税人信用补救权的行为范式，也是给处于失信惩戒不利境地的纳税人一定的回旋余地，让其"亡羊补牢、改过自新"，能够以其弹性矫正作用与联合惩戒的强制约束力量达到最佳搭配，我国构建该制度应当注意法治规范、技术细化以及权利保护等重要课题，以高阶成熟的税收立法引领纳税信用修复制度走向规范化，以精细具体的制度设计回应税务实践的需要，注意协调好惩戒权与修复权之间的矛盾，最终能够在冰冷的失信惩戒之中体现更多的法律温度。

（二）引导助推：税收守信激励制度

纳税信用管理绝非全部归于失信惩戒之消极侧面，从积极层面上建立税收守信激励机制同等重要，二者共同组成强制威慑与引导助推纳税人诚信守法、纳税遵从的"正反面向"。我国自部署推进社会诚信建设任务以来，就提出"信用激励和约束手段并用，守信激励与失信惩戒相统一，形成褒扬诚信、惩戒失信的制度机制，建立完善守信联合激励和失信联合惩戒的'双轨机制'"，但在理论和实践层面，更多的关注聚焦于失信惩戒的法理构造与手段运用，有关守信激励的理论研究和制度建构相较暗淡逊色不少。根据国家税务总局《纳税信用管理办法（试行）》以及《关于纳税信用评价有关事项的公告》的有关规定，A级纳税信用的纳税人可享受全部守信激励措施，包括税收白名单的信息公开、发票领取数量的增加、办税服务的便捷化以及联合激励等措施，税务机关根据信用状况可在前述范围内选择部分激励措施适用于B级纳税信用的纳税人，新增M级纳税信用的纳税人主要享受"取消增值税专用发票认证"和"税务机关适时进行税收政策和管理规定的辅导"两类守信激励措

---

① 参见胡元聪、闫晴《纳税信用修复制度的理论解析与优化路径》，《现代法学》2018年第1期。

施，C 级和 D 级纳税信用的纳税人属于从严监管的对象，适用惩戒措施，不适用守信激励机制。由此可见，我国的守信激励措施主要集中体现在信息披露、税政便利和行政联合三方面，在信息披露方面，如很多地方每年都有评选"纳税大户"的传统，近年来一些地方也逐步建立起税收白名单制度或推出税收红榜，将那些诚信守法的纳税大户向社会公示，能够起到良好示范和带动作用，也为激励措施适用的范围明确和社会监督奠定了基础；在税政便利方面，当前税收层面主要的守信激励措施集中在为纳税信用较好的单位和个人提供更加方便、快捷的税政服务，增加税务机关一对一的政策辅导服务，缩减一些行政审批认定环节；在行政联合方面，税务部门与其他多部门组织之间联合推出多项守信激励举措，2016 年多部门共同签署《关于对纳税信用 A 级纳税人实施联合激励措施的合作备忘录》，共推出 18 个大项的守信联合激励措施，涉及与纳税单位与个人生产生活相关的多个领域。

然而，对比失信惩戒措施，我国在税收守信激励方面还存在着力度不足、规范不力和手段失偏等问题，导致惩戒力度大于激励力度、守信激励机制不完善，一些地方存在激励手段有失偏颇等乱象。惩戒与激励作为强制和引导纳税人依法遵从纳税的方式，应当并重而行，虽然我国逃避税现象日趋严峻，但产生这一问题的原因并不完全归咎于纳税人一方，很大一部分原因在于我国税收法治不够完善，因而仅靠事后惩戒来纠正当事纳税人行为以及震慑其他纳税人守法是不足够的，应当将事前的预防引导和事后的惩戒打击相结合，因而，未来我国应逐步建立守信激励与失信惩戒力度相当的税收信用治理格局，健全税收守信激励机制，创新拓展激励手段。具体到税收守信激励手段的创设而言，除了要在法治框架下尽可能地发挥激励的实际效用，避免设置对纳税人毫无实际意义、不能起到有效激励效果以及涵盖其本身拥有的合法权益的措施，注意激励手段与纳税人权益实际增进的相关性，也要注重激励手段的比例控制和协调运用。一方面，守信激励措施不能给当事纳税人制造远超其他纳税人的绝对竞争优势，只能限制在对一些行政门槛的降低或垄断领域的开放，给其在市场竞争中提供更多的机会和实惠，以防止造成激励过盛给市场竞争秩序造成干预冲击。另一方面，守信激励举措也要处理好与税收法定、简政放权的协调关系，税务机关的奖励优惠不能够突破税收法定或财政法定原则，例如与纳税人约定在经济不景气年度诚信纳税则可在经济景气年度减免应税金额，或者在法定预算之外给予守信纳税人以更多财政补贴等，均属于违法示例，此外，守信激励中的一些涉及税政简化的举措，也不应阻挠简政放权的改革进程，应当尽可能地减少运用有关税政简化的激励手段，使之成为税务行政的应然使命而非给予纳税人的附条件优惠。

当然，以上主要针对的是企业纳税层面的守信激励问题，从个人所得纳税层面而言，如何引导助推每个公民诚实地申报缴纳所得税更为复杂，这是因为相较于增值税、企业所得税可利用发票、会计账簿等实现信息核对，个人所得税中除了工资薪金等少部分所得可通过代扣代缴完成，其余大部分所得计算、税收扣除、优惠减免等事实信息更依赖于纳税人的协力义务，但自主无章、相对繁琐的纳税协力义务规定很难激励纳税人积极配合，例如，长期以来我国实行年收入12万以上个税自行申报制，但由于激励和惩戒双向缺失，导致实施效果一直堪忧，再如新修订后的个人所得税法确立了纳税人的汇算清缴义务和扣除信息填补义务，也面临着一些现实因素的阻碍，如个税专项扣除中的房租抵扣信息系统填报就一度陷入困境。综上，除了给予纳税人一定的优惠条件或物质奖励以激励其诚信守法以外，也要从协力义务的简化便利履行方面着手，包括中低收入群体的义务减免，信息技术手段的使用等，如2019年国务院决定"暂定两年内对综合所得年收入不超过12万元或年度补税金额较低的纳税人，免除汇算清缴义务"，以及近年来区块链、电子发票等技术在税收征管方面的运用，唯有如此，方才能够在简化税政和便利纳税的基础上提高纳税遵从度。

(三) 市场介入：税法责任保险制度

面对无可规避的税法不确定性问题，为降低其对纳税人私域交易行为所造成的法不安定性影响，域外有学者将税法不确定性视为客观存在之风险，从保险的角度，创新地提出建构一种针对税法不确定性风险的新型的涉税交易保险制度，它是基于税法规定不确定性之现实状况，允许纳税人购买该类型保险以转移或分担因不确定性税法而可能承担的处罚风险。[①] 从保险标的来看，它是针对被保险人因税法不确定问题而可能承担的税法责任风险。税法责任保险制度能够在缓解税法不确定性问题给社会正常生产生活秩序带来的过度威慑与税法不公平问题，[②] 一方面，当保险公司可以为因税法不确定性而产生的缴纳义务与惩罚性处罚买单时，纳税人就可以不用考虑税务机关事后随机性的稽查处理，放心地依照现行税法规定进行税收成本计算和投资交易安排，所缴纳的保费就是安定交易之对价；另一方面，投保人之间形成保险利益同盟关系，相互之间共同承担每个纳税义务人都可能面临的税收赔偿风险，而且在意思自治的基础上，投保人可根据自身情况自愿投保，处于该保险同盟之外的其他纳税人可能面临的该类型风险较低，因而并不影响整体税法公平。

税法责任保险制度是一种借助市场力量来助推纳税人做出税收遵从选择的创新机制，它在承认税法不确定性客观局限的基础上，给那些面对税法不确定性时犹豫惧怕的纳税人吃下一颗"定心丸"，减轻了不确定性税法情形对正常市场活动的阻碍力。这一制度以其新视角、新方法，可为提升民众纳税遵从意识和防范避税处罚风险另辟蹊径，特别是对于税法品质较低、行政权恣意运行较为严重的我国而言更具借鉴意义。不过，该类保险产品应在商业保险架构内

[①] See Kyle D. Logue, "Tax Law Uncertainty and the Role of Tax Insurance", *Virginia Tax Review*, Vol. 25, No. 2, Fau 2005, pp. 339–414.

[②] 参见刘为民《法律不确定性与反企业避税》，西南交通大学出版社2015年版，第58页。

推出，将其纳入保险市场化运作范围，政府可在尊重市场自主和行业自治的基础上规范其发展，可采取先试点后推广的做法逐步建立。从具体的制度构建层面而言，税法责任保险的保险人为具有保险经营资质的公司，投保人为从事复杂交易且面临税法责任追究风险较大的企业纳税人、个人等，保险公司可在事前对纳税人可能面临的税法不确定性风险进行评估，包括其经营事业或从事工作之特殊性、相关税法规范的不完备性等，被保险人可为履行具体纳税义务的单位或个人，包括纳税担保人、税收债务代偿第三方也可依据担保代偿债务请求权向保险人请求保险赔偿给付。特别需要注意的是，该类型保险之保险范围为诚实纳税义务人因税法不确定性而产生的法律风险损失，为防范发生引诱避税的道德风险，对于利用税法漏洞而故意改变原定交易进而达到避税意图的保险缔约，保险人可拒绝给付保险义务，税法责任保险制度所保障的是诚实纳税人的风险利益，纳税人仅可在已作明确规定的税法框架内进行税收筹划。

结　论

认真对待税法确定性

　　征税是一项历史古老且延续已久的事业，自近代英国首先确立起税收法定思想以来，民主、法治、公平等理念开始深深嵌入到国家税收治理之中，形成了现代税制以"规范和控制征税权为中心旨意"的合宪性价值逻辑，在此基础上，一套符合确定性品质的税法规范与运作系统无疑十分必要，也是确保政府从民众手中汲取的税收达到合乎正义的确定。"理想纵然完美，现实往往残缺"。实践中主客观层面上存在着诸多的不确定性因素，时常造成税法规范的模糊、复杂、变动等问题，以及税法适用的不确定性问题。客观而言，税法不可能完全确定，甚至有时需要相对开放灵活的规范技术，税法规范的专业性、技术性特质使其不易理解，税制改革的长期性、渐进性特点使其难以稳定，税法适用过程中的事实、法律和行为不确定性也使其充满变数。鉴于确定性之于税法的关键价值地位和客观实践反差，需要我们重新明确税法确定性原则的理论含义，所需要的税法确定性状态应是建立在"合理分工""灵活有效"和"规范适用"的基础之上，不同等级的规范对应不同程度的明确要求，通过税收立法事项的合理分配实施达到整体税法系统的确定性规范；回应国家改革与治理的现实需求，赋予税法一定程度的开放性、灵活性实有必要；确定性并不限于静态层面上税法规范的形式正义，更在于动态层面上税法适用的实质正义。

经上述关于税法确定性原则的理论发现与解构，从税法的空间视域来看，确定性是世界各国税法的普适性价值，但具体到每一国家而言，受到税收法定实践、立法分工机制、税收法治程度等影响，所面临的税法不确定性问题各有差异。于我国而言，深受大陆法系影响，不像许多普通法系国家那样有着详细具体的税法规范和司法判例，目前仅停留在税收形式法定阶段，人大主导税收立法方才进入"权力回归"时代，所制定的税收法律不仅体系不全，而且内容空洞，税收征管实践依靠行政机关出台的大量行政性规范文件作为依据支撑，当前我国的税收法治表现为"税法适用确定性之需求与人大主导税收立法不确定性质量"之间的突出矛盾。更为严重的是，从立法规模来看，行政主导型税收立法格局未有明显改观，受其影响，税收调控功能的肆意运用、税制渐进改革的频繁展开、税法解释适用的国库主义本位等特征显现，相对于确定性，倾向考虑税收法律的灵活性、开放性和适应性，导致人大税收立法中的"广授权、空洞化"之积弊仍然存在，特别是将核心课税要素授权给行政机关确定和调整，人大对于行政机关立法尚未形成有效监督制约。

针对以上问题，待我国完成税制结构的改革设计和全部税种的税收法定任务以后，在稳定的税制结构和规范的立法分工基础上，理应进入围绕着"确定性原则"为中心的税法建构与运行时代。在此过程中，"建构主义""适应主义"和"解释主义"的路径并行不悖。其一，人大已经制定的各税种实体法和程序法应遵从课税要素明确性要求，实现税收立法权的合法合理分配，在标准主导型立法形式下，确保税收立法的简约化与复杂化、通俗化和专业化之间的协调，同时，注重细节性规则的精确化，制定税法总则或税收基本法，依序完成税法体系的补位与统合。其二，在税法追寻确定性目标的同时，也不可失却其灵活适应性，现代税法需要回应税收治理功能、提供税制改革空间等，适当的灵活性、开放性是必要的且必须是依法实施的。其三，税收立法的精确化程度一般伴随着税法适用实践的具体展开而不断提升，为此，联系个案实际，发挥税务部门和司法机关在税法适用中对不确定性税法规范的能动解释作用，使不确定性税法结合个案事实而加以理解适用，最终经过丰富的个案实践生成、提炼出更为确定性的规则。

"实践产生理论，理论助推实践"。税法理论应从税务实践中抽象而来，税法确定性理论正是现实税收征管实践中的最大价值需求反映，同时，税法适用之实践也离不开相对成熟完善的理论指导，税法确定性目标实现需要源源不断的理论供给。反思当下，税法研究还未步入到法域理论建构的成熟期，常常需要向其他部门法或法外学科获取理论养分，目前税法基础理论建构创新不足和挖掘深度不够，导致理论给予税收立法和个案裁判的援引功能有限。此外，税法研究和教育的群体与受众仍然相对局限，理论研究的矩阵构成还不够多元、庞大，间接税主导的税制结构以及直接税参与的有限机会限制了社会整体对于税法确定性的关注和期望。在即将来临的税法确定性时代，作为财税法理论的研习者，也是国家税收法治的助推者和参与者，需要我们加深税法基础理论学习，为税收规则的创新细化提供坚实理论；也需要我们积极参与税收立法，为科学立法建言献策，关注税法立、改、废工作，积极指出各税法草案中可能存在的形式和实质错误；还需要我们关注税法个案适用，让理论与实践联系得更加紧密，运用法教义学方法观察税法适用中的潜在问题和背后因素。

参考文献

一 中文著作

（一）法理类

黄茂荣：《法学方法与现代民法》，法律出版社2007年版。

苏力：《法治及其本土资源》，中国政法大学出版社1996年版。

徐国栋：《民法基本原则解释——成文法局限性之克服》，中国政法大学出版社2001年版。

杨仁寿：《法学方法论》，中国政法大学出版社1999年版。

张文显：《法哲学范畴研究》（修订版），中国政法大学出版社2001年版。

张文显主编：《法理学》，高等教育出版社2003年版。

[奥] 凯尔森：《法与国家的一般理论》，沈宗灵译，中国大百科全书出版社1995年版。

[德] 阿图尔·考夫曼：《法律获取的程序——一种理性分析》，雷磊译，中国政法大学出版社2015年版。

[德] 阿图尔·考夫曼：《法律哲学》，刘幸义等译，法律出版社2004年版。

[德] 伯恩·魏德士：《法理学》，丁晓春、吴越译，法律出版社2013年版。

[德] 弗里德里希·卡尔·冯·萨维尼：《法律冲突与法律规则的地域和时间范围》，李双元、张茂等译，法律出版社1999年版。

［德］弗里德里希·卡尔·冯·萨维尼：《论立法与法学的当代使命》，许章润译，中国法制出版社2001年版。

［德］贡塔·托依布纳：《法律：一个自创生系统》，张骐译，北京大学出版社2004年版。

［德］哈贝马斯：《在事实与规范之间：关于法律和民主法治国的商谈理论》，童世骏译，生活·读书·新知三联书店2003年版。

［德］卡尔·恩吉施：《法律思维导论》，郑永流译，法律出版社2004年版。

［德］卡尔·拉伦茨：《法学方法论》，陈爱娥译，商务印书馆2003年版。

［德］鲁道夫·冯·耶林、奥科·贝伦茨：《法学是一门科学吗？》，李君韬译，法律出版社2010年版。

［德］尼可拉斯·鲁曼：《社会中的法》，李君韬译，台湾地区编译馆主译，五南图书出版股份有限公司2009年版。

［德］乌尔里希·贝克：《风险社会》，何博闻译，译林出版社2004年版。

［法］安娜·瓦格纳、［爱尔兰］索菲·卡西圭蒂-法伊：《法律中的晦涩与明晰——前景与挑战》，苏建华等译，中国政法大学出版社2014年版。

［法］孟德斯鸠：《论法的精神》（上册），张雁深译，商务印书馆1961年版。

［美］E.博登海默：《法理学：法律哲学与法律方法》，邓正来译，中国政法大学出版社2017年版。

［美］安德雷·马默主编：《法律与解释——法哲学论文集》，张卓明、徐宗立等译，法律出版社2006年版。

［美］本杰明·N.卡多佐：《法律的成长：法律科学的悖论》，董炯、彭冰译，中国法制出版社2002年版。

［美］本杰明·卡多佐：《司法过程的性质》，苏力译，商务印书馆2000年版。

［美］布莱恩·比克斯：《法律、语言与法律的确定性》，邱昭继译，法律出版社2007年版。

［美］布莱克：《法律的运作行为》，唐越、苏力译，中国政法大学出版社1994年版。

［美］富勒：《法律的道德性》，郑戈译，商务印书馆2005年版。

［美］格伦顿等：《比较法律传统》，米健等译，中国政法大学出版社1993年版。

［美］格伦顿、戈登、奥萨魁：《比较法律传统》，米健、贺卫方、高鸿钧译，中国政法大学出版社1993年版。

［美］科尼利厄斯·M.克温：《规则制定——政府部门如何制定法规与政策》，刘璟、张辉、丁洁译，复旦大学出版社2007年版。

［美］肯尼斯·卡尔普·戴维斯：《裁量正义——一项初步的研究》，毕洪海译，商务印书馆2009年版。

［美］劳伦斯·M.弗里德曼：《法律制度——从社会科学角度观察》，林欣译，中国政法大学出版社1994年版。

［美］理查德·A.爱泼斯坦：《简约法律的力量》，刘星译，中国政法大学出版社2004年版。

［美］理查德·A.波斯纳：《法理学问题》，苏力译，中国政法大学出版社2002年版。

［美］罗斯科·庞德：《法律史解释》，曹玉堂、杨知译，华夏出版社1989年版。

［美］络德睦：《法律东方主义：中国、美国与现代法》，魏磊杰译，中国政法大学出版社2016年版。

［美］曼瑟·奥尔森：《权力与繁荣》，苏长和、嵇飞译，上海人民出版社2005年版。

［美］诺内特、塞尔兹尼克：《转变中的法律与社会：迈向回应型法》，张志铭译，中国政法大学出版社1994年版。

［美］约翰·M.康利、威廉·M.欧巴尔：《法律、语言与权力》，程朝阳译，法律出版社2007年版。

［美］约翰·罗尔斯：《正义论》，何怀宏、何包钢、廖申白译，中国社会科学出版社 1988 年版。

［日］我妻荣：《新法律学辞典》，董璠舆等译，中国政法大学出版社 1991 年版。

［意］贝卡利亚：《论犯罪与刑罚》，黄风译，中国大百科全书出版社 1993 年版。

［英］蒂莫西·A.O.恩迪科特：《法律中的模糊性》，程朝阳译，北京大学出版社 2010 年版。

［英］哈特：《法律的概念》，许家馨、李冠宜译，法律出版社 2011 年版。

［英］哈耶克：《自由秩序原理》，邓正来译，生活·读书·新知三联书店 1997 年版。

［英］洛克：《政府论》（下），翟菊农、叶启芳译，商务印书馆 1964 年版。

(二) 税法类

陈丹：《论税收正义——基于宪法学角度的省察》，法律出版社 2010 年版。

陈敏：《税法总论》，新学林出版有限公司 2019 年版。

陈清秀：《税法之基本原理》（增订三版），东升美术印刷有限公司 1993 年版。

陈清秀：《税法总论》，元照出版社 2012 年版。

陈少英：《中国税收守法基本问题》，中国税务出版社 2006 年版。

［德］迪特尔·比尔克：《德国税法教科书》（第十三版），徐妍译，北京大学出版社 2018 年版。

丁一：《纳税人权利研究》，中国社会科学出版社 2013 年版。

葛克昌、贾绍华、吴德丰：《实质课税与纳税人权利保护》，财团法人资诚教育基金会 2012 年版。

葛克昌：《税捐行政法——纳税人基本权视野下之税捐稽征法》，厦门大学出版社 2016 年版。

葛克昌：《租税国的危机》，厦门大学出版社2016年版。

汉青父：《从增值税到税收法典》，中国税务出版社2009年版。

贺燕：《实质课税原则的法理分析与立法研究——实质正义与税权横向配置》，中国政法大学出版社2015年版。

黄俊杰：《纳税人权利之保护》，北京大学出版社2004年版。

黄俊杰：《税捐正义》，北京大学出版社2004年版。

黄茂荣：《法学方法与现代税法》，北京大学出版社2011年版。

黄茂荣：《税法总论》（第一册），植根法学丛书编辑室编辑，2002年版。

黎江虹：《中国纳税人权利研究》，中国检察出版社2010年版。

李大庆：《财税法治整体化的理论与制度研究》，中国检察出版社2017年版。

李刚：《现代税法学要论》，厦门大学出版社2014年版。

李建人：《英国税收法律主义的历史源流》，法律出版社2012年版。

刘剑文等：《财税法总论》，北京大学出版社2016年版。

刘剑文：《理财治国观——财税法的历史担当》，法律出版社2016年版。

刘剑文、熊伟：《财政税收法》（第六版），法律出版社2014年版。

刘剑文、熊伟：《税法基础理论》，北京大学出版社2004年版。

刘剑文：《中国税收立法基本问题》，中国税务出版社2006年版。

刘剑文：《追寻财税法的真谛——刘剑文教授访谈录》，法律出版社2009年版。

刘为民：《法律不确定性与反企业避税》，西南交通大学出版社2015年版。

［美］罗伯特·E.霍尔、阿尔文·拉布什卡：《单一税》，史耀斌等译，中国财政经济出版社2003年版。

［美］乔尔·斯莱姆罗德、乔恩·巴基哲：《课税于民：公众税收指南》（第4版），刘蓉等译，东北财经大学出版社2013年版。

［美］维克多·瑟任伊：《比较税法》，丁一译，北京大学出版社

2006年版。

［美］V.图若尼：《税法的起草与设计》（第一卷），国际货币基金组织、国家税务总局政策法规司译，中国税务出版社2004年版。

［日］北野弘久：《税法学原论》，陈刚、杨建广译，中国检察出版社2001年版。

［日］金子宏：《日本税法》，战宪斌、郑林根等译，法律出版社2004年版。

［日］中里实：《日本税法概论》，郑林根译，法律出版社2014年版。

孙健波：《税法解释研究：以利益平衡为中心》，法律出版社2007年版。

涂龙力、王鸿貌：《税收基本法研究》，东北财经大学出版社1998年版。

王冬：《税法理念问题研究》，法律出版社2015年版。

王鸿貌：《税法学的立场与理论》，中国税务出版社2008年版。

王鸿貌：《税收基本法立法问题研究》，中国税务出版社2009年版。

王惠：《论税的谦抑性》，中国财政经济出版社2012年版。

王婷婷：《课税禁区法律问题研究》，法律出版社2017年版。

王文婷：《税法规范生成的解释》，法律出版社2016年版。

王霞：《税收优惠法律制度研究——以法律的规范性及正当性为视角》，法律出版社2012年版。

王宗涛：《一般反避税条款研究》，法律出版社2016年版。

徐孟洲：《税法原理》，中国人民大学出版社2008年版。

闫海：《课税事实认定的法理建构与制度创新》，辽宁大学出版社2018年版。

严锡忠：《税法哲学》，立信会计出版社2015年版。

杨盛军：《税收正义——兼论中国遗产税征收的道德理由》，湖南人民出版社2014年版。

杨小强：《税法总论》，湖南人民出版社2002年版。

杨小强：《中国税法：原理、实务与整体化》，山东人民出版社2008年版。

叶金育：《税法整体化研究——一个法际整合的视角》，北京大学出版社2016年版。

翟继光：《美国税法典（精选本）》，经济管理出版社2011年版。

张守文：《财税法疏议》，北京大学出版社2016年版。

张学博：《改革与立法关系研究——从税制改革切入》，中国社会科学出版社2017年版。

朱孔武：《征税权、纳税人权利与代议政治》，中国政法大学出版社2017年版。

（三）其他类

韩永红：《法明确性原则与宪法关系的研究》，法律出版社2013年版。

李惠宗：《宪法要义》，台北：元照出版有限公司2008年版。

刘鑫桢：《论裁量处分与不确定法律概念》，五南图书出版公司2005年版。

王传纶、高培勇：《当代西方财政经济理论》（下册），商务印书馆1995年版。

翁岳生：《行政法》（上册），中国法制出版社2002年版。

伍铁平：《模糊语言学》，上海外语教育出版社2000年版。

许建国、蒋晓蕙、蔡红英：《西方税收思想》，中国财政经济出版社2016年版。

许育典：《宪法》，台北：元照出版有限公司2011年版。

颜泽贤、范冬萍、张华夏：《系统科学导论——复杂性探索》，人民出版社2006年版。

杨剑波：《刑法明确性原则研究》，中国人民公安大学出版社2010年版。

姚轩鸽：《税道德观：税收文明的伦理省察与探寻下——税理索问》，西北大学出版社2017年版。

尹建国：《行政法中的不确定法律概念研究》，中国社会科学出版社2012年版。

张本祥：《确定性与不确定性》，中国社会科学出版社2017年版。

张建军：《刑法中不明确概念类型化研究》，法律出版社2016年版。

郑永年、黄彦杰《制内市场：中国国家主导型政治经济学》，浙江人民出版社2021年版。

［奥］路德维希·维特根斯坦：《维特根斯坦全集第十卷·论确实性》，涂纪亮、张金言译，河北教育出版社2002年版。

［澳］杰佛瑞·布伦南、［美］詹姆斯·M.布坎南：《宪政经济学》，冯克利等译，中国社会科学出版社2012年版。

［德］奥托·迈耶：《德国行政法》，刘飞译，商务印书馆2013年版。

［德］卡尔·拉伦茨：《德国民法通论》（上册），王晓晔等译，法律出版社2003年版。

［德］马克思、恩格斯：《马克思恩格斯全集》（第1卷），中共中央马克思恩格斯列宁斯大林著作编译局译，人民出版社1956年版。

［美］B.盖伊·彼得斯：《美国的公共政策：承诺与执行》，顾丽梅、姚建华等译，复旦大学出版社2008年版。

［美］B.盖伊·彼得斯：《税收政治学——一种比较的视角》，郭为桂、黄宁莺译，江苏人民出版社2008年版。

［美］哈罗德·M.格罗夫斯：《税收哲人：英美税收思想史二百年》，刘守刚、刘雪梅译，上海财经大学出版社2018年版。

［美］凯斯·R.桑斯坦：《权利革命之后：重塑规制国》，钟瑞华译，中国人民大学出版社2008年版。

［美］兰迪·T.西蒙斯：《政府为什么会失败》，张媛译，新华出版社2017年版。

［美］理查德·J.皮尔斯：《行政法（第一卷）》（第五版），苏苗罕译，中国人民大学出版社2016年版。

［美］玛格丽特·利瓦伊：《统治与岁入》，周军华译，格致出版社、

上海人民出版社2010年版。

［美］史蒂芬·霍尔姆斯、凯斯·R.桑斯坦：《权利的成本——为什么自由依赖于税》，毕竞悦译，北京大学出版社2004年版。

［美］约翰·杜威：《确定性的寻求：关于知行关系的研究》，傅统先译，上海人民出版社2005年版。

［美］约瑟夫·E.斯蒂格利茨：《公共部门经济学》（第三版），郭庆旺等译，中国人民大学出版社2005年版。

［日］神野直彦：《体制改革的政治经济学》，王美平译，社会科学文献出版社2013年版。

［日］盐野宏：《行政法总论》，杨建顺译，北京大学出版社2008年版。

［英］弗里德里希·冯哈耶克：《经济、科学与政治——哈耶克思想精粹》，冯克利译，江苏人民出版社2000年版。

［英］尼古拉斯·布宁、涂纪元编著：《西方哲学英汉对照词典》，王柯平等译，人民出版社2001年版。

［英］威廉·配弟：《赋税论》，邱霞、原磊译，华夏出版社2006年版。

［英］锡德里克·桑福德：《成功税制改革的经验与问题第1卷：成功的税制改革》，张文春、匡小平译，中国人民大学出版社2001年版。

［英］亚当·斯密：《国民财富的性质和原因的研究》（下卷），郭大力、王亚南译，商务印书馆1974年版。

二 中文期刊

曹祜：《论法律的确定性与不确定性》，《法律科学》2004年第3期。

陈超：《国税地税合并的制度逻辑及其对中央和地方关系的影响》，《中国行政管理》2019年第8期。

陈洪兵：《刑法溯及力适用问题研究——兼与民法、行政法比较》，《法治研究》2016年第4期。

陈坤：《所指确定与法律解释——一种适用于一般法律词项的指称理论》，《法学研究》2016 年第 5 期。

陈清秀：《利益均衡在税法上之运用》，《东吴法律学报》2009 年第 3 期。

陈清秀：《税捐法定主义》，载李震山等《当代公法理论——翁岳生教授六秩诞辰祝寿论文集》，台北：月旦出版公司 1993 年版。

陈兴良：《刑法的明确性问题：以〈刑法〉第 225 条第 4 项为例的分析》，《中国法学》2011 年第 4 期。

崔威：《中国税务行政诉讼实证研究》，《清华法学》2015 年第 3 期。

单飞跃：《纳税便利原则研究》，《中国法学》2019 年第 1 期。

邓辉、王新有：《走向税收法治：我国税收立法的回顾与展望》，《税务研究》2019 年第 7 期。

邓联繁、蒋清华：《论基本权利的宪法保留》，《湖南大学学报》（社会科学版）2009 年第 6 期。

邓伟：《论税收确定权的理论基础与制度完善》，《税务与经济》2017 年第 2 期。

邓伟：《论我国税务司法专业化》，载李帅《人大法律评论》（2017 年卷第 1 辑），法律出版社 2017 年版。

丁茂中：《我国竞争中立政策的引入及实施》，《法学》2015 年第 9 期。

丁一：《税收法定主义发展之三阶段》，《国际税收》2014 年第 5 期。

丁以升：《论司法判决的不确定性》，《现代法学》1999 年第 5 期。

董梅：《论税法借用概念的解释问题》，《新疆社会科学》2016 年第 2 期。

董学智：《论不确定法律概念与反避税规则——以"合理"一词为例》，《烟台大学学报》（哲学社会科学版）2017 年第 3 期。

董学智：《税收事先裁定是一种行政行为类型吗？——兼论税法与行政法的关系》，《税务与经济》2018 年第 1 期。

杜金榜：《从法律语言的模糊性到司法结果的确定性》，《现代外语》

2001 年第 3 期。

房绍坤、张洪波：《民事法律的正当溯及既往问题》，《中国社会科学》2015 年第 5 期。

封丽霞：《人大主导立法的可能及其限度》，《法学评论》2017 年第 5 期。

封丽霞：《人大主导立法之辨析》，《中共中央党校学报》2017 年第 5 期。

冯铁拴：《税制试点改革的法治危机及其应对——兼议资源税试点改革》，载岳彩申、盛学军《经济法论坛》（第 21 卷），法律出版社 2018 年版。

付大学：《比例原则视角下税务诉讼"双重前置"之审视》，《政治与法律》2016 年第 1 期。

傅纳红：《美国泛美卫星公司应否在中国纳税》，载刘剑文《财税法学案例与法理研究》，高等教育出版社 2004 年版。

高军、李文波：《论税法解释函令——基于台湾地区税法理论与实践的探讨》，《交大法学》2016 年第 3 期。

郭昌盛：《事先裁定制度入法的冷思考》，《国际商务》2018 年第 6 期。

郭道辉：《法律修改方略述评》，《中国法学》1989 年第 6 期。

郭庆旺、罗宁：《税收法律复杂性的影响研究》，《现代财经》2002 年第 1 期。

韩大元、冯家亮：《中国宪法文本中纳税义务条款的规范分析》，《兰州大学学报》（社会科学版）2008 年第 6 期。

郝铁川：《宏观调控的不确定性与法律、政策调整》，《东方法学》2009 年第 2 期。

何江：《为什么环境法需要法典化——基于法律复杂化理论的证成》，《法制与社会发展》2019 年第 5 期。

何小王：《税法的溯及既往型情形及其适用》，《求索》2013 年第 8 期。

贺燕:《论美国税法溯及力的司法审查规则——以联邦最高法院对溯及性税收立法的审查为基础》,《税务研究》2019年第1期。

侯卓:《法学视角下的一般反避税条款——以中国税法为切入点》,《商丘师范学院学报》2014年第4期。

侯卓:《论税法分配功能的二元结构》,《法学》2018年第1期。

侯卓:《税收法定的学理阐释及其进阶路径》,《学习与实践》2019年第7期。

侯卓、吴东蔚:《税法是宏观调控的合适场域吗——基于房地产市场调控的审思》,《探索与争鸣》2019年第7期。

胡鞍钢:《顶层设计与"摸着石头过河"》,《人民论坛》2012年第9期。

胡超:《法律明确性原则的地位与功能——基于基本权利限制合宪性审查的视角》,《研究生法学》2017年第5期。

胡弘弘、靳海婷:《我国暂行法的立法学考察:主体、程序、时效》,《法学论坛》2009年第3期。

胡建淼、杨登峰:《有利法律溯及原则及其适用中的若干问题》,《北京大学学报》(哲学社会科学版)2006年第6期。

胡元聪、闫晴:《纳税信用修复制度的理论解析与优化路径》,《现代法学》2018年第1期。

黄家强:《多缴及误缴退税的缘由合理与程序正义——一则个案批复引发的思考》,《财经政法资讯》2016年第1期。

黄家强:《两个积极性:全面营改增中央地收入划分的法学视角》,《财政监督》2016年第18期。

黄家强:《税务事先裁定的理论阐释与省思》,载熊伟《税法解释与判例评注》(第八卷),法律出版社2017年版。

黄家强:《税务事先裁定制度的性质判定与效力审思》,《税务与经济》2018年第2期。

黄家强:《应税消费品的界定、识别与调整——基于法律、技术与政治互动的税收逻辑》,《财经理论与实践》2019年第3期。

黄卫、郭维真：《税法法律保留原则的实践分析与确立路径——以我国台湾地区"司法院"解释为参照样本》，《税务研究》2019年第10期。

黄文艺：《信息不充分条件下的立法策略——从信息约束角度对全国人大常委会立法政策的解读》，《中国法学》2009年第3期。

纪益成、吴思婷、李亚东：《"免征额"与"起征点"：概念的混淆、扭曲和误用》，《现代财经》2018年第1期。

贾先川、朱甜甜：《增强税收政策确定性的路径探析》，《税务研究》2019年第5期。

靳海婷：《新中国70年暂行法立法的回顾与前瞻》，《河北法学》2019年第12期。

靳文辉：《税法的社会可接受性论纲》，《甘肃政法学院学报》2015年第6期。

柯格钟：《论所得税法上的所得概念》，《台大法学论丛》2008年第3期。

雷磊：《法律方法、法的安定性与法治》，《法学家》2015年第4期。

李大庆、侯卓：《我国税务司法专门化之路径取向——兼论税务法院之设立》，《云南社会科学》2015年第3期。

李丹梅：《税法解释问题研究——税法解释原则、方法与制度设计》，载刘剑文《财税法论丛》（第3卷），法律出版社2004年版。

李刚：《论形式税收法定主义的落实——以税收立法体制的完善为关键》，《税务与经济》2017年第1期。

李刚：《税收法律行为初论》，《当代法学》2004年第3期。

李刚、周俊琪：《从法解释的角度看我国〈宪法〉第五十六条与税收法定主义——与刘剑文、熊伟二学者商榷》，《税务研究》2006年第9期。

李建华、何松威、麻锐：《论"民法典"提取公因式的立法技术》，《河南社会科学》2015年第9期。

李杰：《法官"机械司法"的博弈分析》，载苏力《法律和社会科学》(第九卷)，法律出版社 2012 年版。

李军:《兜底条款中同质性解释规则的适用困境与目的解释之补足》，《法制与社会发展》2019 年第 4 期。

李琦:《法的确定性及其相对性——从人类生活的基本事实出发》，《法学研究》2002 年第 5 期。

李谦:《刑法规范中兜底条款的同质性判断标准——以全国首例"恶意刷单"案为切入点》，《法律适用》2017 年第 18 期。

李亚松:《税务执法说明理由制度的现状与构建》，《税务研究》2019 年第 8 期。

廖仕梅:《从民法视角探析推定课税——基于"最高人民法院提审广州德发公司案例"分析》，《地方财政研究》2015 年第 10 期。

廖仕梅:《设立税务法院的必要性和可行性》，《地方财政研究》2017 年第 4 期。

刘大洪、段宏磊:《谦抑性视野中经济法理论体系的重构》，《法商研究》2014 年第 6 期。

刘大洪:《论经济法上的市场优先原则：内涵与适用》，《法商研究》2017 年第 2 期。

刘风景:《例示规定的法理与创制》，《中国社会科学》2009 年第 4 期。

刘风景:《"摸着石头过河"立法的价值重估》，《北京联合大学学报》(人文社会科学版) 2016 年第 3 期。

刘桂清:《税收调控中落实税收法定原则的正当理由和法条授权立法路径新探》，《税务研究》2015 年第 3 期。

刘剑文:《财税法功能的定位及其当代变迁》，《中国法学》2015 年第 4 期。

刘剑文:《财税改革的政策演进及其内含之财税法理论——基于党的十八大以来中央重要政策文件的分析》，《法学杂志》2016 年第 7 期。

刘剑文、耿颖:《税收授权立法权的合法行使：反思与建构》，《国家行政学院学报》2015年第5期。

刘剑文：《关于我国税收立宪的建议》，《法学杂志》2004年第1期。

刘剑文、侯卓：《税收立法民意吸纳机制的重构——一个可能的分析进路》，《江淮论坛》2012年第3期。

刘剑文：《论财税体制改革的正当性——公共财产法语境下的治理逻辑》，《清华法学》2014年第5期。

刘剑文：《论领域法学：一种立足新兴交叉领域的法学研究范式》，《政法论丛》2016年第5期。

刘剑文：《落实税收法定原则的现实路径》，《政法论坛》2015年第3期。

刘剑文、汤洁茵：《日本〈国税通则法〉的主要内容及其对我国的借鉴意义》，《涉外税务》2006年第12期。

刘剑文、汤洁茵：《试析〈德国税法通则〉对我国当前立法的借鉴意义》，《河北法学》2007年第4期。

刘俊海：《信用责任：正在生长中的第四大法律责任》，《法学论坛》2019年第6期

刘鹏：《我国税收立宪之路：历史反思、经验借鉴与方向探索》，《广西财经学院学报》2015年第1期。

刘珊：《税法解释的实践样态与规范表达——以近40年税收规范性文件司法适用为对象》，载陈金钊、谢晖《法律方法》（第25卷），中国法制出版社2018年版。

刘松山：《当代中国处理立法与改革关系的策略》，《法学》2014年第1期。

刘艳红：《刑事立法技术与罪刑法定原则之实践——兼论罪刑法定原则实施中的观念误差》，《法学》2003年第8期。

刘郁葱、周俊琪：《税法解释冲突处理原则的探讨——基于三起高新技术企业认定的实例分析》，《税务研究》2016年第7期。

刘志鑫：《税法的困境及其宪法出路》，《中国法律评论》2019年第1期。

柳华平、张景华、刘建、王晓慧：《我国税收制度现代化的推进路径选择——基于"法治、公平、效率、透明"四个维度的比较分析框架》，《税收经济研究》2018 年第 1 期。

柳经纬、许林波：《法律中的标准——以法律文本为分析对象》，《比较法研究》2018 年第 2 期。

鲁篱：《税法功能论》，《现代法学》1996 年第 1 期。

陆猛、吴国玖：《从税法不确定性视角探讨税收法定原则落实》，《税务研究》2017 年第 1 期。

罗伯特·阿列克西：《法的安定性与正确性》，宋旭光译，《东方法学》2017 年第 3 期。

罗亚苍：《个人所得税构成要件的国际比较与我国立法完善》，《国际税收》2017 年第 9 期。

马特海斯·阿灵克：《税法的起草和实施：税务机关在税法制定过程中的作用》，陈延忠译，《国际税收》2013 年第 6 期。

苗连营：《税收法定视域中的地方税收立法权》，《中国法学》2016 年第 4 期。

欧爱民：《法律明确性原则宪法适用的技术方案》，《法制与社会发展》2008 年第 1 期。

欧爱民：《论法律不溯及既往原则宪法适用的技术方案》，《法商研究》2008 年第 3 期。

欧阳天健：《比较法视域下的一般反避税规则再造》，《法律科学》2018 年第 1 期。

欧阳天健：《论税法概念的规范与审查》，载熊伟《税法解释与判例评注》（第九卷），法律出版社 2018 年版。

裴洪辉：《合规律性与合目的性：科学立法原则的法理基础》，《政治与法律》2018 年第 10 期。

裴洪辉：《在价值理想与客观认知之间：法律明确性原则的理论空间》，《法学论坛》2019 年第 2 期。

钱弘道、杜维超：《论实验主义法治——中国法治实践学派的一种方法论进路》,《浙江大学学报》(人文社会科学版) 2015 年第 6 期。

冉富强:《当代中国财税汲取的法治逻辑》,《当代法学》2017 年第 1 期。

佘倩影、刘剑文:《税收法定主义:从文本到实践的挑战与路径》,《辽宁大学学报》(哲学社会科学版) 2016 年第 6 期。

沈毅龙:《论失信的行政联合惩戒及其法律控制》,《法学家》2019 年第 4 期。

盛子龙:《租税法上类型化立法与平等原则》,《中正财经法学》2011 年第 3 期。

苏浩:《泛美卫星公司税案与跨国营业利润和特许权使用费的界分》,载黄进《武大国际法评论》(第 2 卷),武汉大学出版社 2004 年版。

孙海波:《法条主义如何穿越错综复杂》,《法律科学》2018 年第 1 期。

孙健波:《税法漏洞补充理论研究》,《中南大学学报》(社会科学版) 2008 年第 3 期。

孙佑海:《论改革与立法》,《中国法学》1990 年第 2 期。

汤洁茵:《不可承受之重:税收核定的反避税功能之反思——以〈税收征管法〉第 35 条第 (6) 项为起点的探讨》,《中外法学》2017 年第 6 期。

汤洁茵:《〈企业所得税法〉一般反避税条款适用要件的审思与确立——基于国外的经验与借鉴》,《现代法学》2012 年第 5 期。

汤洁茵:《税法续造与税收法定主义的实现机制》,《法学研究》2016 年第 5 期。

滕祥志:《部颁税法规则正义:从形式到实质》,载胡建淼《公法研究》(第十辑),浙江大学出版社 2011 年版。

滕祥志:《税法确定性问题及其政策建议》,《税务研究》2013 年第 3 期。

滕祥志:《税法行政解释的中国实践与法律规制——开放税收司法的

逻辑证成》,《北方法学》2017 年第 6 期。

田源:《行为法律经济学视野中的"法律确定性命题"——以规则和标准的分类为线索》,《法制与社会发展》2018 年第 2 期。

汪全胜:《论法律文本中"过渡条款"的规范化设置》,《法商研究》2013 年第 4 期。

王彬:《法律现实主义视野下的司法决策——以美国法学为中心的考察》,《法学论坛》2018 年第 5 期。

王鸿貌、李小明:《税收立宪论》,《法学家》2004 年第 2 期。

王桦宇:《论领域法学作为法学研究的新思维——兼论财税法学研究范式转型》,《政法论丛》2016 年第 6 期。

王军:《论税收效率问题》,《税务研究》2015 年第 12 期。

王留一:《论行政行为的明确性》,《法商研究》2019 年第 4 期。

王茂庆:《税法的经济法化及其反思》,《政法论丛》2017 年第 5 期。

王若磊:《信用、法治与现代经济增长的制度基础》,《中国法学》2019 年第 2 期。

王婷婷:《反思型税法的理论构建及对现代税法危机的破解》,《法学》2017 年第 5 期。

王文婷:《沃达丰税案中的税权配置研究》,《科学经济社会》2017 年第 1 期。

王宗涛等:《印度沃达丰境外间接转让股权案判决书》,载熊伟《税法解释与判例评注》,法律出版社 2012 年版。

王宗涛:《"计税依据明显偏低无正当理由"条款的法律逻辑》,载熊伟《税法解释与判例评注》(第七卷),法律出版社 2016 年版。

王宗涛:《税收正当性:一个理论命题与分析框架》,《甘肃政法学院学报》2012 年第 2 期。

翁武耀:《意大利〈纳税人权利宪章〉评析与借鉴》,《税收经济研究》2018 年第 1 期。

吴黎静:《引入"日落条款"》,《人民论坛》2011 年第 1 期。

邢会强:《经济法立法如何精细化——精细化的立法技术初探》,载张守文《经济法研究》(第十七卷),北京大学出版社 2016 年版。

邢会强:《论精确的法律语言与税收实质法定原则》,《税务研究》2011 年第 3 期。

邢会强:《论税收动态法定原则》,《税务研究》2008 年第 8 期。

邢会强:《政策增长与法律空洞化——以经济法为例的观察》,《法制与社会发展》2012 年第 3 期。

熊伟等:《关于提请对房产税改革试点进行合法性审查的建议》,载熊伟《税法解释与判例评注》(第二卷),法律出版社 2011 年版。

熊伟:《法治视野下清理规范税收优惠政策研究》,《中国法学》2014 年第 6 期。

熊伟:《中国大陆有必要建立税务法院吗?》,《月旦财经法杂志》2006 年第 5 期。

熊伟:《走出宏观调控法误区的财税法学》,载刘剑文《财税法论丛》(第 13 卷),法律出版社 2013 年版。

熊云辉、章嫣:《论司法运作的不确定性及其矫正》,《井冈山学院学报》(哲学社会科学版)2006 年第 5 期。

徐孟洲、叶姗:《特别纳税调整规则法理基础之探究》,《税务研究》2008 年第 2 期。

徐阳光:《民主与专业的平衡:税收法定原则的中国进路》,《中国人民大学学报》2016 年第 3 期。

许安平:《税收法律主义及其在当代的困惑》,《现代法学》2005 年第 3 期。

许多奇:《税收法定原则中"税率法定"的法治价值》,《社会科学辑刊》2015 年第 4 期。

许宗力:《论法律明确性之审查:从司法院大法官相关解释谈起》,《台大法学论丛》2012 年第 4 期。

许宗力:《行政命令授权明确性问题之研究》,《台大法学论丛》1990 年第 2 期。

闫晴:《纳税信用动态调整的税制困境与理想构造》,载熊伟《税法解释与判例评注》（第八卷），法律出版社 2017 年版。

闫晴：《税务信息管理权与保护权的冲突与平衡》，《北京理工大学学报》（社会科学版）2018 年第 4 期。

杨登峰：《何为法的溯及既往？在事实或其效果持续过程中法的变更与适用》，《中外法学》2007 年第 5 期。

杨登峰：《我国试验立法的本位回归——以试行法和暂行法为考察对象》，《法商研究》2017 年第 6 期。

杨洪：《税收的不确定性及其法律应对》，《法商研究》2019 年第 2 期。

杨默如：《美国个人所得税"税收指数化"的做法及评价》，《价格理论与实践》2015 年第 4 期。

杨书文：《刑法规范的模糊性与明确性及其整合机制》，《中国法学》2001 年第 3 期。

杨志强：《程序法定是落实税收法定原则的基本前提——兼论〈税收征收管理法〉的修订》，《中国行政管理》2014 年第 9 期。

叶金育：《国税总局解释权的证成与运行保障》，《法学家》2016 年第 4 期。

叶金育：《税法解释中纳税人主义立场的证成——以谦抑理念为观测中心》，载李帅《人大法律评论》，法律出版社 2017 年版。

叶金育：《税收构成要件理论的反思与再造》，《法学研究》2018 年第 6 期。

叶金育：《税收规范性文件的司法审查——立法检思与技术度衡》，载李昌麒《经济法论坛》（第 18 卷），法律出版社 2017 年版。

叶姗：《税权集中的形成及其强化：考察近 20 年的税收规范性文件》，《中外法学》2012 年第 4 期。

叶姗：《税收剩余立法权的界限——以成品油消费课税规则的演进为样本》，《北京大学学报》（哲学社会科学版）2013 年第 6 期。

叶姗：《税收优惠政策制定权的法律保留》，《税务研究》2014 年第 3 期。

叶姗：《一般反避税条款适用之关键问题分析》，《法学》2013 年第 9 期。

叶姗：《应税事实依据经济实质认定之稽征规则——基于台湾地区"税捐稽征法"第 12 条之 1 的研究》，《法学家》2010 年第 1 期。

伊卫风：《溯及既往的法律》，《东方法学》2015 年第 5 期。

尹中卿：《民主立法的功能和实现形式——民主立法问题研究之一》，《新疆人大》2007 年第 5 期。

游伟、孙万怀：《明确性原则与"罪刑法定"的立法化设计——兼评修订后的〈中华人民共和国刑法〉》，《法学》1998 年第 4 期。

袁明圣：《疯狂股市、印花税与政府法治——证券交易印花税调整的法理思考》，《法学》2008 年第 8 期。

岳彩申、杨青贵：《论经济法不确定性的成因与功能——解释法律规范性的新视角》，《法学评论》2010 年第 2 期。

曾远：《论税法解释类型化方法》，《现代法学》2016 年第 1 期。

翟继光：《泛美卫星公司卫星租赁费在华纳税案分析》，载熊伟《税法解释与判例评注》（第 2 卷），法律出版社 2011 年版。

翟继光：《论税法中的溯及既往原则》，《税务研究》2010 年第 2 期。

翟继光：《税收法定原则比较研究——税收立宪的角度》，《杭州师范学院学报》（社会科学版）2005 年第 2 期。

张峰振：《论宪法保留》，《政法论坛》2018 年第 4 期。

张福广：《德国行政判断余地的司法审查》，《行政法学研究》2017 年第 1 期。

张景华、吕铖钢：《回应型税收法律制度：现代税收治理的运行范式》，《新视野》2019 年第 1 期。

张康之：《时代特征中的复杂性和不确定性》，《学术界》2007 年第 1 期。

张克：《房产、婚姻与税权治理——基于"加名税"风波的评析》，《上海政法学院学报》2014 年第 1 期。

张守文：《差异性分配及其财税法规制》，《税务研究》2011 年第

2 期。

张守文：《改革开放、收入分配与个税立法的完善》，《华东政法大学学报》2019 年第 1 期。

张守文：《经济法的立法统合：需要与可能》，《现代法学》2016 年第 3 期。

张守文：《论"发展导向型"的税收立法》，《法学杂志》2016 年第 7 期。

张守文：《论税法上的"可税性"》，《法学家》2000 年第 5 期。

张守文：《论税收法定主义》，《法学研究》1996 年第 6 期。

张守文：《税法的普适性及其局限》，《中外法学》2001 年第 5 期。

张守文：《税收法治当以"法定"为先》，《环球法律评论》2014 年第 1 期。

张守文：《税制变迁与税收法治现代化》，《中国社会科学》2015 年第 2 期。

张守文：《税制改革与税收立法的完善——以烟叶税为例》，《法学杂志》2018 年第 2 期。

张守文：《我国税收立法的"试点模式"——以增值税立法"试点"为例》，《法学》2013 年第 4 期。

张维迎：《法律：通过第三方实施的行为规范》，《读书》2000 年第 11 期。

张慰：《公平视野下的德国简化税法改革方案——基于保罗·基尔希霍夫教授税收正义理论的公法学思考》，《西南政法大学学报》2014 年第 1 期。

张文显：《法理：法理学的中心主题和法学的共同关注》，《清华法学》2017 年第 4 期。

张翔：《财产权的社会义务》，《中国社会科学》2012 年第 9 期。

张学博：《税收法定原则新论：从绝对主义到相对主义》，《上海财经大学学报》2016 年第 4 期。

张学博：《中国税收立法的历史观察（1977—2015）——从集权角

度切入》,《兰州学刊》2018 年第 4 期。

张怡:《税收法定化:从税收衡平到税收实质公平的演进》,《现代法学》2015 年第 3 期。

郑永流:《"中国问题"及其法学辨析》,《清华法学》2016 年第 2 期。

周密:《税收事先裁定行为的法律属性》,载谢进杰《中山大学法律评论》(第 16 卷),中国民主法制出版社 2018 年版。

周全林:《论"三层次"税收公平观与中国税收公平机制重塑》,《当代财经》2008 年第 2 期。

周少华:《法律之道:在确定性与灵活性之间》,《法律科学》2011 年第 4 期。

周少华:《适应性:变动社会中的法律命题》,《法制与社会发展》2010 年第 6 期。

周少华:《刑法之适应性及其法治意义》,《法学》2009 年第 4 期。

朱大旗、何遐祥:《中国大陆应该设立税务法院——对熊伟博士观点的回应》,《月旦财经法杂志》2006 年第 7 期。

朱大旗、姜姿含:《税收事先裁定制度的理论基础与本土构建》,《法学家》2016 年第 6 期。

朱大旗、李帅:《法治视野下的司法预算模式建构》,《中国社会科学》2016 年第 10 期。

朱力宇:《关于法的溯及力问题和法律不溯及既往原则的若干新思考》,《法治研究》2010 年第 5 期。

朱为群、綦长艳:《我国税收立法存在的问题及改革建议》,《税收经济研究》2015 年第 3 期。

朱岩:《民法典一般条款研究》,《月旦民商法杂志》2005 年总第 7 期。

[德] 卡尔-埃博哈特·海因:《不确定法律概念和判断余地——一个教义学问题的法理思考》,曾韬译,《财经法学》2017 年第 1 期。

[美] 吉莉安·K. 哈德菲尔德：《模糊性价值之衡量——对法律精确性的一种经济学视角的考察》，程朝阳译，载陈金钊、谢晖《法律方法》（第 19 卷），山东人民出版社 2016 年版。

[美] 罗斯科·庞德：《文本中的法与行动中的法》，御风译，载葛洪义《法律方法与法律思维》（第五辑），法律出版社 2008 年版。

[美] 约翰·W. 海德：《摸着石头过河：中国的法治》，李松锋译，《比较法研究》2013 年第 2 期。

三　外文文献

Adrian Vermeule, *Law's Abnegation: From Law's Empire to the Administrative State*, Cambridge: Harvard University Press, 2016.

Alexander V. Demin, "Certainty and Uncertainty in Tax Law: Do Opposites Attract?" *Laws*, Vol. 9, No. 4, 2020.

Chris Evans, "Barriers To Avoidance: Recent Legislative and Judicial Development in Common," *Hong Kong Law Journal*, Vol. 37, No. 1, 2007.

David A. Weisbach, "Formalism in the tax law," *The University of Chicago Law Review*, Vol. 66, No. 3, 1999.

DavidSmith and Richardson G, "The Readability of Australia's Taxation Laws and Supplementary Materials: an Empirical Investigation," *Fiscal Studies*, Vol. 20, No. 3, 1999.

Deborah L. Paul, "The Sources of Tax Complexity: How Much Simplicity Can Fundamental Tax Reform Achieve," *North Carolina Law Review*, Vol. 76, No. 1, 1997.

Dániel Deák, "Neutrality and Legal Certainty in Tax Law and the Effective Protection of Taxpayers' Rights," *Acta Juridica Hungarica*, Vol. 49, No. 2, 2008.

Doug Barney, Daniel Tschopp, and Steve Wells, "Tax Simplification through Readability: A Look at Tax Law Complexity," *The CPA Journal, Vol. 82, No. 12, 2012.

GraemeS. Cooper, "Themes and Issues in Tax Simplification," *Australian Tax Forum*, Vol. 10, No. 4, 1993.

Hans Kelsen, *Pure Theory of Law*, California: University of California Press, 1967.

H. L. A. Hart, "Positivism and the Separation of Law and Morals," *Harvard Law Review*, Vol. 71, No. 4, 1957.

Humberto Ávila, *Certainty in Law*, Berlin: Springer, 2016.

J. B. Ruhl & Daniel Martin Katz, "Measuring, Monitoring, and Managing Legal Complexity," Iowa Law Review, Vol. 101, No. 1, 2015.

Jeffrey Partlow, "The Necessity of Complexity in the Tax System," *Wyoming Law Review*, Vol. 13, No. 1, 2013.

Jerome Frank and Brian H. Bix, *Law and The Modern Mind*, New York: Routledge, 1930.

John Avery Jones, "Tax Law: Rules or Principles?" *Fiscal Studies*, Vol. 17, No. 3, 1996.

John Braithwaite, "Rules and Principles: A theory of Legal Certainty," *Australian Journal of Legal Philosophy*, Vol. 27, No. 1, 2002.

John Prebble, "Why Is Tax Law Incomprehensible?" *British Tax Review*, Vol. 1994, No. 5, 1994.

Joshua D. Blank, Leigh Osofsky, "Simplexity: Plain Language and the Tax Law," *Emory Law Journal*, Vol. 66, No. 2, 2017.

Jung, Woon - Oh, "Tax Litigation, Tax Reporting Game, and Social Costs," *The Journal of the American Taxation Association*, Vol. 17, No. 2, 1995.

Kate Krause, "Tax Complexity: Problem or Opportunity?" *Public Finance Review*, Vol. 28, No. 5, 2000.

Kyle D. Logue, "Tax Law Uncertainty and the Role of Tax Insurance," *Virginia Tax Review*, Vol. 25, No. 2, 2005.

Leigh Osofsky, "The Case Against Strategic Tax Law Uncertainty," *Tax Law Review*, Vol. 64, No. 1, 2011.

LinMeiTan & Greg Tower, "The Readability of Tax Laws: An Empirical Study in New Zealand," *Australian Tax Forum*, Vol. 9, No. 3, 1992.

Malcolm James, "Humpty Dumpty's guide to tax law: Rules, principles and certainty in taxation," *Critical Perspectives on Accounting*, Vol. 21, No. 7, 2010.

Marzena Kordela, "The Principle of Legal Certainty as a Fundamental Element of the Formal Concept of the Rule of Law," *Revue du Notariat*, Vol. 110, No. 2, 2008.

Patricia Popelier, "Five Paradoxes on Legal Certainty and the Lawmaker," *Legisprudence*, Vol. 2, No. 1, 2008.

Patricia Popelier, "Legal Certainty and Principles of Proper Law Making," *European Journal of Law Reform*, Vol. 2, No. 3, 2000.

Peter H. Schuck, "Legal Complexity: Some Causes, Consequences and Cures," *Duke Law Journal*, Vol. 42, No. 1, 1992.

Ralph E. Albrecht, "Changing Tax Law Increases Complexity: The Proof," *Journal of Tax Practice & Procedure, Vol. 2, No. 2, 2000.*

Reuven S. Avi-Yonah. "Tax Stories and Tax Histories: Is There a Role for History in Shaping Tax Law?" Michigan Law Review, Vol. 101, No. 6, 2003.

Robert Alexy, "Legal Certainty and Correctness," *Ratio Juris*, Vol. 28, No. 4, 2015.

Sarah B. Lawsky, "Modeling Uncertainty in Tax Law," *Stanford Law Review*, Vol. 65, No. 2, 2013.

Sarah B. Lawsky, "Probably? Understanding Tax Law's Uncertainty," *University of Pennsylvania Law Review*, Vol. 157, No. 4, 2009.

Sheldon D. Pollack, "Tax Complexity, Reform, and the Illusions of Tax

Simplification," *George Mason Independent Law Review*, Vol. 2, No. 2, 1994.

Simon James, Adrian Sawyer & Tamer Budak, *The Complexity of Tax Simplification: Experiences From Around the World*, Berlin: Springer, 2016.

Simon James & Ian Wallschutzky, "Tax law improvement in Australia and the UK: the Need for a Strategy for Simplification," *Fiscal Studies*, Vol. 18, No. 4, 1997.

Stanley S. Surrey, "Complexity and the Internal Revenue Code: The Problem of the Management of Tax Detail," *Law and Contemporary Problems*, Vol. 34, No. 4, 1969.

Sven Steinmo, *Taxation and democracy: Swedish, British, and American Approaches to Financing the Modern State*, New Haven: Yale University Press, 1996.

Yehonatan Givati, "Resolving Legal Uncertainty: The Fulfilled Promise of Advance Tax Rulings," *Virginia Tax Review*, Vol. 29, No. 1, 2009.

索 引

A

安定性 9,29,30,46,54,64,71,72,144,145,152,159,166,170,188,238,246,249,256,261,299

C

财政宪法 116,123,124

裁量 32,33,36,42,44,51,52,62,73,77—79,93,102,103,138,145,203,208,212,214—220,229—233,240,243,246,247,256,259,283,284,293

D

兜底条款 75,78,83,113,118,132,133,145,182,194,214,216,218—220,224,226—238,255,293

F

法律保留 9,52,70,72,86,87,118—122,132—134,145,153,238,276

法律概念 30,68,73,78,82,83,193,195,196,201,207,211—213,220,223,255

反避税 10,44,52,80,83,97,99,110,145,157,165—167,171,196,197,199,207,208,214—221,229—233,261,291

复杂性 2,8,9,40,41,51,57,61,64,81,89—91,94—105,107—112,114,116,117,135,208,212,241,242,252,253,258,260,283,288

G

概括性条款 73,207,214,215,235

公平 3,8,16,18,19,22,26,29,33—35,38—43,47—49,56—60,63,67,71,81,90,95,97—100,102,105,107,108,110—112,114,115,138,146,152,153,156,162,167,190,221,230,241,243,246,247,250,267,275,285,287,288,291,

299,301

H

回应型法　137—140

J

计税依据　68,74,129,131,132,190,197,198,207,216,224,226,229

价值性概念　196,197,199,206—208,212,213,218

简化　9,40,41,81,89—91,97,101,102,104—116,118,155,210,211,228,249,271,275,298

经验性概念　199,204,206,213

K

可预测性　4,13,30—32,54,80,158,160,180,242

课税事实　10,69,70,145,191,210,239,242—244,247

课税要素　2,7,16,18,19,24,33—35,37,51,53,63,72,78,86,87,93,94,98,102,108—112,114,115,119,120,122,127—129,132—134,137,145,146,148,150,156,181—184,187,189,190,210,224,226,231,233,234,240,252,273,276,302

L

例示性条款　222—224

M

模糊性　2,8,30,45,51,60,64,65,72—79,82—84,103,110,112,134,140,144,146,179,192,194,195,209,222,223,226,231,236,237,241,254,258,260,274

N

纳税人权利　6,25,30,34,35,37,46,52,53,71,79,122,126,128,145,155,161,217,229,240,241,244,277

纳税遵从　3,38,40,43,91,101,103,260,261,290,291,296,298,299

S

失信惩戒　290—294,296,297

事先裁定　264,281,282

收入功能　25,38,94,95,120,140,142,143,146—148,155,162,203

授权立法　9,19,27,34—37,51,72,78,79,84,86,87,94,96,118,119,121,122,126—129,132,133,135,177,180—184,189,190,228,233,272,273,275,276,279

税法　1—4,6—14,16—19,24—87,89—120,122,123,127—148,150—157,160—173,177—183,185—207,209—218,220—262,

264,267—282,284—288,290,291, 295,298—303

税法典　15,102—104,116,271

税法总则　302

税率　86,93,98,104,107,108, 110,111,115,122,129—131,146, 148—151,156,169,181,182,185, 186,224,225,227,230,232,251, 273

税收　1—3,6—11,13—19,25— 62,67—72,74—82,84—120,122— 157,160,162—170,172—182, 184—193,195—197,200,201,204, 205,207—210,212—214,216,218, 219,221—229,231—234,236, 238—288,290—303

税收法定主义　1,8,14,19,24— 27,30,34,36,51,54,59,60,85, 104,110,117,119,120,125—128, 131,132,137,146,155,177,179, 181,184,185,221,225,226,231, 234,236,240,241,276

税收立法　2,3,9—11,15,24,27, 29,34,36,38,40—42,51,55,59— 62,64,65,67,72,75,77—79,81— 88,90—92,94,96,99—106,113, 116—120,122,126,133,134,137— 140,142,145,146,155,165,166, 169,170,172,173,177—183,185— 190,192,196,209,213—215,219, 220,222,225,227—229,232,236,

240,243,245,247—258,264,265, 267,268,270—279,286,296,301— 303

税收守法　4,261

税收司法　3,29,42,102,236,245, 246,259,285,287,288,290

税收行为　10,25,191,239,244, 245

税收优惠　80,98,100,115,122, 132,152,153,156,162,165,169— 171,184,190,197,198,212,230, 232,233,259

税收执法　3,10,30,40,41,240, 241,248,259,280,283

税制改革　2,9,55—58,77,85,90, 95,102,105—107,110,111,113— 115,137,139,140,145,150,166, 172—179,182—189,237,249— 251,253,254,256,257,263,278, 280,301,302

司法　1,3,4,10,11,20,22,27— 29,32,33,38,41—44,47,62,63, 65,67,69,70,76,80,84,87—89, 93,99,101,117,134,139,140,157, 163—165,167,168,171,195—200, 205,206,208,209,211—213,218, 220,223,226,228,235,236,238— 248,258—260,274,284—289,291, 294,302,303

司法审查　85,87—89,135,162, 164,165,211—213,219,274,282,

288

溯及既往　4,9,30,53,88,156—160,162—171,265,279

所得　10,40,58,68,74,83,88,92,93,98,102—105,107,108,110,111,114—116,130—133,150,151,165—167,169,180,182,185,186,193,194,197,199,207—209,211,214—216,218,220,223,224,226—228,230,231,233—239,250,251,253,255,257,258,277,291,298

T

体系法　268,269

调控功能　9,14,25,36,79,90,94,95,98,120,122,127,132,136,137,143,145—148,153—155,162,233,302

W

文本主义　63

稳定性　2,4,8,9,22,29—32,54,56,60—62,71,110,116,125,129,136—138,140,144,154,156—159,172,178,186,187,189,249,253,259,263,269,279,280

X

效率　8,15,26,38,40—43,47,52,59,81,91,92,100,112,120,190,202,210,217,263,267,271

形式法治　3,20,35,62,66,101

Z

征税权　9,15,16,18,25,33—35,37,39,42,47,49,50,52,57,71,119,120,123,124,128,135,139—142,195,206,286,301

正当性　1,3,7,18,19,33,47,49,50,53,71,82,88,97,127,148,149,152,158,161,163,165,168,171,172,178,188,200,205,213,217,221,241,273,276,279